근세 일본의 경제발전과 근면혁명

근세 일본의 경제발전과 근면혁명

역사인구학으로 본 산업혁명 vs 근면혁명

하야미 아키라 지음 | 조성원 · 정안기 옮김

혜안

옮긴이의 글

이 책은 하야미 아키라速水融 교수의 30여 년에 걸친 역사인구학 연구의 결정판이다. 저자 하야미 교수는 일찍이 유럽의 역사인구학 방법론을 일본에 소개하고 발전시킨 자타가 공인하는 선구적인 연구자다. 특히, 비유럽 지역에서는 최초로 유럽의 역사인구학적 방법론을 적용하여, 도쿠가와 시대 일본의 인구와 사회를 다면적으로 분석하였다. 그 결과, 종래의 역사 서술과는 차원을 달리하는 보다 객관적인 시각에서 근세 일본사회를 재구성할 수 있었다. 그 성과와 업적은 이미 일본은 물론이고, 서구학계에서도 높게 평가된 지 오래 전의 일이다.

하야미 교수의 주요 저서로는, 『근세농촌의 역사인구학적 연구』, 『일본에서 경제사회의 전개』, 『역사인구학의 세계』 등이 있는데, 최신 업적인 이 책에는 이러한 저자의 평생에 걸친 방대한 연구축적의 에센스가 고스란히 담겨 있다고 해도 과언이 아닐 것이다. 하야미 교수의 연구는 종래 일본학계의 이데올로기적 혹은 관념적인 역사연구를 대신하는 인구 데이터를 비롯한 객관적 자료에 입각하여 실증적 연구방법을 견지해 온 점에 그 특징이 있다고 할 수 있다. 특히, 그 연구사적 의의는 일본 여러 지역의 미시적 인구사 연구를 기반으로, 역사서술의 초점을 민초民草들의 구체

적인 생활상에 두면서 이들 개인의 삶과 행태를 중심으로 일본의 근세경제
사를 새로운 시각에서 재해석한 점에 있다. 경제사 분야에서 종문개장宗門
改帳이나 인별개장人別改帳을 최초로 활용한 하야미 교수의 역사인구학적
연구는 현재 일본의 전통적인 '이에家' 연구를 비롯한 학제간 연구에도
커다란 영향을 미치고 있다.

   하야미 교수의 독창적인 논점으로는 역시 동아시아 소농사회가 특질로
하는 '근면혁명'론이다. 종래 일본적 경영으로 대표되어 온 일본인의
지나친 근면성은 이른바 '민족성'이 아니라 에도 시대 경제사회의 발전에
대응하는 농민들의 합리적 선택의 결과라 할 수 있는 '근면혁명勤勉革命'을
원천으로 했다는 주장이다.

   이제까지 한국 근세사 연구의 동향은 전체적인 사회에 대한 조망 없이
특정 사례연구를 중심으로 자신의 주관적 견해를 피력하는 방법론이
주류를 이루었다. 그러나 저자의 연구는 인구라는 전체를 조망할 수 있는
기초 자료를 근거로 하여 일본 역사를 일관되고 객관적인 사실을 중심으로
하여 재해석하고 있다. 이런 점에서, 역사인구학이나 일본사 연구를 지망
하는 연구자들에게 기본적인 분석방법과 역사, 해석방법에 관련한 많은

시사점을 주고 있다. 한국은 이제 겨우 역사인구학 연구가 개시된 시점으로, 이 책은 한국의 역사나 인구를 연구하는 사람들이 반드시 읽어야 할 필독서이자 길라잡이라 할 수 있겠다. 또한, 이 책은 전문가들만을 위한 것이 아니라 일반인들도 이해할 수 있도록 평이하게 기술되었으므로, 많은 독자들이 이 책을 통해 근세 일본의 경제사회 혹은 기층 민중의 삶과 생활을 엿볼 수 있는 좋은 기회가 될 것이며, 현대 일본의 경제사회가 직면하였던 다양한 문제에 대해 유익한 시사점을 얻을 수 있으리라 확신한다.

마지막으로 이 책을 번역, 탈고하는 과정에서 많은 수고를 아끼지 않은 고려대학교 일본학 연구소의 편용우 연구원(2006년부터 문부성 장학생으로 도쿄 대학 문학부에 유학)에 크게 고마움을 표한다. 또한, 어려운 출판 사정에도 이 책의 번역 출판을 흔쾌히 결정해 준 도서출판 혜안의 오일주 사장님께도 깊이 감사드린다.

2006년 10월 28일
안암安岩의 언덕에서 조성원・정안기

한국어판 서문

　이번 고려대학교 조성원·정안기 교수의 수고로 『近世日本の經濟社會』(한국어판 서명 『근세 일본의 경제발전과 근면혁명』)가 한국어로 번역, 출판되었다. 번역에 수고해 주신 조성원·정안기 교수님께 진심으로 감사드린다.

　이 책은 필자가 게이오慶応義塾 대학 재임시절에 사용했던 경제사 교재를 기초로 하고 있다. 그렇다고 해서 이 책이 역사적인 사실들만을 나열한 것도 아니고, 더군다나 당시 일본에서 다수파를 차지하고 있던 특정 이데올로기(솔직히 말하면 마르크스주의)의 이론틀을 빌려서 저술한 것도 아니다. 따라서 교재로서는 완성도가 떨어질지 모르지만, 필자 나름의 생각으로는 일본 역사에서 에도 시대의 역사적 경험이 갖는 현대사적 의의를 논하고자 하였다.

　왜 필자가 이러한 생각을 갖게 되었을까. 이를 자세히 얘기하려면 아마 자서전 정도의 분량을 필요로 하겠지만, 여기서는 극히 간결하게 설명하고자 한다. 무릇 어떤 사회의 역사나 내부적인 전개 과정에는 외부와의 접촉에 의한 자극이 존재한다. 그 가운데 일본의 에도 시대는 외부와의 접촉이 최소한에 그쳤다. 최근의 연구를 통해서 조선과의 외교·무역이 갖는 의미가 종래 생각해 왔던 것보다는 훨씬 크다는 사실들이 속속 밝혀지고 있다. 하지만, 에도 시대 일본은 세계사적으로 볼 때, 오로지 국내를 중심으로 하는 장기간의 태평성대를 배경으로 사회적·경제적· 문화적인 성숙을 이룬 매우 드문 예에 속한다고 할 수 있다.

그렇다면, 그 내용은 과연 어떠한 것이었을까. 예전의 에도 시대에 대한 인상은 빈곤·착취·쇄국이라는 부정적인 키워드로 덧칠해져 왔다. 하지만 현재와 비교해 보더라도 에도 시대의 일반인들은 결코 빈곤하다거 나, 지배계급에게 일방적으로 착취만 당하는 그런 피동적인 존재는 아니었 다. 더구나 쇄국이라는 조건에도 불구하고, 경제와 지식의 범위 역시 일본 국내로만 한정되었던 것이 결코 아니다. 이러한 내용은 이 책 후반부 에서 자세히 다루고 있다.

필자는 이 책의 주요 키워드로 제시한 '경제사회'라는 개념을 창안할 수 있었다. 이는 인간이 갖는 다원적인 가치기준(종교적, 신분적, 문화적 등) 가운데 경제적 가치가 독립하여 자율적으로 회전을 하기 시작한 사회 를 가리킨다. 현재 세계의 대부분은 이러한 '경제사회'라 할 수 있다. 하지만 시대를 거슬러 올라가면, 경제적 가치는 종교적 가치로부터 미분리 상태에 있거나 정치적 가치와 결합되어 있는 등 독립되어 있지 않았다. 근대화란 이런 여러 가치 기준이 분화되고, 각 요소 간에 긴장 혹은 협력관계를 형성하는 과정이다.

이러한 관점에서 에도 시대는 그 이전 시대에서 관찰되었던 정치적 가치의 돌출, 종교적 가치의 우위가 아닌, 여러 가치의 분리와 독립이 진행되었다. 그 결과, 정치적 지배자가 경제적 부를 축적할 수도 없었고, 종교적 카리스마를 통해 전 주민을 혹사시킬 수도 없었다. 그리고 일반 서민도 여행과 오락을 즐길 수 있었다.

경제사에서 가장 중요한 것은 '경제적 가치'가 사회 구석구석까지 미치는 것이다. 즉 사람들이 '먹기 위해서 농사를 짓는' 상태로부터 최소 비용으로 최대 효과를 추구하는 능률을 선택하고, 행동하는 '경제인'으로 바뀌는 것이다. 단순히 물재를 만들거나, 소비·판매·구매하는 행위는 인류 역사와 더불어 그 역사가 유구하다. 하지만, 그 행동에 능률이 개입된 경제행위(즉 '경제행위'의 핵심)는 특정 시대 혹은 특정 상황에서 발생하였다. 이 책의 전반부는 이러한 '경제사회'가 일본에서 어떻게 발생했는가를 논하고 있다.

일본은 경사지와 산악부가 많은 반면, 농경에 적당한 토지는 협소하다. 그런 토지에서 농업생산을 효율적으로 전개하기 위해서는, 넓은 면적의 토지에 되도록 적은 노동력을 투입하여 경작하는 구미식 농업방식은 적합하지 않다. 오히려 협소한 경지면적에 다량의 노동력을 투입해서 경작하는 토지·노동집약형 농업이 적합하다. 따라서 한 쌍의 부부를 단위로 해서 노동수요의 계절적 변동에 가장 탄력적으로 대응할 수 있는 가족노동력을 이용한 소규모 경영이 보급되었다. 그리고 이러한 소경영이 최고의 생산능률을 발휘하게 되면서 근면과 농업기술이 요구되었다.

필자는 이미 오래 전에 '근면혁명(Industrious Revolution)'이라는 개념을 학계에 제시하였다. 그러나 이 용어는 단순히 장시간의 힘든 노동을 의미하지는 않는다. 실제로 생산량의 확대 혹은 생산물의 질적 향상을 목표로 하면서 그 결과가 소득증대로 이어져 생활수준의 향상을 전망하는 노동을 의미한다. 인간은 누구든지 힘든 노역勞役에서 벗어나려고 한다. 강제노동이 비효율적인 것도 바로 그 노동에 대한 보답이 없는 고역이기 때문이다. 하지만 노동이 자기목적화하여 장래의 보수를 기대할 수 있게 된다면, 장시간의 힘든 노동은 이미 고역이 아니게 된다.

12

둘째, 농업기술에 대해서도 에도 시대만큼 많은 '농서'가 출판되고, 필사본이 유포된 시대는 없었다. 대부분은 농민의 경험에 기초한 것으로서 심경深耕, 종자선별, 파종의 계절, 시비施肥와 같은 누구라도 시행 가능한 농업기술이 보급되었다. 또한, 연공年貢과의 관계도 있었기 때문에 수전도작水田稻作의 우위는 변함이 없었지만, 지리적인 특성을 살린 특산품이 각지에서 생산되었다. 특히, 비단의 원료인 생사의 생산과 잠사업蠶絲業은 습기가 많은 중앙 일본에 집중되었다. 그리고 중국산 수입생사와 견직물에 의존해 왔던 시장은 수입이 거의 두절 상태에 이르자 국내산으로 대체되었고, 나아가 개항 이후에는 이것이 주요 수출품으로 부상하기에 이르렀다. 조선에서 건너온 대중의료인 무명木棉의 원료 면화도 에도 시대에는 주로 모래지대에서 재배되었는데, 특히 서일본을 중심으로 생산이 증가하여 이른바 '의료혁명衣料革命'을 낳았다.

이와 같이 일반 서민의 생활은 에도 시대 초반과 후반을 비교해 볼 때, 의료에서는 흡습성이 약하고 세탁이 어려운 잡섬유를 이용한 자가제품으로부터 무명 혹은 전문업자가 생산하는 비단 정장으로 바뀌었다. 식료는 1일 3식이 일반화되었고, 내륙부에서도 건어와 계란 등의 동물성 단백질의

섭취가 어느 정도 가능해졌다. 소금과 설탕과 같은 조미료도 보편화되었다. 나아가 서민들도 술과 담배 같은 기호품을 즐길 수 있게 되었다. 주거 역시 맨땅에다 짚단을 두른 굴집掘っ立て小屋에서 벗어나 빈농이라 하더라도 마루가 달린 가옥에서 생활하게 되어, 습기와 저온을 피할 수 있게 되었다.

이런 물질적인 측면만이 아니라, 교육과 지식 수준도 크게 개선되었다. 마을마다 서당寺子屋이 들어서고, 사람들은 습자와 주산 그리고 사서오경의 일부를 배울 수 있었다. 메이지 유신 당시 남성의 식자율識字率은 거의 50%에 가까웠다고 한다.

필자가 에도 시대 일본에 대해 지나치게 밝은 면만을 강조했는지도 모른다. 물론 어두운 면도 있었다. 인구의 상당수를 차지하고 있던 피차별민에 대한 차별이 점차 확대·강화되고 있었다. 그리고 일반 서민의 평균수명 역시 에도 시대 동안 10년 정도 늘었다고는 하지만, 40세를 넘기지는 못하였다. 태어난 아기의 20%는 생후 1년 이내에 사망했다. 에도 시대의 기본적인 인간관계였던 본가와 분가, 의리인정義理人情의 세계는 현대를 살아가는 우리의 관점에서는 부정되어야 할 것들이었다. 나아가 사람들은 각기병과 천연두 같은 병마로부터 크게 자유롭지 못하였다. 따라서 이러한 어두운 측면도 동시에 고려하지 않으면 안 될 것이다.

이 책의 한국어 출판을 통해 필자가 기대하는 것은 다음과 같다. 첫째는 한국의 독자 제현들이 이 책을 통해 전근대 일본의 시대상을 이해해 주었으면 한다. 그리고 그 지식이 한국과 일본의 상호이해를 돕는 가교 역할을 하였으면 한다. 어찌 보면, 더욱 중요하다고 할 수 있는 두 번째 희망은 한국과 일본 그리고 중국을 아우르는 동북아시아를 세계사 속에서 새롭게 재조명할 수 있기를 바라는 것이다. 오늘날 북미와 유럽은 불안정한 요인이 상당히 남아 있다고는 해도 일단 지역통합의 달성에는 성공하였다. 비구미 사회에서 지역통합을 달성할 수 있는 지역은 문화와 경제수준이 높은 동북아시아 지역일 것이다. 물론 단기간에 실현되리라고는 생각하지 않는다. 아마도 세기에 걸친 쉽지 않은 문제일 것이다. 하지만 동북아시아 사람들에게는 공통의 민족성과 공통역사를 갖는 사상과 문화가 존재한다. 동북아시아가 통합하지 않는다면, 과연 앞서 통합을 달성한 두 지역과 평등하게 공존할 수 있을지, 필자는 불안하게 생각한다. 이를 위해서라도 동북아시아 국가간의 상호이해가 불가결하다. 필자는 무엇보다도 한국,

중국, 일본 각국의 역사를 각국의 언어만으로 국내에 한정해서 발표하는 데 그치지 말고, 제3국어를 사용해서 공유하는 것이 바람직하다고 생각한다. 어쩌면 그러한 작업의 필요성이 지금처럼 절실한 시기도 없다고 하겠다. 만약 이 책이 그러한 방향과 모색을 위한 조그마한 초석이라도 될 수 있다면, 그 이상의 기쁨도 없겠다.

마지막으로 다수의 일본사 관련 저작 가운데서도 이 책을 선택해준 고려대학교 조성원·정안기 교수 그리고 어려운 사정에도 쾌히 출판을 결정해 주신 혜안출판사 오일주 사장님께도 진심으로 감사드린다.

2005월 4월 20일
도쿄에서 하야미 아키라

16

일본어판 서문

　이번에 필자의 과거 저서 『일본에서 경제사회의 전개日本における經濟社會の展開』(慶應通信, 1973, 이하『전개』)를 레이타쿠 대학 출판회麗澤大學出版會에서 다시 출판하게 되었는데, 단지 지난 판을 그대로 낸 것이 아니라 그 후 발표한 논문 몇 개를 더하여 한 권의 책으로 만들었다. 『전개』는 어느덧 30년 이전의 저작이 되어버렸고, 그 후 일본 내외의 경제사 연구도 눈부신 진전을 이룩하였다. 필자는 현재 그러한 연구들을 두루 섭렵하여 『전개』를 근본적으로 다시 집필해 볼 생각이다. 그러나 한편으론,『전개』에서 제시한 근대 이전 일본경제사에 대한 필자의 시각에는 근본적으로 변함이 없다. 이 책에서는,『전개』의 본문은 오탈자를 제외하면 거의 수정하지 않았으며, 새로운 논문 5편을 추가했다. 이 논문들은 모두『전개』에서 제시한 시각의 연장선 위에 있다.

　『전개』가 출판되던 같은 해에, 필자는 이미 자신의 전공 영역이 되어버린 역사인구학에 관련한 최초의 저작인『근세농촌의 역사인구학적 연구近世農村の歷史人口學的硏究』(東洋經濟新報社)를 간행하였다. 역사인구학은 경제사와 무관한 것은 아니지만, 비교적 사회사에 가깝다고 하겠다. 말하자면, 필자의 '경제사로부터의 외도'가 시작된 것이다. 그러나 필자를 다시금 경제사로 되돌려놓은 것은 1988년부터 출판되기 시작한 『일본경제사日本經濟史』(전8권, 岩波書店)였다. 필자는 그 시리즈의 제1권 '경제사회의 성립經濟社會の成立'의 편저자 가운데 한 사람으로 참가하여, 개설 부분의 전반부 및 제2권 '근대경제의 태동近代經濟の胎動'의 제1장을 공동으로 집필하였다. 경제사와 사회사를 구별하는 경우도 있지만, 근대 이전의 경우에는 오히려 구별하지 않는 것이 바람직할지도 모른다. 일본의 '사회경제사학회社會經濟史學會'는 영문으로 'socio-economic history society'로 번역되는데, 이 명칭이 'social and economic history'보다도 오히려 필자가 생각하는 바에 더 가깝다고 하겠다. 이 학회는 1931년부터 학회지 『사회경제사학社會經濟史學』을 간행하기 시작하여 지금은 이미 고희를 넘겼는데, 정말 사려 깊은 명명이었다고 생각한다.

『전개』는 원래 대학분쟁의 여운이 남아 있던 와중에 단숨에 써내려갔던 것으로서, 세부적인 묘사에서 불완전함을 감출 수 없다. 그 점을 알면서도 출판을 단행한 이유는, 점차 나이가 들어감에 따라, 자신이 생각한 바를 과감하게 쓸 수 없게 되었다는 생각이 강해졌기 때문이다.

본편의 내용에는 거의 수정을 가하지 않았다. 다만 『전개』에서는 참고문헌을 「머리말―학습방법과 참고문헌」에 포함시켰지만, 이번에는 본편 마지막에 '참고문헌'이라는 제목으로 따로 실었다. 그리고 거기에 몇 편의 문헌을 추가했다. 아무래도 30년 이전의 텍스트에 실었던 참고문헌만을 그대로 게재하기에는 용기가 없었기 때문이다. 『전개』의 참고문헌 가운데는 현재에도 읽어야 할 문헌이 있지만, 지금은 구하기 힘든 책도 적지 않다. 그러나 이 책에 게재한 참고문헌 또한 완벽한 것은 아니라는 점에 양해를 구한다. 경제사 문헌에 대해서는 1986년에 간행된 『일본경제사 제8 문헌』까지는 거의 5년마다, 그리고 1985년판까지는 『경제사문헌해제經濟史文獻解題』가 매년 출판되어, 경제사 학도에게 많은 도움을 주었다. 그러나 그 시점에서 각각 간행이 완료되어, 현재 그 이후의 공백을 메우는 작업은 거의 절망적이다. 활자본이 아닌 새로운 미디어를 이용해, 지난 20년간의 공백을 메울 수 있지는 않을까 한다.

　마지막으로 추가한 논문에 대해 한 마디 덧붙이도록 하겠다. 최근 필자의 문제 관심은 에도 시대 인구에 대한 고찰이다. 본문에서도 지도로 표시하고 그 개략을 제시하였으나, 보다 상세한 설명을 덧붙였다. 나머지 4개 장은 근면혁명(industrious revolution)에 대한 것이다. 필자가 처음으로 이 개념을 사용한 것은 1971년경이었다고 기억한다. 노비濃尾 지방의 역사인구학 사료를 통계 처리하는 과정에서 발견한 점은, 인구는 증가하는데 가축 수는 격감하고 있다는 사실이었다. 즉, 인력人力이 축력畜力을 대체했던 것이다. 『전개』의 본문에서도 언급하였지만, 이 책에서는 보다 의식적으로 '근면혁명'을 드러내 놓고 논하였다. 현재, '근면혁명'은 이미 학술용어로서 구미에서도 널리 사용되고 있다. 다만, 언어는 당초 의도와는 달리 스스로 다른 의미를 갖게 되어, 필자의 오리지널한 용어법과는 상이하게 쓰이고 있다. 이 점도 바로잡을 의도로 발표한 영어논문의 번역본도 첨부했다.

『전개』는 원래 필자가 게이오 대학에 재직할 당시, 통신교육 과정의 텍스트로 집필했던 것이다. 이번 신판을 내면서 되도록 교과서적인 성격을 탈피하여, 일반인도 읽을 수 있도록 표현을 수정했다. 그러나 원래 교과서로서 지녔던 분위기를 완전히 배제할 수는 없어, 이른바 '교과서적'인 표현이 눈에 띄는 부분도 적지 않을 것이다.

현재, 필자의 실감實感은 '소년少年은 늙기 쉽고, 학문學問은 이루기 어렵다'는 한시漢詩로 대신할 수 있겠다. 오동나무 잎梧葉은 이미 가을을 알리고 있다. 다음을 서두르지 않으면 해가 저물 것이다.

2004년 4월 20일

하야미 아키라 速水融

글 싣는 차례

Ⅱ. 경제사회의 성립과 그 특질
에도시대 사회경제사의 새로운 시점 213

Ⅰ. 일본에서 경제사회의 전개

들어가는 말

이 책을 읽기 전에

이 책은 '일본경제사'이기는 하지만, 고등학생 정도의 일본사 지식을 전제로 해서 집필한 것이다. 따라서 자신의 지식이 충분하지 못하다고 생각되시는 분들은 반드시 사전에 이를 보완했으면 한다.

또한, 이 저서는 역사적으로 발생했던 개개 사건에 대한 기술은 가능한 한 생략하고, 이들 사건에 대한 경제사적 해석에 중점을 두어 기술했다. 실제로 지면의 제약이 있을 경우, 구체적인 사실史實을 상세하게 논하는 것은 비효율적이다. 혹시 그러한 사실들에 관심이 있는 독자라면 참고문헌을 참조하여 각각의 국면을 이해해 주었으면 한다.

각주는 가능하면 생략하려 했는데, 각주에서 인용한 문헌과 각 장의 참고문헌 사이에 특별한 구별이 있는 것은 아니기 때문에 양쪽 모두를 이용해 주시기 바란다.

전체와 서장에 대해서

일반적으로 역사를 대상으로 하는 학문의 학습은 간단해 보이지만, 사실은 매우 어려운 과정이다. 앞서, 고등학교 일본사 교과서를 들었지만,

읽을거리로서는 교과서만큼 재미없는 것도 없을 것이다. 더군다나 종종 행해지는 '암기', 특히 사건의 연대를 암기하거나, 문예작품 제목을 암기하는 일은 왠지 학습과는 어울리지 않는 것 같다. 그리고 이른바 세계사적 법칙이나 경제의 발전법칙을 기억하거나, 그러한 법칙을 적용하려는 태도 또한 바람직한 것은 아니다. 이는 그 어느 것도 역사 해석의 한 가지 가능성으로 머물러 있을 뿐, 결코 확정적인 것은 아니기 때문이다. 이들 역사 해석을 각각 '가설'로서 배울 필요는 있다 하더라도, 이것이 가설이 아닌, '신앙'의 대상이 되어서는 안 된다는 것이다.

그렇다면, 역사는 개개 사실을 충실히 문장으로 재현하는 것만으로 만족해야 한다는 것인가. 이 또한 올바른 자세는 아니다. 물론, 개개 사실의 발굴은 많고, 보다 정확해야 한다는 것은 당연하다. 때에 따라서는 사료발굴을 위해 많은 시간과 노력 그리고 비용이 소요될 경우도 있다. 하지만 사실의 발견(facts finding)은 역사연구의 기초작업일 수는 있어도, 목적이 될 수는 없다. 연구의 최종 목표는 역시 이들 사실을 얼마나 모순없이 일관되게 설명할 수 있는 이론을 도출할 수 있는가의 여부에 달려 있다.

원래 과학적 인식이라는 것은 어떤 미해결 문제에 대해서 '관찰→가설 제시→검증(실험)→이론화'의 수순을 보다 정확하고 가능한 한 엄밀히 행하는 것이다. 하지만 역사연구의 경우, 이러한 인식의 과정은 자연과학에 비해 불완전할 수밖에 없다. 특히, 관찰과 검증은 제한된 범위에서만 실행할 수 있다는 약점이 있다. 역사를 알 수 있는 재료는 한정되어 있고, 우리들은 과거에 발생한 일과 생활의 극히 작은 단편만을 자료로 갖고 있을 뿐이다. 현상現狀이라면, 어느 정도까지는 연구주체가 질문하는 형식

즉 실태조사나 앙케이트 등을 통해 알 수 있다 하더라도, 과거에 대해서는 불가능하다. 이러한 사실로부터 역사연구는 과학이 아니라는 견해도 성립할 수 있다. 하지만, 과학으로서의 역사연구에 대한 요청이 최근 들어 점차 늘어나고 있다. 이 요청에 어디까지 응할 수 있는지는 전적으로 연구자가 어디까지 앞서의 수순을 밟을 수 있는가에 달려 있다고 하겠다.

과학으로서의 불완전성은 무엇으로 보완할 수 있을까. 지금까지의 역사학은 세계관 혹은 이데올로기 등에 크게 지배되어 왔었다. 물론, 모든 이데올로기 혹은 가치판단이 결여된 역사연구 그리고 사회과학 연구가 존재할 수 있는가 하는 것은 중요한 문제다. 그러나 적어도 연구목적과 연구자의 의사에 의해 해석이 왜곡되는 것은 과학적이라고 할 수 없다. 우리가 인간이 확실히 이러이러할 것이라고 생각하는 것은 어떤 의미에서는 자의적이라고 할 수 있다. 그러나 현실에서도 그러할 것인지는 별도의 문제며, 객관적 사실이 의도에 어긋나는 경우라 해도 받아들이지 않으면 안 된다.

역사의 학습에는 근본적으로는 위와 같은 마음가짐이 필요하다. 그렇지 않으면, 해석의 여지가 많은 세계관과 이데올로기가 가장 스며들기 쉬운 이 분야의 학문은 과학세계로부터 더욱 멀어지게 될 것이다.

경제사를 사회과학이나 경제학의 한 분야로 보는 입장에서도 마찬가지라고 할 수 있다. 경제학은 모든 사회과학 가운데서도 가장 과학적이라 여겨지고 있다. 이는 인간(복수)의 경제행동을 분석 대상으로 하고, 그러한 행동은 많은 경우, 계측 가능하고 모델화가 가능하기 때문이다. 하지만 그렇다고 하더라도 인간을 대상으로 하는 실험은 독재자가 아닌 이상 거의 불가능에 가깝다. 역시 관찰과 검증에는 불완전한 요소가 있기 마련이다.

어쨌든 경제사 학습은 간단하지만은 않다. 여기서 필자는 다음과 같은 사항을 지적해 두고자 한다. 우선, 역사 혹은 경제사에 대해 독자가 갖고 있는(그럴 것이라고 생각되는) 기존의 지식을 정리해 보자. 그리고 모순되는 부분은 없는지−논리적으로 또는 사실史實의 설명에 관해서−생각해 보자. 그 후에 이 책을 숙독했으면 한다. 읽는 것만으로는 부족하다. 읽어서 이해하고 기존 지식을 정리하고, 대조해 보기 바란다. 서로 차이점은 없는지, 거의 같은 해석을 하고 있는 것은 아닌지. 아마 다를 것이다. 그렇다면, 왜 다른가. 그 이유에 대해 생각해 보도록 하자. 결국에는 독자 자신이 어느 한편에 찬성할 것이고, 아니면 어느 쪽도 아닌 제3의 견해를 취한다 하더라도, 이러한 사고 그 자체가 학습의 지상 목표인 것이다.

하지만 여기까지 이르는 것도 역시 준비 없이는 불가능하다. 또 모든 문제에 대해서 이와 같이 근본적인 문제를 던지는 일도, 일정 시간 내에서는 불가능하다. 아무런 자료도 없이 '생각한다'는 것은 공상空想이지 과학科學이 아니다. 만약, 지식이 부족하다고 생각된다면, 큰 맘 먹고 다양한 문헌을 읽어주기 바란다.

서 장 일본경제사의 시각과 방법

경제사의 범위와 방법

경제사는 글자 그대로 해석하면, 인간생활에서의 경제사상經濟事象의 전개 과정을 역사 속에서 발견하는 것을 목적으로 하는 학문이다. 따라서 분야로서는 경제학과 역사학의 중간 영역이라 할 수 있을 것이다. 어떤 하나의 학문이 어느 분야에 속하는가라는 논의는 건설적인 의미가 그다지 없다. 그러한 문제에 구애받는다면, 학문의 종합과 새로운 발전은 기대할 수 없기 때문이다. 하지만, 경제학에서의 '이론' 혹은 '역사학' 등 그 표현에 의해 내용이 확실한 경우와 비교하여 처음부터 중간영역이라는 사실이 명백한 경우, 그 학문의 성격은 결코 단순한 것이 아니게 된다. 경제사의 방법에는 분명히 경제학적 접근과 역사학적 접근이 있고, 나아가 각각이 세계관과 역사관 그리고 채용하는 방법 등의 차이를 내재하고 있다. 따라서 똑같이 '경제사'라고 이름 붙인 저작이라 할지라도, 방법과 입장의 범위는 매우 넓다. 과거에도 경제사가라고 일컬어지는 사람들은 어떤 경우에는 경제학자이기도 했고, 어떤 경우에는 역사가라고 자신을 밝힌 학자도 있었다. 덧붙여 '경제'를 다른 사회적 현상이나 혹은 정신적 요소로부터 구별 짓는 것도 결코 쉽지만은 않다. 경우에 따라서는 따로 분리시켜 다루는 것 자체가 오류를 범할 수도 있다. 이러한 사실은 많든 적든 간에 현재에도 적용되는 이야기지만, 과거로 올라가면 올라갈수록 더욱 그러하다. 정치적, 사회적, 종교적 사상事象이 각각 경제적 사상과 결합되어 있고, 고유의 경제법칙이 독립해서 존재하지 않았던 시대의 '경제사'와, 경제법칙의 자기발전이 꽤 진전한 시대의 '경제사'와는 내용과 방법에서 차이가 발생하는 것도 당연하다. 현대에서조차 시장 메커니즘이 경제의 '장'으로 간주되는 상황은 하나의 모델에 불과하며, 현실로는 다른 비시장적 요소가 경제 내부에 자리잡고 있다는 것도 분명하다. 또한, 정치지도자에 의해 선택된 방법이 '경제'의 내용을 구성하는 사회와 비교할 때 경제와 인간의 관련방식은 크게 다르다. 후자의 경우, 정치와 경제는 불가분의 관계가 된다.

이처럼 경제사의 영역을 확정짓기는 곤란하며, 하물며 방법에 대한 통일을 추구한다는 것은 더욱 불가능에 가깝다. 하지만, 경제사학은 전술한 것처럼 다양성과 복잡성 자체도 역사적 소산으로서 고찰의 대상에 포함시킬 수 있다. 아니 오히려 이를 적극적인 대상으로 삼지 않으면 안 된다.

이러한 관점에서 여기서는 '일본경제사'를 내세우기에 앞서 필자 자신의 경제사에 대한 시각을 밝혀둘 필요가 있겠다. 물론 여기서 말하고자 하는 것은 하나의 가능성에 지나지 않는다. 필자가 의도하는 바는 '이것을 믿어라!'가 아니라 여기에 기술된 것을 독자가 갖고 있거나, 형성 과정에 있는 시각과 비교하여 하나의 긴장관계를 형성시키는 데 있다. 그리고 그러한 긴장관계 가운데 학문의 창조적 발전을 위한 계기가 존재한다는 것으로 받아들여 주었으면 한다.

이 책의 범위

일본경제사의 대상은 일본이라는 지리적 한정을 갖는 범위 내에서 일어난 경제적 현상의 원인, 경과, 결과, 영향 등에 대해 고찰하는 것이다. 하지만, 일본 이외에서 일어난 현상이라 하더라도, 그것이 일본과 관계를 갖고 있다거나 비교가 이해에 도움이 되고, 정확하다면, 이 또한 시야에 넣어야 할 것이다. 또한, 경제적 현상이라 하더라도, 앞서 본 바와 같이 경제 이외의 사회적 관계들과 불가분의 관계도 많다. 이러한 경우, 고찰은 당연히 비경제적인 분야까지 범위에 넣어야 한다.

하지만, 이 같은 사정은 고찰의 범위를 무한정 확대시키는 것이 좋다는 것을 의미하지는 않는다. 여기서 필자는 이 책의 집필과 관련하여 다음과 같이 범위를 한정해 두고자 한다. 우선, 일본에서의 역사의 전개과정을 개관해 보고 경제법칙이 다른 사회적인 여러 현상으로부터 독립하여 자기회전을 개시하게 된 시기—이후 설명하겠지만 이것을 '경제사회의 성립'이라고 한다—를 설정하였다. 그 시기를 경계로 전후로 크게 나누어, 사회적인 여러 현상 가운데 경제라는 관점에서 경제사회의 성립 이전에 대해 살펴보고, 경제 이외의 것은 경제의 주변에서 경제를 규정하는 여러 조건을 해명하는 데 오히려 중점을 두었다. 이에 대해서 경제사회의 성립 이후에 대해서는 경제에 보다 천착한 서술이 되겠지만, 이는 대상이 되는 사회 자체의 변화에 주목한 것이다. 그리고 중요한 사실은 이러한 의미에서 사회변화의 시기와 방법을 고찰하는 것이며, 이는 제1장에서 다루고 있다.

또한 다루는 범위가 거의 도쿠가와 막부德川幕府 말에서 메이지 유신明治維新에 그치고 있다는 점에 대해 의문을 품을 사람이 있을지도 모르겠다. 경제사로서 다루는 범위는 확실히 현대까지도 포함할 수 있겠지만, 필자의 생각으로는 일본의 공업화를 여러 의미에서 특징짓는 것은 거의 대부분 메이지 유신 이전의 역사적 경험이며, 그 시기에 대해 언급할 수 있는 것은 '경제사' 이외에 없다는 점, 그리고 새로운 시대에 대해서는 별도로 '근대 일본경제사'로 나누어 다루는 것이 분량, 내용, 방법 등과 관련해서 적당하다고 판단했기 때문이다.

고찰의 출발점으로서의 현대

현재 우리들이 살아가는 세계는 인류 탄생 이래 최대의 변동을 경험하고 있다. 경제 또한 질적으로나 양적으로나 격동의 와중에 있다. 이 변화는 일반적으로 근대화, 공업화, 혹은 정보화라고 불리는 것이다. 그리고 중요한 것은 이 공업화(industrialization) 역시 그 정도나 방법에서 상당히 다양하다는 점이다. 일반적으로 공업화가 앞서 있는 나라를 선진국(developed countries)이라고 하고, 뒤떨어진 나라를 개발도상국(developing countries)이라 하는데, 총칭으로서는 대체로 지리적 위치에 따라서 전자를 '북北', 후자를 '남南'이라고 한다. 이 둘의 발전 격차에서 발생하는 문제는 남북문제라고 한다. 한편, 공업화의 달성에도 두 가지의 다른 방법이 있다. 한 가지는 가격 메커니즘에 의한 것으로서, 바꾸어 말하면 경제발전이 각 경제 주체 간의 시장경쟁에 의해 달성되는 방법이다. 둘째는 정치지도자가 세운 계획에 따라, 정책을 통해서 실현되는 방법이다. 이 두 가지를 대표하는 것이 자본주의와 사회주의지만, 용어법으로서는 반드시 충분하지는 않다. 통속적으로는 전자를 '서西' 그룹, 후자를 '동東' 그룹이라고 한다. 나아가 이것은 정치형태와 이데올로기에 연결되어, 이른바 철의 장막에 의해 세계가 양분됨으로써 이른바 '동서문제'로 성립되었다. 이론적으로는 동서와 남북을 조합한 네 가지 유형이 존재할 수 있다. 하지만, 실제 현실에서는 그 각각이 결코 단순하지 않고, 조합도 매우 복잡하며, 더구나 어느 정도까지는 유동적이다. 발전의 정도를 살펴보더라도 선진국과 발전도상국을 명확히 구분하는 경계가 없고, 연속적이라 할 수 있다. 나아가 중진국이라고 구분짓는 경우도 있다. 그리고 경제발전을 양적으로 측정할 수 있는 국면으로 한정짓는다면 모를까, 그렇지 않은 국면이나, 비경제적인 분야까지 시야에 넣는다면, '선진국'이라는 기준을 설정하는 것이 결코 쉽지만은 않다. 예를 들어, 경제적으로는 선진국이지만, 정치적·사회적으로는 뒤떨어져 있다든지, 경제 가운데 생산에서는 선진국이지만 사회자본의 충실도에서는 매우 뒤떨어진 경우도 고려할 수 있다. 양적으로 측정 가능한 경우로 한정하더라도, 많은 경제지표는 유동적이며, 나라에 따라서는 단기간에 선진국에 진입하거나, 거꾸로 장기간의 정체에 빠져들기도 한다. 요컨대, 이러한 문제는 분포가 연속적이며, 더구나 유동적이라고밖에는 달리 표현할 방법이 없다.[1]

또 한 가지 방법에 대해서도 마찬가지로 현재 경제적으로 완전히 자유경쟁인 나라가 존재하는가 하는 문제다. 또한, 한 마디로 자본주의 혹은

---

1) ティンベルヘン(틴버겐), 『新しい経済』(清水幾太郎 譯, 岩波新書, 1964). 원제는 『과거로부터의 교훈』으로 이러한 문제를 간결하게 정리하고 있다.

사회주의라고는 하지만, 이념은 이념으로서 존재한다 해도 현실에서는 다양한 변종이 있고, 어떤 경우에는 혼합마저 보인다. 나라에 따라서 비사회주의적 계획경제도 존재한다.

공업화의 구분

그러나 이러한 복잡함을 충분히 고려하여 굳이 정리를 하자면, 공업화에 관하여 경제분야를 중심으로 해서 살펴볼 경우, 다음과 같은 점을 지적할 수 있다.

표면적으로 드러난 현상적인 측면에서 19세기 말 이전에 공업화를 개시하고 이른바 자본주의를 받아들였던 나라들, 즉 서유럽, 북미, 오스트레일리아, 일본 등을 하나의 그룹으로 묶을 수 있다. 이 그룹은 선진공업국이고 정치적으로는 의회제 민주주의를 취하고 있다. 다른 그룹에는 그밖의 모든 나라가 포함되지만, 구체적으로는 공업화의 개시 시점이 20세기에 들어와서부터고, 비자본주의적 방법(사회주의도 그 한 가지)을 발전수단으로 삼고 있는 나라들이다. 다만, 이러한 구분은 어디까지나 공업화의 달성을 기준으로 삼아 사후에 구분지은 것이다. 따라서 근대화의 주체, 특히 주체 형성의 내면적 요소에 대해서는 일단 고려하지 않았음을 전제로 한다. 때문에 근대화의 주체라는 입장으로부터 혹은 정신적, 내면적 요소를 중심으로 논한다면, 전혀 내용을 달리하는 구분도 가능할 것이다.

공업화의 주체와 조건

하지만 역사의 전개과정에서 어떤 하나의 변화를 생각할 경우, 그 변화

공업화의 유형

유형	주체	조건
I	+	+
II	−	+
III	+	−
IV	−	−

를 추진해 가는 주체와 함께, 어떠한 동기에서건 변화를 수용하고 진행시키는 조건의 고찰도 동시에 필요하다. 공업화라는 변화에서도 이 주체와 조건이라는 두 가지 요소에 각각의 존재와 부재를 '+'와 '−' 부호로 표시한다면, 그 조합은 다음과 같이 네 가지가 될 것이다.

여기에서 주체와 조건이 함께 플러스로 나타날 경우, 공업화는 어느 유형보다도 먼저 개시되고 보다 쉽게 달성될 것이다. 제II 유형의 경우, 주체의 형성은 없지만 조건은 준비되어 있는 경우로서, 이러한 사회에서는 자주적인 공업화는 발생하지 않지만, 외부로부터의 임팩트가 가해진다면 공업화가 진행되기 시작할 것이다. 제III 유형은 비현실적으로 보이지만, 주체만 형성되어 있는 상태로서 공업화는 제I · II 유형과는 다른 코스를 밟게 될 것이다. 제IV 유형에서는 이 상태로는 공업화를 발생시킬 수 없다. 그런데 위의 모델을 고려할 때, 주체와 조건과는 엄연하게 구별되어 있다. 하지만 실제로는 그 각각이 서로 독립된 존재라고는 할 수 없다. 주체의 형성은 상당 정도 조건의 산물이기 때문이다. 적어도 그 자생적인 형성은 조건이 없는 곳에서는 생기지 않는다. 제III 유형의 경우를 비현실적이라고 주석을 달았던 것은 그러한 의미에서였다. 다만, 각각의 유형 사이의 간섭에 의해, 조건이 존재하지 않는 곳에 근대화를 지향하는 주체가 형성되는 경우도 있을 수 있다. 또한, 한 나라 혹은 사회가 영원히 어느 한쪽 유형에 머문다고도 할 수 없다. 주체의 형성이 없었던 곳에서 형성이 이루어지고, 조건이 없었던 곳에서 조건이 갖추어지기 시작한다는 변화야말로 역사인 것이다.

주체와 시민혁명

그러면 구체적으로 공업화의 주체와 조건이라는 용어의 내용은 과연 무엇일까. 이 경우 주체라는 것은 의식적이든 무의식적이든 공업화를 지향하는 한 무리의 사람들이다. 기업가, 경영자, 정부, 정치지도자 등이 그 주요 구성원이다. 하지만 넓은 의미로 해석한다면, 오피니언 리더로서의 지식인, 노동자, 농민 등의 생산자나 소비자 단체의 지도자까지 포함시킬 수 있을 것이다. 그리고 반드시 개인일 필요는 없고, 이들의 조직이라 해도 별 문제는 없다. 이러한 사람들과 조직이 보편적인 가치로서 공업화를 인정하게 되는 것이 주체의 형성이다. 그러기 위해서는 우선 첫째로 자신의 주변에 공업화의 조건이 정비되어 있거나, 혹은 지각할 수 있는 범위 내에 그것들이 존재해야 한다. 그리고 그 다음으로는 공업화의 추진을 저해하는 힘이 제거될 필요가 있다. 시민혁명은 이러한 의미에서 장애의 제거작업이었다. 단 주의해야 할 것은 시민혁명은 결코 어디에서도 철저하게 이루어지지 않았다는 사실이다. 오히려 개시 이래 지금까지 연속적으로 진행의 와중에 있다. 또한, 장해물이 크고 견고하면 할수록 시민혁명은 급격한 변혁의 성격을 띠지만, 거꾸로 그다지 견고하지 않으면 비교적 완만한 과정을 거치는 경우도 발생한다. 이는 혁명의 철저·불철저와는 다른 문제라고 할 수 있다.

조건에 대해서

그렇다면, 다음으로는 조건에 대해 생각해 보자. 공업화의 조건은 한 마디로 경제적 합리성의 관철이 용이한 사회의 존재다. 인간은 주지하는 바와 같이 다원적 가치관을 갖고 있다고 한다. 정치 · 종교 · 사회 · 경제 · 관습 등 다양한 가치관이 사람들의 사고와 행동을 규제하고 있다. 그 가운데 경제적 가치관이 다른 가치관에 대한 종속관계를 끊고, 독립해서 점차 우세를 점해 가는 것이 공업화의 저류로서 존재하는 하나의 흐름이었다. 고대시대에 경제적 가치관은 도덕과 종교, 정치에 종속되어 있었다. 이러한 사회에서 사람들이 경제적으로 행동한다는 것은 매우 곤란하다. 예를 들어, 중세 유럽에서는 이자징수의 금지가 종교적 교의에 의해 요구되었고, 농민은 자유롭지 못한 신분이었기 때문에 경제활동에 여러 가지 제약을 받았다. 이러한 상황에서는 사람들의 경제활동에 경제적 합리성이 관철되는 정도는 매우 낮았다.

경제법칙이 부재한 상태

하나의 모델로서 경제적 합리성이 관철되지 않고, 따라서 확실한 경제법칙이 존재하지 않는 사회를 한 번 생각해 보자. 극단적인 경우, 경제법칙이 존재하지 않는 상태란 상품에 가격도 없고 노동자는 어떤 임금에도 고용되고, 자본의 이자율도 일정하지 않은 상태다. 이 같은 상태에서 자본과 노동 그리고 재화의 수요곡선이라든가 공급곡선을 긋는다는 것은 불가능하다. 그러나 실제로는 이러한 상태도 가능하다. 임금에만 의존해서 생활하는 노동자는 생존수준 이하의 임금을 받고는 살아갈 수 없다. 자선사업이 아닌 이상, 자발적으로 원료의 구입가격 이하로 제품을 파는 상인도 없을 것이다. 그러나 한편으로는 경제법칙이 명시적으로 존재하는 사회에서와 같이, 사람들이 경제적으로 민감하게 반응하는 상태 또한 역시 특정한 사회임을 인정하지 않으면 안 된다.

시장의 발흥

이러한 변화는 '시장의 발흥'이라는 개념으로 나타낼 수 있다.[2] 현재, 우리가 살고 있는 사회에는 경제활동의 장으로서 수많은 시장이 존재한다. 자본, 상품, 노동 전부가 거의 '시장'을 통해 유통되고 있고, 시장에서 '가격'이 형성되어 수요와 공급이 조절된다. 사람들은 자기 의사와 관계없이 이 장을 통해 경제활동을 해야 하며, 최소의 비용·희생으로 최대의 효용과 수익을 얻기 위해 행동한다. 그러기 위해서는 정보를 획득하기 쉽고 각종 경제적인 선택이 자유로워야 한다.

경제사회의 성립

사람들의 행동이 이렇게 형성된 사회를 경제사회라고 부르기로 하겠다. 물론 전前경제사회로부터 경제사회로(또는 반대로)의 이행은 단계적이며, 인간생활이 전부 다 그런 것은 아니기 때문에 경제사회의 성립을 어떻게 측정할 수 있는가라는 문제가 발생한다. 하지만, 그러한 것이야말로 자본주의적 공업화의 결정적 '조건'이 된다. 이러한 조건이라면, 공업화에 필요한 자본, 노동, 기술을 사회의 여러 부분으로부터 끌어 낼 수 있다. 이러한 조건이 없는 곳에서는 사회의 한쪽 귀퉁이에 존재하는 부는 그

---

2) ヒックス(힉스), 『経済史の理論』에 사용된 개념. 참고문헌 〈4〉 참조.

부를 갖는 계층의 힘에 지나지 않는다. 남아도는 노동력도 경제적 발전에 아무런 기여를 하지 못하고 그저 적체된 노동력에 불과하게 된다.

따라서 이러한 경제사회가 언제 어떻게 성립되었는가 하는 것은 그 나라 공업화의 유형을 결정짓는 매우 중요한 요소가 된다. 예를 들어, 다음과 같은 것이다. 조건이 형성되기 전에 주체가 형성되고 공업화가 수행될 경우, 적어도 일정 기간 동안 공업화에 필요한 모든 자원은 시장을 통해서는 충족되기 어렵기 때문에 일종의 강제적인 장치가 필요해진다. 사회주의를 경제적 관점에서 본다면, 바로 이러한 장치에 다름 아니다. 따라서 사회주의 경제는 제Ⅲ유형의 사회에서 선택되는 공업화 방법의 한 가지 형태다.

경제사회의 성립이라는 조건이 공업화에 대한 요청보다 훨씬 전부터 있을 경우, 경제활동은 시장에서 이미 진행되고 있기 때문에 사람들의 일상 생활 안에 공업화의 궤도로 이어지는 개별적인 요소가 존재하게 된다. 공업화에 필요한 것은 단지 그 개별적인 요소를 조직화시키거나 촉진시켜 필요한 자원을 보다 효율적으로 집적시키는 것에 불과하다.

물론, 이 경우에도 주체의 형성이 동시에 존재할 경우와 그렇지 않을 경우에는 상이할 것이다. 그러나 어떤 경우든 주체가 없는 공업화란 있을 수 없다. 빠르든 늦든 간에 또는 충분·불충분한 경우가 있다고 하더라도, 공업화를 추진하는 주체는 반드시 존재해야 하며, 일단 그 주체가 성립되면, 공업화의 과정은 유사한 하나의 유형으로서 수렴될 것이다. 다만 주체의 형성이 급속하게 이루어질 경우, 그것은 전적으로 공업화의 요청에 따라 이루어지기 때문에 근대화가 갖는 다른 국면, 즉 문화적, 사회적 국면과의 사이에 파행 현상이 생길 수도 있다. 역시 주체의 형성 자체가 하나의 역사적 산물이며 장기간에 걸쳐 자생적으로 성립하는 경우에는, 그 사회의 비경제적 국면들과 관련을 가지면서 균형 있는 형태의 근대화로 나아갈 것이다.

공업화의 계열

이상의 사항을 고려해서 공업화의 계열을 정리해 보면, 다음과 같다.

(A) 유형IV → 유형II → 유형 I

(B) 유형IV → 유형III → (유형 I)

다만, (A) 계열 가운데 유형II의 경험에는 장단점이 있고, (B)계열의 유형 I 은 아직 달성되었다고 보기 어려우며, 달성될 수 있는가의 여부에 대해서도 유보가 필요할 것이다. (A) 계열에는 이미 17세기에 시민혁명, 18세기 말에는 산업혁명을 개시한 영국과 서유럽의 대륙 국가들, 북미 등이 포함된다. 또한, 오스트레일리아 등 구 영국령 식민지도 여기에 속한다. 일본은 유형II의 경험이 가장 길었다는 특징이 있지만, 역시 이 코스에 포함시킬 수 있다. 지금까지 일본에서 경제사 연구의 틀은 오직 이 계열만을 공업화가 가능한 방법으로 생각하고 그 안에서 일본의 위치를 부여해 왔다. 유형II의 사회적 경험이 비교적 짧았던 영국을 거울삼아 거기로부터 거리를 측정하는 방법을 취해 왔던 것이다. 선진 구미 제국을 캐치업하자는 슬로건을 내걸고, 공업화에 매진하고자 했던 일본의 실천적 과제와도 연결되었던 것이다.

(B) 계열에는 구소련·중국·인도·아시아·아프리카 국가들·중남미 나라들이 속해 있다. 이들 지역에서는 거의 '조건'이 미성숙한 채로, 또는 극단적인 경우에는 부재한 채로 서구 제국의 공업화로부터 충격을 받아 공업화를 강요당하고, 그에 대한 대응의 길을 모색해야 했다. 이른바 사회주의 경제는 그 하나의 해결책으로서, 정치적 이데올로기와는 별도로 (물론 많은 경우에 겹치는 부분이 있지만) 이들 나라들 가운데 일부에서 채용되었다. 그러나 이러한 방식이 결과적으로 유형 I의 사회를 초래할 수 있는지 그 여부를 판단하기에는 경험과 시간이 너무 짧다. 이러한 점에서 최근 구소련 경제의 붕괴, 특히 사회주의권에서 보이는 식료나 소비재 생산에서의 이른바 이윤동기의 도입은 주목할 만한 현상이라 하겠다.

경제사에서의 두 가지 발전 코스

이 두 가지 계열을 보다 구체적으로 생각해 보면, 다음과 같은 그림으로 나타낼 수 있다.

(A) 코스에서는 '봉건사회'를 경험하고, 그 내부에 '봉건사회' 자체를 부정하는 요소(가장 큰 것은 경제적 합리성을 관철시키는 경제사회의 성립이다)를 낳아, 유형 II에서 유형 I로의 전개를 나타낸다. (B) 코스에서는 그 일부는 고대사회라는 유형 IV에서 전개되었던 하나의 '문명'을 경험했지만, 이를 부정하고 다음 단계로 발전할 힘을 갖지 못하고 '화석화'되었다. 그리고 대부분은—필자가 아는 범위 내에서—정리된 하나의 형태로서의 가치체계, 문명, 국가를 갖지 못한 채 경과하고 말았다. 그리고

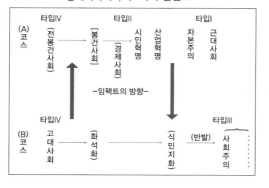

경제사에서의 두 가지 발전코스

(A) 코스의 공업화 달성 과정에서 발생했던 경제적·기술적·군사적 격차는 19세기 이래 전 세계에 엄청난 충격으로 작용하여, 식민지화가 진행되었다. 드디어 20세기가 되어, 특히 후반부에 이르면 이러한 사태에 대한 반발이 발생하여, 내셔널리즘의 색채가 강한 근대화가 (B) 코스에서 개시되었다.

그러나 (A) 코스의 경우도 봉건사회가 형성되는 과정에서는 (B) 코스로부터의 임팩트를 받아야 했다. 전봉건사회라고 표현되는 애매한 사회가, 거대한 고대문명 내부에서 발전한 여러 문화적 요소─보편적 종교, 문자, 국가조직의 세 가지는 결정적으로 중요하다─를 받아들여, 이를 자양분으로 삼아 사회적으로 작동하기 시작했다. 그리고 그 종착지가 통상 우리가 봉건사회라고 부르는 사회였다. 서유럽 봉건사회의 형성에서는 로마와의 접촉, 그리스도교의 침투라는 역사적 해후가 필요조건이었다.3)

이러한 사정을 조금이라도 고려해 본다면, 각 계열에서의 변화는 결코 계열 내에서 독립적으로 일어나는 것이 아니라는 점이다. 오히려 계열 상호간의 관계가 상당히 중요한 역할을 담당한다는 사실을 알 수 있다.

---

3) 이 점에 대해서는 增田四郎, 『西歐封建社會成立期の研究』(岩波書店, 1959) 참고.

바로 그러한 점이야말로 바로 '세계사'의 의미가 있다고 할 것이다.

'봉건사회'

하지만 그림에 제시되어 있듯이, 중요한 예외가 한 가지 있다. 예외란 바로 '봉건사회'로부터 근대사회로의 이행이다. 그 이행에는 적어도 다른 계열로부터의 임팩트는 작동하고 있지 않다. 계열 내부에서 발생한 변화인 것이다. 따라서 그 부분에 관해서는 역사의 전개가 법칙적이고 필연적이었다. 근대 서유럽 사회가 직접적으로는 그와 같이 탄생했기 때문에, 거기서 발생한 역사관이 자신의 내부에서 진행되는 필연적 변화로부터 강한 영향을 받은 것은 전혀 이상하지 않다. 이는 역사에 대한 일종의 진화론적 사고다.

그러나 역사의 모든 국면을 이러한 사고방식으로 설명하려고 하면 곧바로 벽에 부딪히고 만다. 이른바 고대사회로부터 중세봉건사회로 또는 발전된 자본주의사회로부터 사회주의로의 이행이 내부적으로 필연적이었던 사례는 단 한 건도 없었다. 후자의 경우, 현실의 사회주의는 오히려 자본주의 경제발전이 불가능했을 때 발생한 것이다.

역사의 고찰방법

역사를 생각하는 틀로서, 여기에서 제시한 두 가지 계열과 그 상호관계 또는 내부적 발전의 조합이라는 사고방식이, 만약 현재 우리들이 알고 있는 여러 사실史實을 모순 없이 설명할 수 있다면―물론 거기에는 몇 가지 예외와 중간적인 형태가 있어, 한정을 둘 필요가 있는 것은 당연하지만―기존의 낡은 역사관에 매달릴 까닭이 전혀 없다고 하겠다. 오히려 여기에서 제시한 틀을 적극적으로 사실에 적용하여 검증을 해 보자.

구도의 한정

그런데 앞서의 틀을 사용할 경우, 주의해야 할 몇 가지가 있다. 여기에서는 두 가지 계열을 대조적으로 설명하고 있지만, 이는 어디까지나 추상화되어 있기 때문이다. 현실에서는 중간적인 형태 혹은 일시적인 다양성(variation)이 얼마든지 있을 수 있다. 인간의 능력 가운데는 모방模倣과 이동移動이 있다. 제도를 수용하거나, 정치지배자의 힘에 의해 어떤 하나의 시스템이 강요되는 일 등은 이루 헤아릴 수 없이 많다. 오히려 현실에서 각국의 사회 상태는 두 가지 계열의 중간에 연속적으로 병렬화되어 있다고 설명하는 편이 오히려 정확할지 모른다. 그럼에도 불구하고, 가장 전형적인 형태로서 구체적인 역사적 경험을 각 국면에서 예로서 들 수 있다. 예를 들어, (A) 계열의 근대사회 형성에서 영국을 사례로 꼽는 것에 대해 이의를 제기할 사람은 아마 별로 없을 것이다. (B) 계열에서는 근대화 국면의 전형으로서 중국을 들 수 있을 것이다. 하지만, 한편으로는 일본의 경우도 메이지明治 시기 일본의 근대화는 (B) 계열적 요소가 많았다고 할 수 있다. 그리고 제정 러시아의 농노제는 봉건제가 아닌가 하는 의문도 있을 것이다. 따라서 두 계열은 강고한 형태로 존재하거나, 세계 모든 나라가 어느 한 계열에 명확하게 속하는 식으로 배열되어 있는 것이 아니다. 그리고 현실적으로 어떤 국가가 어느 쪽 계열에 속하는지는, 반드시 그 나라의 국내사정에만 의존하는 것이 아니다. 예를 들어, 현재에도 이른바 체제 여하는 상당 부분 국제정치와 군사적 관계에 따라 결정되는 경우가 많다. 제2차 세계대전 이후 여러 지역에서 일어난 분쟁은 대부분 이 같은 사정에 의한 '강제'가 근본적인 이유였다. 바로 그러한 이유 때문에, 1989년 '베를린 장벽의 붕괴'는 그 때까지 구 소련권에 속해 있던 동구·중구 나라들을 서구 측으로 해방시켰다.

우리들이 여기서 틀을 제시하는 것은 어디까지나 역사 전개에서의 내부적 해석에 의해서다. 현대 세계처럼 국제관계를 무시하고서는 한 나라가 존재할 수 없다는 점 역시 하나의 역사적 소산이라고는 해도, 모든 사실이 역사 내부에서 결정되는 것은 아니다.

최종적인 한정으로서, 이 같은 시각 틀에서 사용하는 사회적 단위는 무엇인가라는 문제가 남는다. 지금이라면, 국가가 단위고 경제도 국민소득 (national income)이라고 표현하듯이 하나의 국가(nation)를 단위로 파악할 수 있다. 그러나 과거에는 반드시 그렇지는 않았다. 근대국가가 성립하기 이전에는 '나라'라는 개념이 분명하지 않았다. 이는 19세기 이전 독일과 이탈리아를 떠올리면 금방 이해할 수 있을 것이다. 나아가, 시대를 거슬러 올라가 민족의 대이동 이전 혹은 부족국가 형성 이전의 유럽, 아스카飛鳥 시대 이전의 일본열도에는 '나라'라는 것이 존재했는가라는 문제로까지 확장된다. 그렇다면, 민족 혹은 지역을 단위로 삼으면 되지 않느냐고 생각할 수 있겠지만, 민족은 이동하고 혼합된다. 그 어느 쪽을 선택하든 일장일단一長一短이 있다. 국가나 국민의 형성 그 자체가 역사 전개에 이미 내재되어 있기 때문이다.

키포인트

위와 같이 다양한 한정을 전제로 하여 다시 한 번 시각틀을 검토해 보면, 몇 개의 키포인트가 있을 수 있다. (A) 코스에서 '봉건사회'의 경험은 그 후로 이어지는 사회발전의 차원에서 무척 중요하다고 할 수 있다. 더구나, '봉건사회'의 성립 그 자체는 외부로부터의 임팩트가 결정적이었다. 다음 문제는 봉건사회가 왜 자기해체를 전개하는지, 어떻게 내부붕괴를 초래하는 요소─경제사회의 성립─가 생겨나 그 해체가 진행되는가 하는 점이다. 이들 문제는 공업화가 본격적으로 개시되기 이전 시대를 경제사적으로 고찰해 볼 때 중심 테마가 된다. 이 책에서도 이러한 관점에서 일본의 역사를 다루어 보고자 한다.

경제사에서의 시대구분

마지막으로 역사, 특히 경제사에서의 시대구분에 대해 잠시 설명하고자 한다. 역사상 시대의 명칭에는 시대를 구분하는 의미를 부여하는 경우와, 편의적으로 호칭하는 경우가 있다. 고대 · 중세 · 근대라는 유럽역사상의 구분은 전자의 색채가 짙고, 일본처럼 가마쿠라 · 무로마치 시대 등은 하나의 정권교체를 시대구분으로 삼은 것으로서 후자의 예에 해당한다. 경제사에서의 시대구분의 경우는 상당히 곤란한 문제다. 경제적 변화는 정치나 제도의 그것과는 달리 많은 경우 점진적이며 지역차를 동반한다. (B) 코스의 근대화를 제외하고는 정치적 변혁과도 반드시 일치하는 것이 아니다. 결코, 메이지 유신이 그대로 자본주의 경제의 성립을 의미하지는 않는다는 것이다. 사회의 기본적인 생산관계로부터 노예제 · 농노제 · 자본제라는 구분을 설정하는 발상도 이행기를 다룰 때는 항상 어려움이 따르기 마련이다. 일본경제사에서 종래 사용해 온 방법은 오래된 발전단계 설적 발상─수렵경제·농경경제·상업경제·공업경제·신용경제와 같은─을 따르거나, 마르크스주의 역사관의 적용, 또는 정치사 내지 일반사의 구분을 차용해 왔다. 필자는 경제사에 고유한 구분이 좀더 다양할 수 있다고 생각한다. 예를 들어, 최근의 어떤 저작에서는 서유럽 농업사를 1150년경을 경계로 이분하여 직접적인 농산물 소비시대와 간접적인 농산물 소비시대로 구분하고 있다.4) 이는 농업사와 관련한 시대구분으로서, 중세와 근대라고 하는 일반사와는 전혀 다른 구분이다. 일본의 경우에도 이 같은 시도가 더 많이 이루어져야 한다고 생각한다. 이 책에서도 고대·중세·근세·근대라는 일반적인 일본사에서의 구분, 나라 시대, 헤이안 시대, 가마쿠라 시대……와 같은 정치사적 구분은 단지 호칭으로만 사용하는 데 그치고(마치 세기와 같은 개념으로), 경제사적 의미의 호칭으로는 사용하지 않았다. 여기에서의 시대구분은 우선 경제사회의 형성이라는 관점에서 설정하기로 한다. 특히, 경제사회가 형성된 이후에 대해서는 그 내부에서 본격적으로 공업화가 개시된 시기(1890년대로 한다)를 경계로 구분하고 있지만, 이 책에서 다루는 범위는 그 시기 이전이다.

서장의 요점

일본의 공업화는 왜 자본주의라는 방법에 의해서 달성되었을까라는 시점을 도입한다. 왜냐하면, 자본주의 경제는 공업화를 가능하게 하는

---

4) スリッヘル・ファン・バートに 의거. 참고문헌 〈12〉 참고.

유일한 수단도 아니며, 동시에 각국, 각 민족이 필연적으로 경험하지 않으면 안 되는 단계도 아니기 때문이다.

　자본주의 경제가 성립하기 위해서는 공업화를 진행하는 주체의 형성과 동시에 또는 그 이상으로 경제사회의 성립이 필요했다. 그러나 세계사에 비추어 보면, 그 성립은 봉건사회라고 하는 특정 사회 내부에서 진행되었다는 사실을 인정해야 한다. 따라서 경제사의 과제는 우선, 이러한 경제사회의 형성이 언제 어떻게 진행되었는가를 밝히는 일이다. 그리고 그 가운데 중요한 것은 그 공업화의 주체와 조건이 어떻게 준비되었는지를 고찰하는 일이다.

제1장 경제사회의 성립 이전

'봉건사회'의 성립

'봉건사회'의 형성 과정은 어디에서나 완만하게 전개되었다. 서유럽에서는 거의 8~9세기가 되어서야 성립되었다. 하지만, 이는 4세기 이후 유럽에서 발생한 커다란 변동들, 즉 게르만 민족의 로마제국 침입, 서로마제국의 멸망, 부족국가의 성립, 이슬람에 의한 지중해 및 남유럽의 제압 등 여러 역사적 사건을 거치는 데 약 400여 년 이상의 시간을 필요로 하였으니 결코 한순간에 성립된 것이 아니다.[1] 게르만 민족이 로마와 접촉함으로써 국가제도와 문자를 배우고, 그리스도교라는 보편종교와 접촉하는 시대부터 생각해 보면, 서유럽에서 봉건사회의 형성은 500년 이상에 걸친 이행기가 있었다고 할 수 있다. 일본의 경우에는 고대국가 형성기로부터 '봉건사회'가 성립될 때까지(이 시대를 전국시대戰國時代로 본다. 다만, 필자는 일본에 서유럽형 '봉건사회'가 성립했다고는 보지 않는다) 약 1000년의 시간이 걸렸고, '봉건사회'로의 변화의 핵이 발생한 시기(헤이안平安 시대 후기로 본다. 후술)로부터 세더라도 400년간은 '이행

---

[1] 이것에 관해서는 유사한 책이 많지만 특히 ラトウーシュ(라토우슈), 『西ヨーロッパ経済の誕生』(宇尾野久・森岡敬一郎 譯, 一條書店, 1965)이 뛰어나다.

기'였다. 더구나, 일본의 경우, 국가형성기에 채용된 국제國制가 고대국가로서 가장 완성된 형태였던 수당제국隋唐帝國으로부터 수입한 것이었다는 점과 일본 자신이 갖는 아시아 관개농경사회라는 성격으로 인해 정치적 틀 속에는 오랫동안 '고대국가'적 요소를 남겨두게 되었다.[2] 이러한 고대국가의 요소를 떨쳐버리고 '봉건적' 지배의 틀이 설정되기까지는 고대적 틀로는 전부 커버할 수 없는 현실 사회와의 괴리 때문에 타협과 항쟁이 반복되었다. 어떤 경우에는 불안정하고 모순에 가득찬 정치권력이 조직되어 일시적인 안정을 얻는 경우도 있었지만, 근본적인 해결을 볼 수는 없었고 15~16세기에는 무정부 상태를 맞이하게 된다. 더욱이 그 사이에, 후술할 것처럼 국지적으로는 경제사회의 형성이 진행되어, 무정부 상태를 수습한 새로운 정치권력은 동시에 이 경제사회의 형성까지 파악할 수 있는 성격을 갖지 않으면 안 되었다. 이러한 점에서 서유럽에서의 봉건사회 형성 과정과는 차이가 있다. 유럽에서는 경제활동이 가장 쇠락했던 상황을 전제로 하여 봉건사회가 형성되었다. 반면, 일본에서는 한편으로는 고대국가적 틀이 오랫동안 잔존하는 가운데, 지방은 어찌됐건, 전국적인 정권으로 등장하기 시작한 오다織田·도요토미豊臣·도쿠가와德川 정권은 그러한 틀 속에서 경제사회의 존재와 그 대응을 고려해야 했다. 이런 점에서 서유럽과 일본은 같은 코스라 하더라도, 각각의 역사적 경험에 차이가 있다고 할 수 있다.

제1장에서는 위와 같은 과정에서 경제사회 성립 이전의 일본이 어떻게

---

2) 아시아 관개농업사회의 문제에 대해서는 ウィットフォーゲル(위트포겔), 『東洋的專制主義』(アジア經濟研究所 譯, 論爭社, 1961) 참고.

해서 '고대국가'의 틀을 도입하고, 모순에 가득찬 역사적 과정을 거쳐 왔는지, 그리고 그 가운데 경제는 어떤 성격을 갖게 되었는지 고찰해 보고자 한다.

일본에서의 국가형성

6세기부터 7세기에 이르는 시기는 일본열도가 드디어 국가적 통일의 움직임을 보이고 이와 함께 보편종교로서의 불교 및 문화전달 수단으로서 매우 중요한 문자를 받아들인 시기였다. 이미 이전부터 도작수전농경稻作 水田農耕이 도입되어, 완만한 경사지와 협소한 평야지대에는 관개설비가 갖추어지고 있었다. 그리고 수많은 지방세력 가운데 야마토大和 지방을 평정한 한 세력에 의해 국가형성이 진행되었다. 이 경우, 중국대륙에서 고대국가의 가장 완성된 형태를 갖추었던 수당제국이 정치적이나 문화적 으로도 눈부신 광채를 발하고 있었다는 사실을 염두에 두어야 한다. 일본으 로서는 어쩔 수 없이 그 빛에 대응해야 했기 때문이다. 아예 그 빛에 흡수되어 버린다든가 아니면 완전히 거부한다든가 하는 식의 극단적인 방법을 선택할 수는 없었다. 결국, 정치적으로는 수·당의 국제國制 모델을 어느 정도 일본화시킨 율령제律令制를 틀로 삼아, 국가형성을 전개할 수밖 에 없었다.3)

국가조직으로서의 율령제는 매우 정교한 국제國制로서, 강력한 국가권 력을 구성하였다. 중앙의 관제官制만이 아니라, 지방에도 거미줄 같은

---

3) 고대국가의 형성기에 대해서는 井上光貞,『日本古代國家の硏究』(岩波書店, 1965)가 표준적인 저작이며, 일반인을 대상으로 한 같은 저자의『神話から歷史 へ』(中央公論社, 1965)도 읽기 쉬울 것이다.

국가 지배조직이 형성되어, 법리적으로는 더 이상 사람들이 도망칠 여지가 없었다. 그것이 농업생산에 미친 영향도 매우 커서, 율령정부에 의해 수행된 수많은 관개수리 시설의 건설, 조리제條里制와 같은 계획적인 평야지대의 개간은 농업생산량의 상당한 증대를 가져왔다.

고대국가와 토지제도

특히 토지제도에서는, 율령제 하에서 '하늘 아래 땅끝 바닷가에 이르기까지 왕토 아닌 곳이 없다'라고 하여 원칙적으로 이른바 토지공유제가 실시되었다. 이러한 사고에 기초하여 토지로부터 수익을 얻는 모든 농민들로부터 세를 거둬들였던 것이다. 그리고 이런 공유제 아래에서 가장 효율적으로 징세를 실현하고 또 그 원리를 관철시킬 수 있는 제도로서 다이호령大宝令에서 확립된 반전수수법班田收授法을 채용하였다. 그러나 최근 연구에 따르면, 이 법은 일본 전국에서 보편적으로 실시되었다고 보기 힘들며, 기껏해야 기나이畿內(천황이 거주하는 부근지역으로서 긴키近畿 지방을 의미) 혹은 율령정부의 지배력이 미치는 지역(예를 들어, 고쿠가國衙 주변)으로 한정되었으며, 그것도 9세기에 들어서면 실시가 중지되었다.

기술적으로는 정확하고 세밀한 토지대장과 호적부를 작성하기 위해 고도의 조사능력을 갖춘 훈련 받은 관리들이 요구되었다. 과연, 당시 일본에서 그만한 준비가 가능했는지는 의문이다.

그러나 가장 중요한 것은 반전수수제가 내부적으로 실행하기 곤란한 제도였다는 사실이다. 종래 반전제 붕괴의 원인으로서 농민의 인구증대에 따른 토지의 부족과 기술적 곤란 등이 지적되었으나, 특히 이 시기에 인구증대가 급격했다고 볼 만한 뚜렷한 증거가 뒷받침되지 않는 이상, 막연하게 인구증대를 상정할 수는 없다. 그보다는 오직 상층계급과 사사寺社에 지급되었던 위전位田·직전職田·공전功田·사전賜田·사사전寺社田 등의 토지가 율령정권의 조직화에 따라 증대하여, 농민에게 반급班給되어야 할 토지가 부족해졌다는 사실이 지적되고 있다. 따라서 토지부족은 전적으로 기나이에서 발생하였다.

이들 상층계급과 사사寺社는 합법적으로 토지를 반급班給받았는데, 더 나아가 그들의 토지집적을 용인한 것이 이른바 삼세일신법三世一身法과 뒤를 이은 간전영세사재법墾田永世私財法이었다. 이 법령들은 토지의 사적 소유를 인정한 것으로서, 토지공유를 원칙으로 하여 이를 철저히 하려 했던 반전수수법과는 완전히 상반되는 것이었다. 그런 법령이 공유주의가 채택된 이래 겨우 1세기도 되지 않아 발령되었고, 이에 따라 합법적인 사유가 행해졌다는 사실은 일본의 고대국가라고 불리는 존재의 성격을 가장 극명하게 드러내준다.

이렇게 반전수수법은 정착하지 못한 채 일부에서 비교적 단기간에만 실시된 토지제도였다. 하지만, 이 법이 실시되지 못하였다는 것이 곧 율령제의 붕괴를 의미하는 것은 아니다. 반전수수제는 원래 토지공유라는 원칙을 철저화시켜 생겨난 토지제도다. 따라서 토지공유의 원칙은 계속 유지되어, 여전히 토지는 국가의 소유고 그 토지를 사용하는 농민은 공조제역貢租諸役의 부담을 져야 했다. 국사國司—군사郡司—이장里長으로 이어지는 공조제역의 부과체제는 그 후로도 오랫동안 존속되었다. 그리고 이른바 사유화라는 현상도 엄밀하게 보면 '사유'라고 하기 어렵다. 여기에는 여러 제약이 존재하였고, 대부분의 '사유지'는 공조부담의 의무를 갖는 윤조지輪租地였기 때문이다. 다만, 율령에서 정해진 공조율은 그다지 높지 않았으며[전田(=논) 1반反당 벼 1속束5파把, 수확량의 3% 전후], 오히려 지방관에 의해 부과되는 잡요雜徭가 실질적으로 무거운 부담이 되는 경우가 있었다. 따라서 반전수수제가 실시되지 않고, 농민가족이 일정한 토지를 세습경작하는 것이 통례가 되면, 어느 정도의 생산량 증대가 이루어져 잉여가 발생했다. 이러한 의미에서는 반전수수제와 토지사유는 양자택일적인 것이었다.[4]

장원의 성립

중앙귀족·지방호족·사사 등에 의한 토지사유열은 왜 특히 이 시기에 문제가 되었을까. 만약, 다이카 개신大化改新의 이상이 그대로 실현되었다면, 이들 세력에 의한 토지사유는 결코 실현되지 않았을 것이다. 이러한 점에서 이상과 현실에는 큰 차이가 있었다. 이러한 상황은 무엇보다도 아스카 조飛鳥朝부터 나라奈良 조를 거쳐 헤이안 조에 이르는 시대에 일본이 어떤 상황에 처했는지를 고려하지 않으면 이해할 수 없다. 이 시기 일본은 드디어 원시적 상태로부터 탈피하여 세련된 '문화'적 체험을 하고 있었다. 물론, 그 혜택을 받은 것은 한정된 계층이었지만, 바야흐로 도시생활이 시작되고, 율령제라는 틀 속에서 평화질서가 유지되었으며, 문자의 사용, 사사의 당탑堂塔 건립과 함께 '문학'이 성립되어 시가관현 詩歌管弦의 생활

---

4) 반전수수제班田收受制를 다룬 문헌은 많지만 虎尾俊哉, 『班田收授制の硏究』(吉川弘文館, 1961)가 전후의 새로운 연구서로 꼽을 수 있겠다.

이 시작되었다. 기키만요(古事記, 日本書紀, 萬葉集)의 시대로부터 겐지모노가타리源氏物語 시대에 이르기까지 마치 암흑에서 광명의 세계로 탈출한 것과도 같았다. 아스카 조 이전과 그 이후의 문화적 유산을 비교해 보면, 얼마나 그 단층이 큰지 한눈에 알 수 있다. 이러한 정신문화의 주요 담당자는 역시 중앙귀족층이었는데, 그들이 문화를 향유하기 위해서는 그에 상응한 물질적 기반이 요구되었다. 그런데 율령에 의해 정해진 수입만으로는 부족했기 때문에 다른 수입 수단이 없을 경우, 그들이 할 수 있는 일이란 토지사유 외에는 없었다. 더욱이 일본의 경우, 고대국가의 전제적 지배는, 결코 고대 오리엔트 사회만큼 강력한 것이 아니었다. 적어도 모든 권력이 한 사람의 왕에게 집중되는 형태는 아니었다. 율령제는 제도로서 지배권력의 강대함을 유지시켜 주었지만, 율령상 최고 권위를 가진 천황의 권력은 실질적으로 천황 자신에게 속한 것이 아니라 오히려 천황을 옹립하는 귀족세력들에게 있었다. 그것이 후지와라藤原 일가, 특히 셋칸가攝關家에 의해 독점되는 경우도 있었으나, 이 또한 불안정한 것이어서, 원정院政의 출현과 함께 쇠퇴하고 중급 귀족의 수령受領층이 일정하게 실권을 쥐게 되었다. 요컨대, 한 사람 또는 한 왕실이나 가계에 권력이 집중하는 형태는 없었다. 이러한 사정은 귀족과 사사에 의한 토지사유가 율령제의 원리인 공유제와는 엄연히 모순되는 것임에도 불구하고, 이를 공인하지 않으면 안 되는 조건으로 작용했던 것이다. 이러한 토지 사유를 우리들은 '장莊' 또는 '장원莊園'이라고 한다. 다음은 장원에 대해 고찰해 보도록 하자.

장원의 구조

장원은 용어 자체로서도 역사가 유구하다. 그런데 메이지 이후 일본의 역사가들은 유럽사의 Manor, Grundherrschaft에 장원이라는 똑같은 번역어를 사용함으로써 혼란을 불러일으켰다. 유럽사의 장원은 일본사에서 보이는 장원과는 성격이 크게 다른 제도였다. 오해를 피하기 위해서는 오히려 이 둘은 유사성이 거의 없는 별개의 제도라고 이해하는 편이 나을 것이다.

우선, 일본의 장원제는 그 성립 사정부터 율령제라는 고대국가의 틀을 한편에서 필요로 하였다. 율령제와 장원제는 상호 모순되면서도, 장원제가 율령제를 필요로 한다는 보완적인 관계에 있었던 것이다. 유럽의 경우 장원제는 봉건적 토지제도였고, 장원제와 봉건제는 하나의 사회를 다른 각도에서 바라볼 때 사용하는 용어법이었다. 그러나 일본의 경우, '봉건제'와 장원제는 결코 하나의 사회를 표현하는 단어가 아니다. 이론의 여지는 있지만, 오히려 전혀 별개의 사회를 각각 표현하고 있다고 보아도 될 정도다. 따라서 장원제=봉건제=농노제=중세라는 이해는 일본의 경우에는 불가능하다. 둘째, 유럽의 경우, 장원은 하나의 영지지배였고, 영주는 그 영지에 대한 유일한 주권자였다. 영주의 지배는 토지, 건물, 주민, 가축, 생산물 등 모든 것에 걸쳐 있었다. 하지만, 일본에서는 그와 달리 초기의 자간지계自墾地系 장원을 제외한다면 토지에서 나오는 일정 비율의 공조를 획득할 권리가 장원의 영주권의 내용이었고, 이를 영지지배라고 말하기는 어려웠다. 따라서 영주와 농민의 관계를 보면, 유럽의 경우 농민이 대부분 부자유 신분=농노로서 여러 법적·신분적 제한을 받는 존재였지만, 일본에서는 신분상의 제한이 없었고 자유민 혹은 부자유민이라는 개념조차 없었다. 이러한 차이는 신분확정의 이유에서도 드러난다. 즉 유럽의 경우 장원에서 직영지 경영이 높은 비중을 차지하여 그 노동력을 확보한다는 구체적 목적을 갖고 있었다. 이에 비해 일본에서는 장원의 직영지佃 경영이 없거나 혹시 있다 하더라도 소규모에 그쳤기 때문에 신분을 확정할 필요가 없었다. 반전수수제가 계속되는 동안 농민은 호적에 등록되고 '공민'으로 파악되었지만, 이 제도가 시행되지 않게 되자, 호적 편성의 목적을 상실하게 되었다. 장원제 하에서는 갈수록 장원영주와 농민의 관계가 인신적 지배에서 멀어져 갔던 것이다.

장원의 계열

장원은 그 성립 사정에 따라 크게 3개 계열로 분류할 수 있다.

(1) 자간지계 장원自墾地系莊園 : 간전사재법墾田私財法에 따라 8~9세기경, 사사寺社에 의한 대규모 개간을 통해 성립하였다. 도다이지東大寺에 의한 호쿠리쿠北陸 지방 개발은 그 유명한 예다. 이는 원칙적으로 미개척지를 대규모로 에워싸면서 자재와 노동력을 투입하여 개간하는 것이어서 노동력을 얼마나 확보하느냐가 가장 큰 문제였다. 어떤 경우에는 부랑(유랑이라는 뜻이라기보다는 호적에 등록되어 있지 않다는 의미)자를 정착시키는 경우도 있어, 이러한 장원에서는 특히 영주권이 상대적으로 강력하였다.

(2) 잡역면계장원雜役免系莊園 : 원래 사사寺社에는 정세正稅로서 공민이 국가에 바치는 과역의 일부가 부여되고 있었다. 이를 일단 고쿠가國衙가

징수하였다가 다시 사사에 급부하는 번잡함을 피하기 위해 사사가 직접 잡역을 징수하는 제도로 바뀌었다. 나아가 11~12세기에 이르면, 잡역을 징수하는 객체로서 특정한 토지가 지정되어, 여기에 '장원'이 성립하게 되었다. 주로 기나이畿內에 많았다.

(3) 기진지계 장원寄進地系莊園 : 재지의 토호(율령체계에서 군사, 향사, 보사保司 계층을 구성하는)가 갖고 있던 연공과역의 징수권을 중앙귀족에게 기진寄進하면서 발생했다. 이 경우 기진을 할 때 국사國司급의 중간 개재자가 존재했으며, 또한 이 지방호족들이 불법인 기진을 행하는 것을 율령체계에서 인정하기 위해 장원영주권이 몇 개 층에 분할 소유되었다. 이 계열의 장원은 세속령이 많았으며, 11세기 말부터 12세기에 전성기를 이루었다.

이상의 세 계열의 장원은 현실에서는 혼재하거나 변형되어, 확실한 구분은 없었다. 더구나 이러한 계열의 성격상의 차이도 오래 지속되지는 않았다.

장원화의 진행

장원화는 어느 정도 진행되었을까. 공간적 측면에서 본다면, 영주층이 거주한 교토京都와 나라奈良 주변에서는 상당히 진행되었다. 11세기 이가伊賀 지방에서는 경지의 약 2/3가 장원에 속하였고, 12세기 초 기이紀伊 지방의 북부 6개 군에서는 80% 이상이 장원화되었으며, 다카노야마高野山에 가까운 최북단 2군은 군 전체가 장원화되었다. 또 11세기 중엽 고후쿠지興福寺는 야마토大和 15군에서 151개, 면적으로 2,358정町의 장원을 갖고 있었다. 이처럼 기나이와 그 주변에서는 장원화가 널리 진행되었으며, 반대로 고쿠가령國衙領은 적어졌는데, 아마도 동심원적으로 기나이에서 멀어질수록 장원화율이 낮아졌을 것이다.

한편, 장원 내부에서 종적인 영주권의 발전은 장원의 불윤조화不輸租化로 표면화되었다. 원래 율령제 하에서 토지는 윤조지와 불윤조지로 구분되고, 사전과 직전 등은 후자에 속했다. 토지사유의 의의가 중요해지면서 위전과 공전 등도 불윤조가 되었는데, 9세기 중엽부터는 일정한 절차를 거쳐 불윤조지화시킬 수 있는 제도가 발생했다. 우선, 장원 영주는 자신의 장원을 불윤조지로 하겠다고 중앙 관청에 소원을 낸다. 중앙 관청에서는 이유를 받아들여 접수한 경우, 지방관에게 명해서 실제로 소원서대로인지 대조시키고, 확인한 후에 허가를 해주는 형태였다. 그 경우, 취급 관청이 태정관太政官과 민부성民部省이기 때문에 불윤조를 인정받은 서류를 입권장호立券莊號라 하고, 특권을 인정받은 장원을 관성부장官省符莊이라 했다. 나아가, 11세기에 이르러서는 국사의 권한이 확대되어 단독으로 불윤조의 특권[國免莊]을 부여할 수 있게 되면서 그 범위가 확대되었다.

장원이 불윤조지가 되는 것은 국제國制 상으로 장원이 질적으로 변화하였음을 의미한다. 율령정부는 그만큼의 재정수입을 상실하게 되기 때문이다. 따라서 불윤조지화는 율령정부 스스로 무덤을 파는 꼴이었다. 더욱이 그것이 다름 아닌 율령정부의 고급관료이기도 한 귀족층과 사사에 의해서 합법적인 수단으로 진행되었던 것이다. 때때로 이 같은 율령제에 대한 일종의 파괴적 행위에 대해서는 제동을 걸기도 했다. 예를 들어, 장원정리령이나 기록장원권계소記錄莊園券契所의 설치 등에 의해, 성격이 분명치 않은 장원은 공유로 돌렸다. 그러나 반대로 이들 조치에 의해 인정을 받은 장원은 사유를 공인받게 되었다.

장원제의 전성기라 할 수 있는 11~12세기를 돌아보면, 율령제와 장원제의 관계는 서로 모순된 토지제도 원리면서도, 둘다 중앙귀족에 의해 운영, 소유되는 기이한 관계였다. 귀족은 스스로 율령에 기초해서 일정한 지위와 관직을 소유하면서도 그 율령제를 위태롭게 만드는 토지의 장원화, 나아가 불윤조지화를 추진하고, 그 행위를 합법화하였기 때문이다. 헤이안 조의 귀족은 이러한 모순되고 불안정한 존재였고, 그 위에서 왕조문화가 개화 開花하였던 것이다.

장원영주권의 성격

장원제는 이와 같이, 그 영주권을 율령제 하에서 국가가 소유하고 있던 토지 및 농민지배의 권한을 계승한 것이었다. 이는 장원의 성립이, 율령의 합법적 절차를 거친 것이라는 점 이상으로, 장원제의 성격을 강하게 규정하게 되었다. 장원영주는 장원연공을 하나의 득분으로서 취득한 것이며, 연공징수는 영지 경영이나 영민 보호의 의무 및 책임과는 전혀 결부되지 않았다. 아마도 장원영주 어느 누구도 스스로 자신의 영지에 발을 들여놓은 사람은 없었을 것이다. 게다가, 특히 공가령公家領에서는 상속과 매매·양도에 의한 변동도 매우 심했다. 더욱이, 기진과 불윤조지화 과정에서 영주권의 일부가 다른 계층에게 양도되어, 종종 언급되듯이 전형적인 예로 본소本所－영가領家－예소預所라고 하는 영주권의 중층적 관계가 발생하여, 장원영주권의 내용은 중층성을 띠게 되었다.

이처럼 장원영주가 장원에서 연공을 취하는 권리는, 율령제 국가가 갖고 있었던 징세권이 변형된 것으로, 그것은 소령所領을 형성하는 것이 아니었기 때문에, 연공을 징수하기 위해서는 국내질서의 유지가 절대불가결한 전제였다. 이 임무는 전적으로 율령정부에게 맡겨져 있었다. 즉, 장원영주는 장원에서 연공을 징수할 수 있는 그 어떤 고유의 강제력도 스스로는 갖고 있지 않았던 것이다. 그들에게 가능한 일이란 장원을 관리하기 위해 관리를 파견하는 정도가 고작이었고, 강제력은 전적이라고 해도 좋을 만큼 율령정부의 힘에 의존하고 있었다. 장원제가 율령제와 모순되면서도 한편으론 공존하지 않을 수 없었던 조건이 바로 여기에 있었다. 때문에 율령제와 장원제는, 현실로는 별도로 독립해서 존재하는 것이 아니라 복잡하게 얽힌 하나의 시스템을 구성하고 있었다. 이 시스템이야말로 다이카 개신大和改新 이후 전국시대의 무정부 상태에 이르기까지 약 900년에 걸쳐 일본의 정치지배 틀이 되었다.

무가정권의 성립

가마쿠라 막부鎌倉幕府의 성립 이후, 이 같은 틀을 이용하는 세력으로서 무가권력이 새롭게 가세하였다. 또 율령정권의 정치력 약화와 함께 지방의 재지토호층이 진출하게 되자, 장원을 둘러싼 사회 각 세력 간의 갈등은 더욱 복잡해졌다. 하지만, 가마쿠라·무로마치室町의 양 막부권력은 이 시스템을 폐기하고 이를 대신할 새로운 지배시스템을 창출해 내지 못했기 때문에 시스템 자체는 존속하였다. 결국, 시스템의 폐기는 전국戰國기의 무정부 상태를 거쳐 율령제와 장원제를 동시에 폐지한 오다 노부나가

織田信長와 도요토미 히데요시豊臣秀吉 정권(직풍織豊 정권)의 등장에 의해 비로소 가능해지게 된다.

가마쿠라 막부의 성립은 다음과 같이 이해할 수 있을 것이다. 즉, 11~12세기의 장원제 전성기에는 율령정부의 재정적 기반이 붕괴되고 장원은 불윤조의 특권만이 아니라 불입不入의 권리를 획득하였다. 나아가 이를 확대해석하여 경찰권의 개입을 배제하는 권리까지 갖게 되자, 국가권력이 전혀 미치지 않는 일종의 진공지대가 발생하게 되었다. 율령제의 권위가 후퇴하게 되면 이를 대신할 또 하나의 세력이 형성되기 마련이다. 그것은 더 이상 율령이라는 법의 힘이 아니라, 보다 직접적인 힘으로서 무력에 의존하는 세력이었다. 이 무력을 조직한 것이 미나모토源와 다이라平의 양대 세력이었고, 주로 동국東國에 기반을 두었던 미나모토에 의해 하나의 정치권력이 탄생했다.

가마쿠라 막부鎌倉幕府

가마쿠라 정권의 등장을 경제사적으로 어떻게 평가할 수 있을까 하는 것은 결코 단순한 문제가 아니다. 우리들은 라이산요賴山陽(에도 후기의 유학자)에 의해 실수로 명명되었듯이, '봉건'시대를 막부의 성립과 직결시킬 수는 없다. 그뿐만이 아니라 지금까지 검토한 것처럼, 실질적으로 막부의 성립이 곧바로 사회구조상의 어떤 변화를 의미하는 것은 아니었다. 메이지 이후의 역사가가 가마쿠라 막부의 성립을 봉건제도의 성립이라고 간주한 것은, 봉건제도가 토지 급부를 매개로 하는 주군과 가신의 충성관계를 주축으로 했다는 이해에 근거한 것이다. 즉, 쇼군과 가신인 고케닌御家人

의 관계를 봉건적인 주종관계로 보고, 급부를 지토 직地頭職의 부여와 동일시하였기 때문이다. 하지만, 적어도 성립 당초에 가신은 하나의 소령으로서 토지를 받은 것이 아니다. 각 장원을 단위로 해서 그 장원에서 지토라고 하는 일종의 장원관리의 지위를 부여받은 것에 지나지 않았다. 원래 장원에는 본래의 장원영주가 설치한 장원 관리자가 있었고, 이들은 장원의 관리 운영과 연공의 징수를 담당했다. 새롭게 등장한 무가세력은 유력한 농민이나 장원 관리자 출신이 많았고, 개중에는 출신 장원의 지토로 임명되는 경우도 있었다. 지토의 권한이라 해도 이러한 일반 장원의 관리와 별반 차이가 없었고, 단지 장원 내의 경찰권을 갖는다는 정도의 차이에 그쳤다[그리고 각 나라(일본 내의)마다 지토가 갖는 경찰권의 총책임자 元締め로서 슈고守護가 있었다]. 따라서 지토는 적어도 당초에는, 장원을 관리 운영하고, 장원 연공이 규정대로 영주의 손으로 들어가도록 손을 쓰는 일만 맡았다. 물론, 지토는 그 대가로서 지토직이라는 일정한 직분을 받았지만, 이는 당초 '소령所領'을 의미하지 않았다.

가마쿠라 막부와 율령정권의 관계도 결코 양자택일적인 것이 아니었다. 아마도 막부가 소유한 무력을 사용할 경우 율령정권을 군사적으로 타도하기란 그리 곤란하지 않았을 것이다. 그럼에도 불구하고, 굳이 그것을 피했으며, 조큐의 난乘久の亂 때도 율령정권을 결코 멸망시킬 수 없었다. 이는 막부 자체가 아직 단독으로는 국정을 담당할 능력을 갖추지 못했다는 증거가 될 것이다.

막부의 구성을 보더라도, 각 기관은 모두 쇼군 가의 사적인 가산운영기관이었고, 기껏해야 가신들과의 관계를 처리하는 기관에 불과했다. 유일한 법전이었던 조에이 식목貞永式目은 율령에 대항하기 위해 편찬된 무가의 법이었지만, 율령에 비해 내용도 훨씬 간략하고 적용범위도 한정되었다. 그러니 이것을 결코 간단하게 '국법'으로 삼을 수는 없었다. 조금 극단적으로 표현한다면, 막부는 율령정부가 상실했던 치안유지능력을 자신이 갖고 있던 무력으로 대행하였고 상호보완적인 관계였다. 나아가 가마쿠라 막부는 원래 일정 지역의 사당私黨으로서 출발했었다. 즉, 쇼군－가신 사이의 유대를 기본으로 한 것으로서, 관동지방과 그 주변을 커버하는 존재였지 전국적인 조직은 아니었다. 특히, 서일본에는 그 세력에 복종하지 않는 무사非御家人들이 다수 존재하고 있었다. 그들과 쇼군과의 관계는 몽골元寇 침입 때를 제외하고는 거의 없었다.

이처럼 가마쿠라 막부의 성격은 부분적이고, 율령정권 없이 독립할 수 있을 정도로 강고한 것이 아니었다. 하물며, 이를 바로 봉건정권으로 간주한다는 것은 어불성설이다. 최근의 연구에서는 쇼군과 싯켄執權(쇼군을 보좌하는 최고직)이 갖는 왕권의 상대적인 강대성에 주목하여 이를 '고대적'이라고 보는 설까지 나오고 있다. 이러한 사정을 고려할 때, 종래 우리들이 아무렇지도 않게 사용했던 가마쿠라 시대라는 호칭마저 오해를 불러일으키기 쉬운 표현임을 알 수 있다.

그렇다면, 가마쿠라 막부의 성립은 일본 역사에 어떠한 실질적인 변화도 초래하지 못한 것일까. 이하, 지토의 성격을 통해 이를 고찰해 보도록 하자.

지토 地頭

우선, 지토는 장원에 있어서 위에서 설명했던 지위에만 만족한 것은 아니었다. 무력과 경찰권을 거의 독점했던 지토들은 장원에서 더 이상 그들의 적수가 없음을 알아차린다. 나아가 무가세력이 조직화되고 하나의 체제가 성립하게 되면, 당연히 나름대로 '문화'를 갖게 된다. 헤이안 조의 공경公卿 혹은 귀족층과 마찬가지로, 교토와 가마쿠라라는 도시생활을 알게 되면서 점차 문화를 즐길 기회가 많아지고 이에 따라 더 많은 수입을 추구하게 된다. 그러자 장원연공이 우선 획득의 대상이 되었다. 규정된 연공을 보내지 않고 자기 것으로 챙겨 버리는 것이다. 장원영주들은 물론 이를 불법 억류로 간주하고, 비리를 척결하기 위해 직접 관리를 파견하여 연공을 획득하려 하였지만 이미 대항력을 상실한 상태였다. 연공이란 영주에게는 거의 유일한 수입원이었기 때문에 그 약탈은 바로 생활의 파탄을 의미하였다. 직접적인 대항력이 없다는 것을 인식한 영주는 차선책으로 막부에 호소하게 된다. 소송을 맡은 막부는 이를 재정裁定하였지만, 반드시 자기의 가신인 고케닌御家人의 이익만 관철시키는 것은 아니었다. 이 점 또한 막부와 공경, 귀족, 혹은 그들이 구성원인 율령정권과의 관계를 시사하는 흥미로운 사실이 될 것이다. 역시 막부는 한편으로는 율령정권을 필요로 했던 것이다.

그건 그렇고 재정裁定의 결과, 예컨대 지토우케地頭請라는 타협적 제도가 생겨났다. 이는 장원영주에 대해 일정한 연공을 지토가 청부받고, 나머지는 자신의 몫으로 돌릴 수 있는 제도다. 이는 쌍방의 권리를 서로 인정한 것으로서 가마쿠라 시대에는 상당히 널리 시행되었다. 그러나 지토가 자신의 권한을 더욱 확대하려 하게 되고 청부받은 연공도 정체하게 되자,

화여和與라는 형태로 직접 구 영주와 지토와의 사이에 장원 토지를 이분하거나, 혹은 막부의 재정을 거쳐 하지중분下地中分이라는 형태로 역시 이분하게 되었다. 이러한 지토의 권한 확대를 통해서 지토에 의한 영주화가 진행되면서 '토지 급부를 매개로 하는 주종관계'에 가까워지게 된다. 시대가 흘러 무로마치室町 시대가 되면, 무가에 의한 장원 침략은 더욱 대규모화하고, 슈고守護에 의한 슈고우케守護請로부터 반제半濟 등의 형태를 취하면서 진행되어 갔다.

재지영주의 지배

이 같은 지토 또는 후에는 슈고의 영주화는, 장원만이 아니라 고쿠가령國衙令에서도 물론 진행되었다. 그리고 지토 층 또는 동등한 지방호족들에 의한 재지 영주지배의 성립이 장원제의 한계 부분에서 발생하였다. 이러한 형태의 지배가 전국적으로 확대된다면, 이를 새로운 지배의 틀로 간주하여 '봉건사회'로 파악할 수도 있을 것이다. 그러나 가마쿠라 시대는 아직 그 수준에까지는 이르지 못했다. 여전히 율령제와 장원제가 잔존하고 있었으며, 막부 그 자체의 성격도 '봉건적'이지 않았다. 단지, 이 시대에 봉건사회로 이행할 가능성이 있는 지배 타입의 맹아가 싹트기 시작한 정도였다.

농민의 상태

그러면 반전수수제로부터 장원제에 이르기까지 농민의 상태는 어떠했을까. 앞서 검토한 바와 같이, 장원영주는 일종의 기생충과 같은 지대생활자였고, 농민의 상태라든가 장원의 생산에 대해서는 전혀 관심을 갖지 않았다. 따라서 그에 관한 기록은 전혀 남아 있지 않다. 농민도 아직 식자능력을 거의 갖추고 있지 못했기 때문에, 그들 자신에 의한 기록도 기대하기는 어렵다.

반전제 하에서는 호적이 편성되었고 그 단편이 지금까지도 전해지고 있다. 이 기록을 보면, 당시의 농민가족은 상당히 대규모로서 다수의 동거친족과 노비를 포함하여 20~30명인 규모가 많았다. 또 훨씬 후대인 17세기 초에 조사된 인별개人別改에서도 후진지대에서 이 같은 가족 형태가 보이는 점으로 미루어, 장원제 하의 농민가족은 일반적으로 그 규모가 컸던 것 같다. 영주의 입장에서 중핵이 되는 농민가족은 10~11세기경에는 다토田堵 또는 다토주인田堵住人이라고 했다. 원래는 토지를 의미하는 용어였지만, 이후 토지를 소유하는 사람이라는 의미로 바뀌었다. 헤이안平安 말기가 되면, 표준적 농민을 묘슈名主라고 부르게 되었다. 개간이나 매입 또는 세습적 경작에 의해 특정한 농민가족이 특정 토지에 대해 경작권과 점유권을 갖게 되면 그 토지에 농민의 이름을 붙였기 때문에 묘덴名田이라고 불렀는데, 여기에서 묘슈는 그 주인을 뜻하는 단어가 되었다. 따라서 묘슈에는 상당한 규모의 토지를 갖는 사람으로부터 매우 적은 토지를 갖는 사람에 이르기까지 그 폭이 매우 넓었다. 더욱이, 병농미분리兵農未分離 상황에서는 무사적 요소가 강한 농민들도 포함되어 있었다. 이러한 묘슈에 의해 영위되는 농경을 묘덴 경영이라고 부르고, 직계가족 주변의 방계가족이나 나고名子·후다이譜代·게닌下人이라는 예속노동력을 이용할 수 있는 경영을 통해 비교적 넓은 면적의 토지를(장원의 토지 여부는 불문하고) 조방적으로 경작하고 있었다는 것이 통상적인 이해다. 하지만 이 시대의 농업경영을 이러한 타입의 묘덴 경영 일색으로만 본다면 큰 오산이다. 사실은, 오직 소규모 가족노동에만 의존하는 묘슈나 묘슈에게 토지를 빌려서 경작하는 작인作人, 그리고 그 작인으로부터 다시 땅을 빌리는 하작인下作人도 있었다. 그들의 경영규모는 당연히 매우 작았을 것이다. 이 시대의 농업경영과 관련해서 규모와 기술이 일정하지 않았다는 사실을 적극적으로 인정해야만 한다. 그 이유는 차차 설명하겠지만, 단편적인 사료들로부터 하나의 이미지를 끌어내기에는 너무나도 다채롭다. 에도 시대 이후와 같이, 일본농업이 규모와 기술에서 어떤 '형型' 혹은 어떤 '수준'을 갖게 된 사실 자체가 하나의 역사적인 소산이며, 언제나 그러했던 것은 결코 아니었다.

이러한 농민가족 몇 호가 모여서 하나의 촌락을 형성하였다. 촌락은 농업생활을 유지하기 위하여 자연발생적으로 성립한 것과 개간을 통해 성립한 것 등 그 기원이 다양하였으며 규모도 일정하지 않았다. 하지만, 적어도 장원과 촌락이 일치하지 않았던 것만은 분명하다. 특히 장원이 기진을 통해 성립한 경우에는, 인위적으로 그어진 경계, 또는 특정한 관계를 갖는 지편地片의 집합이었으며, 촌락과는 겹치지 않는 경우가 많았다. 농민도 경작하는 토지가 전적으로 한 장원의 토지로만 한정되었던 것은 아니며, 다른 장원이나 고쿠가령, 혹은 그 어느 쪽에도 속하지 않는 토지(가끔 '백성치전百姓治田'이라는 표현이 쓰였다) 등이 혼재되어 있었다. 헤이안 말기 기나이의 장원에서 보이는 이른바 '균등명均等名'의 경우도, 유럽의 후페(Hufe) 농민처럼 농민의 경지보유가 균분화된 상태를 곧바로 연상시켜서는 안 된다.

당시의 농업기술에 대해서도 우리가 갖고 있는 정보는 너무나 한정되어 있다. 철제 농구는 상당히 보급되었을 것이라고 생각되지만, 가축과 함께 철제농구를 소유하는 경우는 묘슈 층으로 제한되었을 것이다. 경작은 에도 시대와 같은 집약성을 아직 갖추지 못했다. 즉, 관개농경이 갖는 집약성과 노동력의 성격이 초래한 조방성粗放性과의 모순 때문에 어떤 방향으로도 발전할 수 없는 상태였다고 해도 좋을 것이다.

장원제 하의 경제

장원제 하의 경제를 도식화해 본다면, 다음과 같이 그릴 수 있을 것이다(123쪽의 에도 시대 경제구조의 개념도와 비교해 보길 바란다).

이 사회에서 최대의 '재화'의 흐름은 역시 장원 연공이다. 이는 농민이 생산하고,

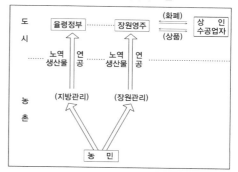

근세 이전의 재화의 흐름

거의 대부분이 생산물 형태로 영주의 손으로 들어갔다. 실제로 기록에 남아 있는 장원의 연공은 매우 다양한 생산물이 명확한 기일까지 세세히 정해져 수납되었다. 쌀이나 그 밖의 곡물은 물론이고, 다른 농산물, 수산물, 조미료, 의료와 그 원료, 연료, 건축자재 등 도시에 거주하는 영주층의 일상 생활필수품이 거의 다 물납연공 형태로 충족되었음을 알 수 있다.

연공 이외 형태로 충족된 것들은 부분적으로 필수품도 있었겠지만, 대개는 사치품이나 수입품이었고, 이것들을 취급하는 상인이 있었다. 그리고 장원에 따라서는 특산품이 있어서 연공의 일부는 상인이나 수공업자를 통해 시장으로 보내졌다고 생각해 볼 수 있다. 하지만, 영주층(영주 자신, 그 가족과 하인, 영주 주변의 상인, 수공업자, 지식층 포함)의 일상 생활은 전적이라고 해도 좋을 만큼 물납연공에 의지하고 있었다. 때문에 일종의 농산물의 직접소비 상태를 상정해 볼 수 있다. 시장은 주로 사치품, 수입품, 일부 특산품, 근교 농촌의 생선식료품 등을 중심으로 성립되었고, 화폐도 매개수단으로 유통되기는 하였지만 그림에서 보는 바와 같이 이는 도시 일부 특권계급 사이에서의 유통이었고 농민과는 거의 관계가 없었다.

이처럼 생활필수품을 현물연공에 의존하였던 까닭에 그 운송(변경으로부터의 원거리 수송일 경우에는 특히)이 커다란 문제였다. 운송수단이 한정되어 있던 당시 상황에서는 현물연공이 안전하게 규정대로 운반되기 위해서는 무엇보다도 치안유지가 필요했으며, 연공 운송의 지연과 정체는 국법에 의해 처리될 필요가 있었다. 이러한 일은 장원영주가 아닌 율령정부가 해야 할 일이었기 때문에 장원영주로서는 이러한 점에서도 율령제가 굳건하게 존재해야 했다. 운송과 관련해서는 점차 전문업자가 출현하여 도이問, 도이마루問丸 또는 쓰야津屋 등으로 불렸다. 운송은 주로 수운에 의존했기 때문에 수운이 편리한 곳에 이들 업자의 거점이 생성되었다.

생산목적
이상과 같은 상황에서 농민의 생산목적은 연공과 자급이라는 한계에 그칠 수밖에 없었다. 이 두 가지는 생산품으로서는 모두 강제적이다. 연공은 납부하지 않으면 처벌받는다는 의미에서, 자급은 만들지 않으면 굶어죽는다는 의미에서 강제적이라고 할 수 있다. 더욱이, 직접경작자의 대부분을 차지하는 노예노동력의 입장에서 보면 강제란 그들에게 가해지는 채찍을 의미했다. 강제에 의해 생산의 동기가 부여될 경우, 생산자는 생산행위=노동에 대해 어떠한 태도를 갖게 될 것인가. 그러한 상황에서 사람들은 노동을 어쩔 수 없이 행해야 하는 고역苦役으로 생각할 수밖에 없을 것이다. 이러한 사회에서는 근로에 대해 적극적인 의미부여를 하고자 하는 에토스란 싹틀 수 없다. 반대로 사람들은 그러한 노동을 고통으로 느끼고, 노동을 최소화시켜 거기에서 벗어나려 할 것이다. 이럴 경우 적어도 생산자 측에서 생산기술과 조직을 개선하고, 보다 높은 생산력을 실현하려고 한다든가 하는 힘은 작용하지 않는다. 생산은 관습대로 지속될 뿐이고 농민은 생산에 대해 수동적으로만 관계하게 된다.

이에 덧붙여, 영주 측에서도 생산량 증대를 위한 노력은 없었다. 장원영주권의 성격은 관습에 의한 연공의 지분권이었고, 게다가 그것은 분할적이고 중층적인 것으로서 영주는 일정한 영역의 토지를 소령으로 갖고 있는 것이 아니었다. 따라서 장원영주는 자기 장원의 생산에 대해서는 현상유지 이상은 바라지도 않았다. 즉, 영주가 수입을 증대시키기 위해 적극적으로 장원의 농업생산을 개량하고, 보다 많은 생산을 실현시켜 보다 많은 연공을 확보하고자 하는 유인이 없었던 것이다. 오히려, 율령정부 내부에서 보다 좋은 위치를 차지하여 기진, 양도, 매득을 통해 더 많은 장원을 획득하는 방법을 추구했다. 설사 영주가 장원의 농업을 개량하려 한다 해도, 토지가 단편적이고, 영주권이 하나의 장원에서 중층화된 상황에서는, 행사할 수 있는 영주권의 범위란 관습적으로 연공을 취하는 것 외에는 없었다. 이처럼 생산자측 혹은 지배자측에서도 생산량에 대한 증대의 의욕이 거의 없었기 때문에 생산수준은 낮은 상태로 장기간에 걸쳐 정체되었다고 볼 수 있다.

그뿐만 아니라, 현실적으로는 생산량이 오히려 감소했을 가능성도 있다. 율령정부 성립 당초 국가적인 규모로 농업생산에 필요한 여러 조건이 정비되고, 특히 평탄부平坦部의 치수개관공사는 생산량 증대에 커다란 의의를 갖는 것이었다. 그러나 율령정권의 재정적·행정적 능력이 쇠퇴하기 시작하자, 그러한 설비의 유지 및 보수가 곤란해졌다. 종종 기록에서도 평탄부의 경지가 방기되었다는 사실이 지적되고 있어, 생산의 중심은 보다 토지생산성이 낮은 계곡 혹은 작은 분지(다만, 수리설비의 유지는 지역 농민층의 힘에 의해 가능한 곳)로 이동해 간 것으로 볼 수 있다. 만약, 그러한 상태가 일반적이었다고 한다면, 총생산량은 오히려 축소되었음에 틀림없다. 따라서 인구가 감소했을 가능성도 있다. 생산량이나 인구, 혹은 명확하진 않지만 생산력은 매우 장기적으로 본다면 증대한다. 예를 들어, 조몬繩文 시대, 야요이弥生 시대, 나라奈良 시대, 에도 시대 그리고 현재로까지 확장해 보면 이들 지표는 모두 '증대'였다. 그러나 '증대'가 항상적으로 존재하는 것은 아니었다. 이들 증대는 잠재력으로서는 인정할 수 있지만, 그것이 실현될 수 있을지는 각 시대의 조건에 따라 결정된다. 장원제 하에서 이러한 '증대'가 있었다고 할 만한 이유는 어디에서도 찾아볼 수 없다.

경제사회의 미성립

이처럼 경제활동이 사회 전체로서는 전혀 활발하지 않은 상태일 때, 특히 생산이 그러할 경우, 사람들이 경제적 합리성을 기준으로 삼아 행동하리라고는 단정할 수 없다. 따라서 생산이 가장 높은 효율을 추구하여 어떤 형태를 선호한다는 그런 사태도 생겨나지 않았다. 현재의 역사가들이 묘사한 이 시대의 농민상이 매우 다채롭고, 또한 그것이 기록에 기초한 것이라고 설명할 경우, 이 같은 상황에 있었다는 점을 고려하지 않으면 안 된다.

이렇게 경제활동이 활발하지 못한 상태, 생산기술의 정체적인 성격이야말로 장원제 하에서의 생산을 특징짓는 기본적인 성격이었다. 생산성에는 거의 변화가 없었고, 인구와 생산총량의 변동도 단기적으로는 어떻든 장기적으로는 없었다고 생각된다. 농민세대에 대량의 예속노동력이 포함되어 있었다는 사실은, 농민층 전체로서 유배우자율有配偶者率 및 출생률을 낮은 수준으로 유지시켜, 사망률과 균형을 이루게 한다. 물론, 생활수준은 낮아서 겨우 생존 수준에 접근한 정도였다고 생각된다. 사망률은 우리가 대략 계측할 수 있는 에도 시대 초기의 사망률보다 상당히 높아서 평균수명도 짧았을 것이다(그 검증에 대해서는 제3장 참고). 특히 예속적인 지위에 있었던 나고, 후다이, 게닌 들의 생활수준은 매우 낮았을 것이다.

연공의 성격

이와 같은 장원제 경제를 특징짓는 또 하나의 현저한 사실은 연공의 성격이다. 장원영주는 농민들로부터의 연공을 전적으로 자신의 사적소비를 충족시키기 위해 거둬들였다. 그러한 한, 연공은 영주의 가산적家産的 사경제私經濟의 틀 속에서 일방적으로 이동하는 재화의 흐름이었다. 따라서 연공의 성격은 일종의 사적 지대(rent)였지, 조세(tax)는 아니었다. 그런데 이 장원연공은 율령제 하에서 농민이 국가에 대해 부담하는 조세를 계승한 것이 문제였다. 즉 고대국가제도에서의 tax가 rent로 전환한 것이고, 이것이 이 시기 역사에 내재된 문제였다. 이는 확실히 고대국가적인 원리에서 본다면 모순이었다. 그 모순을 굳이 선택하고 가능하게 한 조건은 과연 무엇이었을까. 또한 이러한 사태를 더욱 복잡하게 만든 무가정권의 성립은 무엇을 말해주는 것일까.

장원경제의 존속조건

또 하나 덧붙일 것은, 이처럼 모순에 가득찬 불안정한 틀임에도 불구하고, 그것이 천 년 가까이 생명력을 유지할 수 있었던 이유는 과연 무엇인가 하는 것이다. 표면적인 정권의 교체는 일종의 왕조교체극에 지나지 않았고 틀 자체의 변화는 아니었다고 한다면, 이러한 불안정한 틀이 장기간에 걸쳐 존속할 수 있었던 이유를 충분히 설명할 수 있어야 한다.

우선, 이러한 근본적인 의문에 대한 실마리로서, 이 시기의 대외관계를 생각해 보도록 하자. 수·당시대의 일본은 거의 일방적으로 많은 문물을 한반도와 중국대륙으로부터 받아들였다. 하지만 10세기 초 당제국의 멸망을 전후로 하여 중국대륙에서는 일종의 불안정한 상태가 시작되었다. 그리고 10세기에는 한반도에서도 고려에 의한 통일이 있었지만, 그 이후 일본과의 관계는 비교적 소원했다. 대략 이 시기부터 일본은 대외관계에 따른 긴장으로부터 비교적 벗어나게 되고 이로써 일본의 역사는 오로지 일본 내에서의 진행에 내맡기게 된다. 물론, 에도 시대와 같이 교류가 엄격히 제한된 것은 아니었기 때문에 예외는 많이 있었다. 하지만 중요한 한 가지 예외를 제외한다면 일본이 이 시기부터 거의 16세기에 이르기까지 외국으로부터의 위협을 의식하지 않았다는 것만큼은 확실하다. 이는, 섬나라라는 환경도 더해져, 이러한 불안정한 상태를 영속시키는 매우 중요한 조건이 되었다. 단 여기서 한 가지 예외라면, 역시 몽골의 침략元寇이다. 확실히 이 시기에는 일본 내에서도 긴장상태가 팽배해져, 가마쿠라 막부는 비非가신층마저 조직화시켜 군사체제를 정비했다. 본래라면 하나의 정권으로서 이러한 조직화를 전국적으로 행하는 것이 당연하였다. 하지만 현실로는 이러한 동원체제는 반대로 막부의 붕괴를 촉진시켰다. 이러한 사실을 통해서도 가마쿠라 막부는 결코 전국을 지배할 만큼의 강력한 정치권력 기반을 갖고 있지 못하였다는 것이 분명하다.

이처럼 대외관계의 희박성은 같은 시기의 유럽과 비교해 보면 확연하다. 이는 모순에 가득찬 불안정한 상태가 장기화되어, 적어도 대외관계로부터 시급히 벗어날 필요를 인정하지 않았기 때문일 것이다.

다음으로 고려해야 할 것은 경제적 활동이 활발하지 않았다는 점이다. 경제활동이 전체적으로 사회의 각 계층에 침투한다는 것은, 그 중에서 경제적 기회를 잘 포착하는 사람 혹은 계층이 발생하여, 하나의 경제적인 힘을 획득한다는 것을 의미한다. 힘을 획득한 계층이 정치적으로 피지배계급일 경우에는 어떤 사회적 변동이 일어날 수 있다. 그러나, 경제활동이 극도로 부진하고, 거기에 종사하여 경제적 힘을 얻는 자가 매우 한정되며,

더군다나 이미 그들이 정치권력을 갖고 있을 경우에는, 경제와 연결된 사회변동은 발생하지 않을 것이다. 장원시대란 바로 그러한 시대였다. 극단적으로 표현하자면, 당시 전개되었던 역사는 일종의 왕조교체극 이상은 아니었다.

무로마치室町 시대

남북조 내란기를 거쳐 무로마치 시대로 진입하는 과정도 같은 연장선에서 생각할 수 있다. 특히, 무로마치 막부는 그 장소도 율령정권과 동일한 교토京都였고, 당초부터 전국적인 정권으로서의 집권력을 결여하고 있었다. 쇼군將軍 자신이 곧바로 귀족화하고, 장원제와 율령제의 시스템 자체도 파괴되지 않은 채 온존되어, 오히려 이용 가능한 유일한 시스템으로 취급되었다. 다만, 이 시대에 이르면, 이전 시대보다도 더욱 지방의 지배권력이 대두하게 된다. 막부와 직접적인 연관을 갖는 슈고守護는 임지 내의 무사층과 주종관계를 맺고, 임지 내의 장원을 전시대의 지토가 다스렸던 것과 같은 방법으로 점차 침략해 나갔다. 이리하여 슈고영국제守護領國制가 전개되고, 슈고들은 슈고다이묘守護大名로 불리게 된다. 그러나 이 '다이묘'는 전국시대 혹은 에도 시대의 다이묘와는 달리 역시 소령을 형성했다고 보기는 어렵다. 왜냐하면 그들이 장원을 단위로 하여 토지지배를 행하는 한 그러하며, 율령제의 존재를 부정하지 않았기 때문이다. 지배 타입으로서는 이 계열의 최종적인 위치를 차지하는 것이었다.

따라서 상대적으로 무가세력을 포함하여 중앙권력이 크게 약체화되어 무정부 상태의 도래를 보다 용이하게 했다는 의미에서 무로마치 막부의 지배는 다음 시대로의 과도기적 성격을 갖는 것이긴 했으나, 적극적으로 다음 시대를 준비하는 시스템을 만들어낸 것은 아니다. 다음 장에서 살펴볼 것처럼, 아래로부터 변화하고 있던 농촌사회 또는 경제사회로의 이행에 대해 막부는 전혀 파악할 수 없었던 것이다.

제1장의 요점

고대 중국으로부터의 충격에 의해 드디어 국가를 형성한 일본은 당연한 일이지만, 수당제국의 제도를 수용하여 이른바 율령국가를 형성하였다. 토지를 공유화하고, 징세를 철저히 하기 위해 반전수수제를 실행하려 했지만 정착시키지는 못했다. 더욱이, 사사寺社와 귀족층의 강한 토지사유 욕과 그것을 통제하지 못한 왕권의 상대적 취약성 때문에, 토지공유제와는 전혀 상반된 장원제라는 토지제도를 성립시켰다. 그러나 이는 율령제의 폐지를 의미하는 것은 아니었고 두 제도의 조합이 제도화된 것이었다.

무가정권의 성립도 그 자체로서는 전혀 새로운 틀로의 이행을 의미하는 것이 아니었다. 낡은 틀에 대한 침투라는 형태를 취하기는 했지만, 기생적인 장원영주와는 다른 재지영주 지배의 성립은 다음 시대로의 가교 역할을 하였다.

장원제 하의 경제에서는, 영주층이 고대국가가 갖고 있던 연공징수권을 계승한 형태로 농민들로부터 수취한 현물연공을 직접 소비했기 때문에, 시장의 성립이란 매우 한정되어 있었다. 또한, 농민의 생산목적 역시 자급과 연공이라는 강제에 의한 것으로 한정되어 생산에 대한 적극적인 움직임도 없었고 기술개선도 없었다. 경제적 인센티브가 작용하지 않았던

것이다. 영주의 입장에서도 소령이 형성되지 않은 상태였고, 더구나 영주
권이 중층적이고 농업생산과 농민 상태에 대해 관심이 거의 없었기 때문에,
생산의 개선과 생산량의 증대 같은 시도도 전혀 이루어지지 않았다.

제2장 경제사회의 형성과정

율령제=장원제 틀의 붕괴 이후

앞 장에서 살펴본 바에 의하면, 사회변동은 내부로부터는 거의 발생하기 어려웠을 것이다. 특히, 그렇게 불안정한 사회에서 경제사회가 어떻게 형성될 수 있을까라는 의문이 생기는 것은 당연한 일이다. 그러나, 정치적인 불안정은 오히려 강력한 정치지배와 경제적 지배(부의 소유)와의 결합을 저지함으로써 조건으로서는 경제사회의 형성을 용이하게 해 주었다. 실제로 만약 일본이 고대적 국가조직을 보다 완전한 형태로 만들고, 안정적인 지배 틀을 완성시켰더라면, 그 후 일본의 역사는 상당히 다르게 전개되었을 것이다. 전형적인 고대국가 특유의 권력집중, 즉 성속聖俗 양 세계에 걸쳐 혹은 정치와 경제에 걸쳐 권력이 집중되었다면, 사회의 틀은 매우 안정적이었을 것이다. 그런데 일본에서는, 고대중국의 틀이 도입되기는 하였지만 동시에 보편종교도 들어왔으며, 여기에 지형적으로 몇 개 지역으로 분단되어 있다는 지리적 사정이 함께 작용하여, 그 틀이 원래 갖고 있던 고대국가와의 적합성이 그대로는 정착하지 않았다. 그렇다 하더라도 그것은 일본인이 알고 있던 유일한 틀로서 불안정한 채로 16세기까지 계속되었다. 따라서 일본이 고대국가를 경험했다고도 볼 수 있을 정도다.

그러나 율령제가 성립한 시기를 제외한다면 그러한 고대국가적인 틀은 결코 강고하지 못했으며 언젠가는 내부붕괴 될 운명이었다는 것 또한 사실이다. 오히려 이러한 취약한 틀이 잘도 천 년 가까이 유지되었다고 보아야 할 것이다.

문제는 그러한 내부붕괴 이후를 무엇이 대신하는가다. 대신할 마땅한 것이 없는 상태도 있을 수 있다. 대부분의 아시아 지역이 그러했고, 장대한 고대국가가 붕괴된 후 이를 대신할 수 있는 사회의 틀과 문화 그리고 가치체계는 극히 최근까지도 생성되지 못했다. 그래서 서구세력에 의해 식민지 또는 반식민지로 전락하는 쓰라림을 겪어야 했다. 일본에도 물론 그런 식민지화의 가능성이 있었다. 하지만, 그렇게 되지 않았던 것은 서구로부터 거리가 가장 멀고 자원이 빈약한 나라였다는 외부적인 이유도 있었지만, 그 이상으로 내부적인 이유도 있었다. 내부적인 이유란 불안정한 상태로부터 무정부 상태를 경험한 후, 산업혁명 후의 서구세력이 도래하기 전에 하나의 가치체계에 기초한 '나라國'를 만들어 냈기 때문이다. 더욱이, 그것은 경제사회의 형성을 토대로 한 것이었기 때문에, 서구 산업혁명의 기술적 성과를 이식하는 것을 가능하게 만들어 주었다. 물론, 공업화가 인류에게 무엇을 가져왔는가에 대해서는 근본적인 질문을 던질 수도 있다. 하지만, 결과를 떠나서 일본이 공업화한 사실을 설명하려는 것이 필자가 설정한 시각이다.

이러한 의미에서 경제사회의 성립, 그리고 이를 토대로 한 새로운 지배 체계의 성립은 매우 중요한 문제라 할 수 있다.

새로운 국제환경

여기에 덧붙여 일본은 그러한 거대한 변혁의 시기에 대외관계에서 다시 한 번 긴장의 시기를 경험하였다. 일본은 대외관계에서 일시적으로는 그 때까지의 수동적인 자세를 바꾸어 적극적인 진출 의사를 표시하였으나, 그리스도교와 유럽 세력의 제1차 동양 진출에 직면하여, 결과적으로는 쇄국이라는 거부적인 대응을 선택하기에 이르렀다. 그동안 국내 및 유럽 내부의 여러 세력들 간의 각축이 뒤얽혀, 16세기 말부터 17세기 초에 걸쳐 매우 미묘한 반응이 계속되었다. 이러한 국제관계와 국내의 역사적 전개를 유기적으로 연결시키는 작업은 거의 미개척 분야에 가깝지만, 시론을 덧붙여 가면서 이 장에서 다루어 보고자 한다.

일본에서 경제사회의 성립

결론을 먼저 말하자면, 경제사회의 형성은 15세기부터 16세기까지 기나이畿內 평야지대에서 개시되어, 17세기 중반에는 전국으로 확산되었다. 따라서 그동안 일본은 경제적으로는 큰 지역차를 경험하게 된다. 통일정권 성립 이전에 관해서는 정치적인 면에서도 사정이 동일하였기 때문에 이 둘의 조합에 의해 이 시기의 지역구조는 매우 복잡한 양상을 띠게 된다.

장원연공의 변화

그 결과가 경제사회의 형성으로 이어지게 된 최초의 변화는 장원제 내부에서 발생했다. 장원연공의 대전납화代錢納化(=금납화)가 그것이다.

이는 이미 가마쿠라 시대 말기부터 보인 현상이지만, 본격화된 것은 14세기 후반~15세기였다. 원래 생산물로 바쳤던 연공이 화폐로 변하게 된 이유는 과연 무엇일까. 아마도 이 시기 생산물 형태의 연공 운송이 무척 곤란해졌기 때문일 것이다. 평화적인 물자운송에 꼭 필요한 율령정부의 행정력이 결정적으로 저하되었고, 무가세력의 장원침략에 의해 점차 장원영주는 연공 획득에 필요한 조건을 상실해 가고 있었다. 연공량 그 자체도 물론 감소했고, 무로마치 시대에는 도시생활을 유지할 수 없게 된 장원영주들이 도시를 버리고 지방으로 도망가거나 생활수준을 낮추지 않을 수 없었다. 결국, 남은 수단은 보다 용이한 운송방법으로 연공을 취하는 것이었다. 그 선택이 바로 화폐였다.

화폐의 충족

그러나 연공을 화폐로 대신하는 데도 상당히 많은 장애가 있었다. 먼저 화폐(또는 귀금속)의 충분한 저장이 없었다. 그리고 연공 부담자인 일반 농민은 전무라고 해도 좋을 정도로 화폐유통의 바깥에 놓여 있었다. 게다가 연공을 화폐로 취할 경우, 당연히 일상의 필수품으로 교환할 수 있어야 하지만, 그러한 준비가 없었다. 따라서 장원연공의 대전납화는 결코 일순간에 발생한 것이 아니라, 위와 같은 문제를 해결하면서 장기간에 걸쳐 완만하게 진행되었다.

첫 번째 문제는 어떻게 화폐가 준비되었는가다. 주조화폐로는 이미 율령정권 성립 당초부터 헤이안 시대 후기까지 이른바 황조십이전皇朝十二錢이 주조된 바 있고, 계량화폐計量貨幣로서 금과 은 등도 유통되었지만,

역시 이 정도로는 크게 부족하였다. 이에 대량의 외국화폐가 유입되기 시작했다. 송전宋錢과 명전明錢의 수입이 그것으로, 가마쿠라 말기 이후, 왜구倭寇 또는 견명선遣明船 무역을 통해서 대량으로 유입되었다. 이러한 대규모 무역의 개시는 무로마치 시대에 이르면 정치적으로는 그 이익을 둘러싸고 무역특권 쟁탈전을 야기시켰고, 경제적으로는 무역상인층, 무역항, 무역도시 등의 성립을 촉진시켰다. 수입을 하기 위해서는 당연히 수출도 있어야 한다. 당시 일본의 수출품은 무기, 특히 일본도, 칠기, 유황 등이었다.

두 번째 문제는, 농민이 어떻게 화폐를 획득했는가 하는 점이다. 아마도 처음에는 연공의 대납전을 갑자기 농민에게 요구하지는 않았을 것이다. 제3자, 즉 화폐를 갖고 있던 상인들이 영주에 대한 연공수납을 대행했을 것이다. 이 경우, 농민은 생산물로 납품하고 상인의 수중에서 화폐로 바뀌게 된다. 상인은 그 연공을 이번엔 상품으로 판매하지 않으면 안 된다.

시장의 발흥

이는 시장을 통해 필수품을 충족시킨다는 마지막 문제로 이어진다. 도시에 거주하는 영주층이 화폐로 연공을 취했을 경우, 영주는 화폐를 내고 생활필수품을 구입하게 된다. 즉, 시장을 통해서 충족하게 된다. 도시는 이미 장원이라고 하는 영주와 농민 사이의 자족체自足体의 소비부분 집단이 아니라, 화폐를 지출하여 필수품을 구입하는 경제적 기능을 담당하는 인구집단으로 변질하고 있었다. 이 경우, 가장 영향을 크게 받는 것은 우선 도시 주변부의 농촌이었을 것이다. 그리고 화폐화가 진행될수록 그 영향의 범위는 확대된다. 그리고 이들 지역에서는 농민이 화폐유통에 편입되어 스스로 연공을 화폐로 납부하게 되었을 것이다. 농민은 판매를 위해 생산을 하게 되며, 적어도 그러한 생산목적이 종래의 연공과 자급이라는 목적에 추가되어, 생산에 대한 관계 방식에 커다란 변화를 초래하게 된다.

이처럼 대전납화는 보통 생각하는 것보다도 훨씬 큰 충격을 사회 각층에 가하였다. 하지만 주의해야 할 점이 있다. 반복해서 말하지만, 이러한 변화는 1세기나 2세기 정도의 시간에 걸쳐 서서히 발생했다는 사실이다. 또, 설령 대전납화가 실시된다고 해도 연공의 수취 자체가 무척 곤란해지고 있었다. 교토를 예로 들더라도, 무로마치 시대는 인구와 규모가 오히려 감소하고, 영주층의 생활도 궁핍해졌다. 그러나 한편으로는 새로운 유형의 도시가 탄생하고 있었다. 그리고 교토의 주민 가운데는 장원영주와 그 기생寄生계급 외에 일상 생활의 필요품을 취급하는 상인과 수공업자층이 형성되어 가고 있었다. 이 시기에 이루어진 '마치슈町衆'(자치적으로 집단 생활을 했던 상인과 수공업자)의 형성도 같은 맥락에서 설명할 수 있다.[1]

농촌 · 농업생산의 변화

그렇다면, 이러한 변화가 농촌사회에 미친 영향은 어떠하였을까. 이미 도시 주변에서는 생선식료품을 공급하는 농업이 존재했지만, 이 시기에 이르면, 화폐유통과 판매를 위한 생산이 물결처럼 도시 주변으로 확산되어

---

1) 林屋辰三郞, 『町衆』(中公新書, 1964) 참고.

나갔다. 종래의 국한된 생산목적에 판매라는 요소가 추가됨으로써, 생산을 양적 혹은 기술적으로 억압하고 있던 조건이 완화되었다. 농민은 어떻게든 생산량을 증대시키고, 잉여분을 판매하여 화폐를 얻으려 했다. 그리고 그 화폐가 그들의 생활에 침투하면서 다양한 영향이 나타났다.

우선, 생산량 증대는 어떻게 가능했을까. 가장 먼저 생각할 수 있는 것은 경지면적의 확대다. 이는 종래의 생산조직을 거의 변화시키지 않고, 실현가능한 방법이었다. 하지만, 기나이畿內 부근의 평야는 가장 일찍부터 경지화가 진행되었기 때문에 당시의 기술력으로 개발 가능한 미개척지는 그다지 많지 않았을 것이다. 따라서 경지확대에 의한 생산력 증대는 별로 많지 않았고, 있었다 하더라도 즉시 한계에 직면했을 것이다. 다음 문제는 일정 경지면적에서의 생산량 증대. 이는 당연히 토지생산성의 증대와 토지이용의 고도화를 의미한다. 하지만, 종래의 생산방법과 조직으로는 달성하기 곤란한 변화였다. 종래의 생산조직은 예속노동력의 사역使役에 의한 것이었기 때문에 이 노동력에 의한 토지이용은 아무래도 방만할 수밖에 없었다. 특히, 농업과 같이 노동의 집중관리가 곤란하고, 생산과정이 노동하는 개개인의 태도에 좌우되는 부분이 많은 작업에서는 노동력의 대량 투하나 작업의 고밀도가 현실적으로 곤란했기 때문이다. 아마도 체벌 외에 노동을 강화할 방법은 달리 없었을 것이다. 농업의 경우, 한계에 달했다고 할 수 있다. 여기에서 생산량을 증대시키기 위한 생산자 측의 해결책은 농장경영을 예속노동력에서 경영주의 가족 등의 노동력으로 대체하는 가족경영으로 전환하는 것이었다.

하지만, 이러한 전환 역시 그리 간단할 수만은 없었다. 예를 들어,

습관적으로 몇 세대에 걸쳐 나고名子와 게닌下人을 사역시키며 경영을 해온 묘슈名主가 하루아침에 자기의 경영을 몇 개의 소가족으로 분할한다는 것은 일종의 커다란 모험이었다. 아마도 이러한 시도도 오랜 시간을 필요로 했을 것이다. 가장 먼저 혈연가족이 분리되고, 상당한 시간이 흐르고 나서야 나고와 게닌을 사용하는 경영이 해체되었을 것이다(이 문제와 시기에 관련한 자료는 전혀 찾아볼 수 없었다. 전부 나중에 발생한 동일한 사실로부터 유추한 것이다).[2]

소농자립

통상, 이 과정은 '소농자립小農自立'이라고 표현한다. 하지만 그 구체적인 동기나 경과에 대해서는 확실한 것이 거의 없다. 어떤 저자는 이를 영주(오다와 도요토미 정권 이후)의 정책에 의한 것으로 간주하기도 하고, 다른 어떤 저자는 자립한 소농이 쟁취했다고까지 주장한다. 하지만, 이 두 설에는 모두 약간의 문제가 있다. 실제로 '자립'은 이러한 정책을 실시했다고 하는 영주(=근세 다이묘)가 출현하기 이전부터 존재하고 있었고, 또 종래 예속적 지위에 있던 농민이 사회적·정치적으로 각성해서 하나의 운동을 일으켰다는 것은 도저히 생각할 수 없는 일이다. 이 문제는 특히 토지 보유와 연결시킬 경우 더욱 곤란해진다. 자립한 소농은 토지의 보유자가 되었을까. 만약 그렇다면, 이는 전후戰後 농지개혁에 필적할 만한 커다란 사회변혁이 될 것이다. 하지만, 나고와 게닌에게 토지를 분배하고, 자립을

---

2) 에도 시대 초기의 신슈信州 스와諏訪 지방 사례에 대해서는 速水, 참고문헌 〈65〉 참고.

허용하는 마음씨 좋은 묘슈가 과연 있었을까.

이처럼, 실제로 '소농자립'의 과정에는 상당히 많은 의문점이 남아 있다. 필자 자신도 명확한 해답을 갖고 있지는 않다. 다만, 최소한 지적할 수 있는 것은 이러한 변화 역시 오랜 시간에 걸쳐 점진적으로 이루어졌고 아마도 토지보유가 없는 '자립'이었을 것이라는 사실이다. 그러나 결과적으로 '자립'한 소농민이 토지를 보유하는 것까지 배제할 수는 없다. 농지해방 직전까지 관행적으로 분가와 고용인에게 '임시수입ほまち'을 위한 논이 부여되었던 것처럼 일종의 소작지가 주어지고, 그들이 신분적 예속에서 약간은 해방되어, 스스로 경영권을 갖는 소작농민이 된 것은 아닐까(반대로 이러한 토지를 받았다는 사실이 신분적 지배의 잔존을 의미한다는 것을 고려해야겠지만). 에도 시대 중기 이후와 마찬가지로 인구증대가 압력으로 작용하여, 토지소유가 유리해지는 조건 또는 그러한 조건을 제도적으로 고정화시킨 지주제 전개 이전의 지주=소작관계는 기생지주제 하의 관계와는 구별되어야 할 것이다. 물론 묘슈는 묘덴 경영을 해체하는 편이 유리하다고 생각해서 해방시켰을 것이다. 즉 제도를 통한 해체가 아닌 이상, 묘슈에게는 예속노동력을 이용하는 직접경영보다 노예들에게 경영책임을 부과해서 노예의 가족노동력을 이용하고 집약경영을 실현하여 생산량 증대로 소작료를 취하는 쪽이 훨씬 유리하다는 상황판단이 있었을 것이다.

소농경영 성립의 영향

이러한 과정을 거쳐 '소농자립'은 농촌사회로 점차 침투해 들어갔다.

아마도 교토와 나라 도시 주변부로부터 시작되어, 효고兵庫나 사카이堺 같은 도시가 가세함으로써 16세기에는 기나이 평야지대로까지 널리 확산되었을 것이다. 생산량 증대에 대한 대응으로서 소농경영의 일반화가 발생했지만, 그 영향은 매우 다양한 국면에서 나타났다. 우선, 농업기술의 발전 방향은 노동력의 집약과 경지면적당 수확량의 증대였다. 즉, 수전경작을 중심으로 한 관개농경의 기술적 요구와 가족노동이라는 노동력의 역사적 성격이 결합되어, 최근에 이르기까지 일본농업의 기술발전은 계속 동일한 방향으로 진행되어 왔다. 이미 에도 시대에 경지면적당 수확량은 세계적인 수준에 도달해 있었다.

둘째로, 이제 부부가족이 경영단위가 되고, 자립한 농민은 신분적인 예속에서 해방되었기 때문에 결혼율이 높아지고 출산율이 상승하였다. 그 결과 인구증대가 발생하였다. 이 경과에 대해서는 에도 시대의 예를 들어가며 나중에 논하도록 하겠다.

세 번째, 소농경영의 일반화에 따라서 농민 상호간의 횡적 연계가 긴밀해지게 되었다. 장원제 하에서는 '농민'이라는 용어가 갖는 의미의 폭이 매우 넓어서, 묘슈로부터 후다이와 게닌에 이르기까지 이해관계를 달리하는 여러 계층을 포함하고 있었다. 하지만, 소농경영이 일반화되자, 적어도 경영주로서의 농민은 공통된 이해를 갖게 되었다. 이러한 사정을 배경으로 하여 소惣·고향鄕·지게地下라고 하는 지연 공동체가 조직화되었다. 이러한 조직이 무로마치 시대에 기나이에서 시작되어, 점차 주변부로 파급되었다는 것은 주목할 만한 현상이다. 농민은 바야흐로 스스로의 규약에 의해 서로 책임과 의무 그리고 권리를 분담하는 자치조직을 형성하기에 이르렀다. 이러한 조직은, 하나의 촌락에 소수의 대규모 묘수 경영밖에 없다든가, 또는 촌락 내에 이해관계를 달리하는 다른 몇 개 층이 존재할 경우에는 성립하기 무척 곤란했을 것이다.

경제 인센티브의 도입

소농경영으로의 이행은 농민의 생산목적의 변화에 수반한 것이었다. 즉, 판매를 위한 생산이 새로운 목적으로 추가되었기 때문이다. 게다가 토지보유의 유무 차이는 있다 해도, 농민은 부부가족을 단위로 하여 그 각각이 스스로 경영을 책임지는 존재가 되었다. 물론 그렇다고는 해도, 작물의 종류나 파종시기 등이 완전히 자유로웠던 것은 아니다. 입회지入會地(주민이 공동으로 작업하는 산야나 어장 등 | 역쥐)의 이용, 물의 이용 혹은 특정한 농작업에 대해서는 공동체 질서에 따르지 않으면 안 되었다. 그러나 이는 농민이 경제적 기회를 잘 잡기만 한다면, 화폐라는 형태로 수입을 늘릴 수 있는 가능성이 주어졌음을 의미한다. 화폐가 갖는 특징 가운데 하나는 축적이 가능하고, 수시로 필수품과 교환이 가능하다는 점이다. 예를 들어, 농민은 어느 정도 축적된 화폐로 토지를 구입할 수도 있었다. 당초 토지가 없는 상태로 '자립'한 농민들에게도 이러한 기회가 주어졌다.

농민 생활에 경제적 인센티브가 주어진 것은 농민의 일상 행동과 의식을 크게 변화시켰다. 생산에 대한 사고방식도 크게 변했다. 지금까지의 노동이 어쩔 수 없는 고역이었다면, 이제부터는 보다 높은 경제적 보수와 보다 나은 생활을 가져다주는 일종의 '덕德'으로 바뀐 것이다. 따라서 육체적 고통은 견딜 수 있는 것이 되었다. 가족노동은 이러한 노동에 가장 적당한 것이었다. 가족은 동시에 경영을 구성하는 일원이었기 때문에 힘든 노동과 장시간의 노동은 나중에 보수를 받을 수 있는 일종의 투자였다.

일본인은 근면하다고들 한다. 이것을 일종의 '국민성'으로까지 설명하기도 한다. 하지만, '국민성'이란 것이 과연 초역사적으로 일본인이 가진 자연적 체질일까. 필자 자신은 결코 그렇게 생각지 않는다. 이 시기 이전의 어떠한 저작에도 근로가 덕이라는 사고방식이나 사상을 찾아볼 수 없다. 하지만 에도 시대가 되면, 근로가 미덕으로 여겨지게 된다. 일본의 경우, 근로는 하나의 도덕으로서, 가족제도라는 채널을 통해 자자손손 전해지게 되었다(따라서 서유럽처럼 프로테스탄티즘이라는 종교를 통한 전승과는 다르다. 일본인에게 강한 영향을 주었던 종교 중에 그러한 역할을 한 것은 없었다. 그러나 근로를 덕으로 생각하는 사고방식은 종교에만 존재하는 것이 아니다). 장시간의 고된 노동을 특징으로 하는 일본농민의 정신구조 혹은 현재의 일본인에 대한 하나의 평가로까지 되어 있는 근면은 이 시기에 그 원형이 형성되었다고 생각된다.

이러한 사실에 대해서는 이 책 제5장과 제6장에서 상세히 다루고 있다.

그러나 경제목적과 화폐의 농민생활에의 침투는 단지 경제적 발전만을 가져온 것이 아니었다. 기회를 잡은 사람이 존재했던 것처럼, 다른 한편에서는 실패해서 몰락한 사람들이 속출하였다. 특히, 화폐는 경우에 따라 농민들에게 빚을 안기고 고통을 주기도 했다. 15세기 전반 기나이의 평야지대를 석권한 농민반란(도잇키土一揆)은 전술한 농민들의 자치적 결합의

형성과 관계가 깊었는데, 그 주요 습격 목표가 도소土倉(전당포와 비슷한 금융기관 | 역주) 등의 금융업자였다는 것은 화폐유통에 편입된 농민의 대응책 가운데 하나였다고 볼 수 있다.[3]

도시의 변화

이러한 농촌의 변화와 함께 도시에도 변화가 일어났다. 교토와 나라라는 옛 도시는 기능적으로 변질되고, 사카이堺나 효고兵庫처럼 본래 그 주민의 경제활동이 존립조건이 되는 새로운 유형의 도시가 출현했다. 그리고 판매를 위한 생산이 침투하면서 수로와 도로가 편리한 곳에 물자가 집산되고 상인과 수공업자가 거주하는 시장촌市場町이 연쇄 반응적으로 성립했다. 오늘날에도 그 잔재가 남아 있는 야마토의 이마이今井 등은 거의 이 시기에 성립한 시장촌이다. 그리고 이들 도시를 연결하는 상품유통망이 기나이의 평야부를 커버하게 되었다.

그러나 이러한 변화를 너무 단순화시키면 안 된다. 오닌의 난応仁の亂 (1467~1477) 이후 기나이는 종종 병란으로 황폐해졌고, 그 중심이 되는 교토의 쇠퇴도 정도가 무척 심했다. 하물며 기나이를 조금만 벗어나면, 사태는 종전과 거의 다를 바가 없었다. 도시는 몇몇 예외를 제외하고는 발달하지 않았으며, 농촌은 종래의 생산기술과 조직 그대로였다. 거기에서 화폐란 대부분의 농민에게는 미지의 존재였다. 따라서 생산수준도 낮고, 경제사회의 성립과는 상당한 거리가 있었다. 이 시기 경제적인 지역차는 매우 컸다고 할 수 있는 것이다. 기나이의 평야부에서는 판매를 위한

---

3) 中村吉治, 『德政と土一揆』(至文堂, 1959).

생산이 전개되고 화폐가 유통되었으며, 사람들은 경제적으로 행동하고, 경제적 가치를 그 원리로 삼게 되었다. 농업의 형태도 다른 지역과는 다르게 집약적인 소경영이 전개되었다. 또한, 자치조직을 갖는 사람들의 집단이 형성되었는데, 특히 몇 개 도시는 '자치도시'로서 유명해졌다. 16세기 말에 일본에 온 유럽인의 눈에도 이들 도시가 마치 유럽의 자치도시처럼 비칠 정도였다. 하지만, 일본 역사에서 특이한 존재였던 이 '자치도시'는 당시 정치적 무정부 상태였던 상황에서 성립할 수 있었다는 점을 상기해야 한다. 다시 한 번 통일정권이 성립하자 이 '자치도시'는 거의 저항하는 일 없이 그 통치 하에 편입되고 말았다.

전국 다이묘戰國大名

기나이 선진지대에서의 경제사회의 형성과 비교하여 변경지방의 상황은 어떠했을까. 기나이에서는 경제적 변화는 있었지만, 정치적으로는 어떤 새로운 변화도 없었다. 변화는커녕, 장원영주에게도 아시카가足利 막부에게도 이 지역은 최후의 거점이었고, 장원제 최후의 잔존지역이었다. 한편, 변경지방에서는 무로마치 시대부터 전국시대에 걸쳐 율령제와 장원제의 지배가 완전히 없어지고, 일종의 무질서 상태가 되었지만, 그 내부로부터 재지영주층들이 세력 각축을 통해 점차 하나의 지방권력으로 성장해 나갔다. 이러한 세력을 전국 다이묘戰國大名라고 부른다.

전국시대의 동란 속에서 최후까지 살아남은 전국 다이묘로는, 동일본에서는 다테伊達, 고호조後北條, 이마카와今川, 다케다武田, 우에스기上杉 등이 있고, 서일본에서는 조소가베長曾我部, 모리毛利, 나베시마鍋島, 시마즈島津

등이 있는데, 이들은 세대를 거치면서 수개 국에 걸쳐 세력권을 형성하였다. 한눈에 알 수 있듯이, 이들 다이묘는 전부 앞서 설명한 경제적으로 진보한 기나이 지방과는 관계 없는 변경지대에 기반을 두고 있다. 이들의 지배구조는 이미 율령제와 장원제 및 무로마치 막부, 슈고 다이묘제와는 실질적인 관계를 갖지 않는다는 점에서 새로운 것이었다.

기본적으로 전국 다이묘는 소규모의 재지영주층이 원래 갖고 있던 국지적인 영주권리를 '본령안도本領安堵'로 인정 받는 대신 충성관계를 설정하여 세력권의 확대를 꾀했다. 물론, 영역의 확대와 함께 토지와의 연관성이 약화되고 다이묘 직할지藏入地에서는 대관지배代官支配라는 형태도 취해지긴 하였으나, 원칙적으로는 재지在地적 성격이 강했다. 가신들은 대부분 농촌에 거주하고, 농업경작을 하는 병농 미분리 상태였다. 따라서 후대에 발달하는 조카마치城下町 같은 것도 형성되지 않았고, 형성되었다 하더라도 소규모로 그쳤다. 그러나 이러한 형태로 주종관계의 피라미드적인 계층질서가 성립한 경우, 그것이야말로 '봉건제'의 명칭과 어울리는 형태였다. 왜냐하면, 이 제도 하에서 가장 중요한 것은 가신의 하급영주권下級領主權이 인정되었다는 점이기 때문이다. 무력을 갖춘 가신이 농촌에 거주하며, 직영지의 경영을 포함하여 일정한 크기의 공간에서 영지를 지배하는 상태가 그대로 유지되고 있는 것이다.

다이묘의 세력권이 확대되자, 역시 거기에는 하나의 국가적인 질서가 필요해지게 되었다. 가신과의 관계도 하급영주권을 인정하고 있는 이상, 불안정할 수밖에 없었다(사실, 이 시기에 얼마나 많은 '조반造反'이 있었던 가!). 그에 따라 이를 법제화한 것이 전국 다이묘의 가법家法 또는 분국법分國

法이라 불리는 일련의 입법이었다.

전국 다이묘제 하의 영주와 농민 간의 관계에 대해서는 의외로 알려진 바가 없다. 그 이유의 하나는, 본령안도 형태로 종래의 관계가 그대로 유지되어, 제도적으로 통일이 이루어지지 않았기 때문이다. 그러나 군사적 정복에 의해 종래의 관계가 파괴된 경우에는 새로운 관계를 설정할 필요가 있었다.

전국 다이묘의 영지경영

전국 다이묘는 일정한 지역에 자신과 가신의 영주권 이외에 어떠한 지배권의 존재도 배제하였다. 이렇게 해서 소령所領의 형성을 완성하는 동시에 부국강병富國强兵을 필요로 했던 다이묘는 소령 경영에 충실해야 했다. 그들에게 필요한 자질은 겐페이源平 시대(미나모토와 다이라 시대)의 무장武將 같은 단순한 무장으로서의 능력만이 아니라 행정능력을 겸비하고, 영지의 안정을 도모할 수 있어야 했다. 이러한 필요성에서 전국 다이묘는 영지 내의 생산조건을 정비하는 데 상당한 노력을 기울였다. 예를 들어, 가장 유명한 사례로 다케다武田 씨가 고슈甲州 지방에서 행한 하천의 치수공사와 광산개발을 들 수 있다. 고후甲府 분지를 흐르는 후에후키笛吹 강과 가마나시釜無 강의 홍수예방공사(가스미霞 제방)는 지금까지도 제 역할을 충실히 할 수 있을 정도로 훌륭하다. 이처럼 영주가 행한 꽤 큰 규모의 생산조건의 개선은 율령제 초기 이래 장기간에 걸쳐 중단되었다는 점을 고려하면, 그만큼 생산량의 증대와 안정을 가져왔을 것이다. 여기에서는 기나이의 선진지대와는 다른 방법을 통해 생산량 증대가 있었음을 의미한다. 그리고 중요한 점은 이러한 상태에서 농민이 부담하는 연공은 장원연공과 마찬가지로 사적 지대地代가 아니라 공적인 조세租稅(tax)로서의 성격도 겸하게 되었다는 사실이다. 연공에는 양적 경중만이 아니라 이러한 질적인 평가도 덧붙이지 않으면 안 된다.

전국 다이묘의 약점

그러나 전국 다이묘의 지배구조에는 커다란 약점이 있었다. 이 약점은 전국 다이묘 상호간의 싸움에서는 드러나지 않았다. 그러나 나중에도 살펴보겠지만, 이질적인 지배구조를 가진 세력과 충돌하였을 때 결정적인 약점이 드러났다. 무엇보다도 전국 다이묘는 경제적 후진지대 출신이었기 때문에 이미 기나이에서 발생한 화폐의 일반적 유통과 생산조직의 변화를 거의 경험하지 못했다. 농업생산은 여전히 예속노동력에 의존하는 형태를 포함하고 있었고, 병농 미분리 상태도 이러한 생산조직을 전제로 하는 한 결코 벗어날 수 없는 족쇄 같은 존재였다. 왜냐하면, 이러한 활동을 강행할 경우 농업생산이 파괴되어 버리기 때문이다. 또한, 토지와의 결합이 강하다는 사실은 영지의 확대와 다이묘 자신의 중앙 진출에 브레이크로 작용하였다. 에도 시대와 같이 영주권이 토지와 분리되어, 이봉移封(명령에 따라 영지를 옮기는 것)이 성행하는 것은 생각할 수도 없는 일이었다.

하지만, 이러한 약점은 다름 아닌 봉건제의 특징이기도 했다. 서유럽에서도 봉건제는 경제활동이 활발하지 않은 상태를 전제로 해서 성립한 것이었다. 일본의 경우, 전국 다이묘제가 서유럽을 척도로 본다면 봉건제와 가장 유사하다고 할 수 있다.

지역차

이처럼 전국시대의 일본은 지역구조상 정치 · 경제적 발전의 조합이 상호 교차하는 형태였다. 기나이에서는 경제적으로는 발전하고 있었지만, 정치적으로는 낡은 형태가 남아 있었고, 변경에서는 정치적으로 별개의 영주제(봉건제와 가장 유사한)가 전개되면서 경제적으로는 뒤처진 상황이었다. 따라서 이러한 상태의 일본을 통일하기 위해서는 두 지역을 함께 지배할 수 있는 통일적 원리와 지배구조가 필요하였다. 그 작업이 두 지역의 중간 지대출신인 오다 노부나가, 도요토미 히데요시, 도쿠가와 이에야스 등 '천하인天下人'에 의해 행해진 것은 단지 우연이라고만은 할 수 없다.

중간지대와 새로운 영주제의 출현

16세기 후반, 전국 다이묘가 변경지대에서 영역 확대를 거의 마치고, 중앙으로 진출하려던 바로 그 때에 기나이 주변, 특히 시나노信濃와 오와리 尾張 지방을 기반으로 하는 새로운 유형의 영주제가 성장하고 있었다. 노부나가의 권력구조는 다른 전국 다이묘와는 다르게 병농분리와 상비군을 갖추고, 이들에게 철저한 집단적인 훈련을 실시하여 소수지만 강력한 군사력을 갖추고 있었다. 마침 포르투갈과의 접촉에 의해 철포가 전래되었고 이는 노부나가 타입의 군사기구와 잘 어울리는 무기가 되었다. 시나노와 오와리 지방은 기나이 주변에 위치하였기 때문에 기나이 평탄부에서 전개되고 있던 새로운 경제사회로의 이행이 침투해 들어와 이 시기에 들면 서서히 변화가 일어나고 있었다. 농업생산 형태가 소농경영으로

100

변화하고 생산량 증대가 실현된 결과, 영주는 병농분리라는 과감한 병제개혁을 꾀할 수 있었다. 그 결과, 조카마치라는 소비인구집단이 발생하고, 이들이 다시 농촌을 자극하여 경제사회로의 이행을 촉진시켰다. 기나이에 비해 유리했던 점은, 이 지역에는 종래의 지배력이 미치지 못함으로써 새로운 영주가 기존의 모든 지배체계를 고려할 필요가 없었다는 점이다.

이러한 새로운 영주제는 전국 다이묘와의 충돌에서 군사적인 이점을 발휘했고, 노부나가의 뒤를 이은 히데요시에 의해 비교적 단기간에 전국통일이 완성되었다. 이 영주제는 소농경영이 일반화하고 화폐유통이 침투하여 병농분리가 가능해지는 조건이 갖추어진 시점에서 발생했지만, 전국으로 확산된 것은 전국제패 과정에서였다. 즉, 다이묘의 배치전환을 통해 약 16세기 말부터 17세기 초두에는 극히 일부를 제외하고는 전국 다이묘들도 이봉이 되었고, 영주들은 강제로 토지와의 관계를 잃게 되었다. 이것을 가능하게 만든 것이 검지檢知 및 석고제石高制(고쿠다카제)의 채용이었다. 이 점에 대해서는 나중에 검토하도록 하자. 이러한 제도를 통해 히데요시와 이에야스 그리고 그 이후의 쇼군들은 각 다이묘들을 통제할 수 있는 강력한 권한을 갖게 되었다. 극단적으로 말해서, 각 다이묘들은 쇼군의 뜻에 따라 언제 전봉轉封 명령이 떨어질지 알지 못했으며, 가신 역시 토지로부터 분리되었다. 가신들은 거의 대부분 조카마치에 집단거주하게 되었고, 지카타치교地方知行라는 형태로 영지가 주어졌다고 해도 영주권에는 제한이 있었다. 즉, 일정한 조율租率로 연공을 받는 권한만으로 제한되고, 영지 농민의 신분지배나 정규 연공 이외의 공조를 취하는 것은 금지되었으며, 영지 인민에 대한 재판권도 없는 것이 보통이었다. 그 때문에 이것은 언제라도 봉록제俸祿制로 대체될 수 있는 성격을 띠었다.

이 같은 지배 형태를 문자 그대로 '봉건제'라고 이해하기는 곤란하다. 에도 시대에 대해 집권적 봉건제 혹은 해체기 봉건제라는 표현이 사용되는 것도 이 같은 사정 때문이다. 따라서 일본에서는 유럽사의 '봉건제'와 가장 유사한 지배형태를 갖춘 시대는 비교적 단기간에 한정된 지역에서 경과하고 말았다. 이제 그 다음에 도래할 것은, 경제활동이 어느 정도 발달하고 동시에 병농분리가 이루어지고, 도시의 형성을 포함한 지배형태를 갖춘 영주제가 아니면 안 되었다. 이 점에 대해 논하기에 앞서, 바로 같은 시기에 발생한 일본을 둘러싼 국제환경의 변동에 대해 언급해 보자.

국제환경

16세기부터 17세기에 걸쳐 일본을 둘러싼 국제환경은 매우 급변했다. 동시적으로 진행된 국내의 변화와 함께, 국제관계는 격동의 시대였고, 최종적으로는 가장 극단적인, 대외관계의 폐쇄에 가까운 형태인 이른바 쇄국을 선택하였다. 에도 시대를 생각할 때, 이 '쇄국'이라는 사실은 정치적으로나 경제적, 문화적으로도 그 시대를 크게 결정짓는 요소였다. 따라서 이 시기의 대외관계를 전체적으로 파악해 둘 필요가 있다.

일본인의 해외진출

이미 무로마치 시대 초기부터 규슈九州 서북지역 연해의 토호들은 작은 배를 이용하여 한반도와 중국 대륙연안을 습격하는 해적행위를 일삼았다. 그들이 바로 왜구倭寇였다. 그들이 전부 일본인이었다고는 할 수 없지만,

이들 지역이 군사적 공백 상태였기 때문에 가능했던 일이었다. 화를 당한 명과 조선 정부는 때때로 무로마치 막부에 대해 금압을 요청했지만, 막부는 그 정도의 힘이 없었고, 결국 그로 인해 양국 간의 정식국교는 단절 상태로까지 빠질 지경이었다. 왜구를 일본인의 해외진출로 파악할 경우, 그 후의 동남아시아 진출과 연계해서 생각해 볼 수 있다. 16세기 후반부터 17세기 초두에 걸친 중국, 인도차이나 반도, 태국, 말레이시아, 인도네시아, 필리핀 방면으로 무역에 나서는 상인들이 많았다. 그 중에는 일본인 마을을 형성하거나, 외국의 용병이 된 자도 있었다. 히데요시나 도쿠가와 막부는 이들을 통제하고 재원을 확보하기 위해 무역을 허가하는 주인장朱印狀을 발행하여 이른바 '주인선 무역시대朱印船貿易時代'를 맞이하게 된다.

이처럼 종래는 거의 수동적이었던 일본의 대외관계가 이 시기에 성격을 역전시켜 해외진출에 적극적인 태도를 취하게 되었다. 이는 수당제국의 멸망을 정점으로 하여, 한반도와 중국대륙에서 고대제국이라는 강력한 존재가 후퇴하고, 일본이 드디어 독자적인 힘을 가진 나라로 성립하게 되어 상호간의 상대적인 지위가 변화한 결과였다. 이러한 기세는 전국통일을 완성한 히데요시의 무모한 조선침략으로 이어졌지만, 침략의 실패와 그에 이은 쇄국정책의 실행으로 단명에 그치고 말았고, 다시금 일본 국내로 향하여 수축하게 된다.

유럽 · 그리스도교 세력과의 접촉

대외관계에서 또 하나의 중요한 경험은 유럽세력과 그리스도교 문화와의 접촉이었다. 당초 국가로서는 포르투갈, 그리스도교 포교기관으로서는 예수회가 잠시 이 접촉을 독점했지만, 16세기 말에는 스페인, 종교단체로서는 프란시스코파와 도미니크파 수도회가 합세하였다. 17세기에는 네덜란드와 영국이 접근하여 선점하고 있던 구교국舊敎國을 구축시켰다. 쇄국시대에는 네덜란드 동인도회사에 의한 일본무역 독점이 완성되었다. 이러한 단기간의 급격한 변천과 쇄국에 이르는 과정을 이해하기 위해서는 포르투갈과 스페인의 해외진출에 대해 설명해 둘 필요가 있다.

포르투갈의 해외진출

16세기 후반, 일본과 깊은 관계를 맺었던 포르투갈은 현재 EU 여러 나라 가운데 가장 후진국에 속하지만, 15~16세기에는 스페인과 함께 해외진출을 활발하게 전개하였다. 특히, 아프리카와 아시아권에 대해서는 희망봉 경유 항로를 개척하고, 식민거점을 설치하여 무역을 독점했다. 이러한 해외발전은 멀리 이베리아 반도에서의 재정복운동(Reconquista)의 연장으로 해석해야 한다. 이 땅은 로마시대 말기부터 민족이동기, 서고트(Goth) 왕국시대에 걸쳐 그리스도교의 포교가 활발했는데, 8세기 초 이 곳에 침입해 온 이슬람 세력에 의해 서고트 왕국이 멸망하고, 지중해 연안 각지와 함께 이슬람권으로 편입되었다. 11세기에 이르러 성지 회복운동이 일어나 십자군이 몇 번 파병되었는데, 그 일환으로 이베리아 반도도 이교도의 손에서 그리스도교도의 땅으로 되돌려야 한다는 운동이 일어났다. 이것이 레콘키스타였다. 이베리아 반도 전체로 말하면, 이 운동은 수세기에 걸쳐 일어났고, 15세기 말 드디어 이슬람 세력을 구축할 수 있었다. 포르투갈은 이 과정에서 태어난 그리스도교 국가로서 12세기에

건국되었는데, 그 여세를 몰아 남진을 거듭하여 13세기 이후에는 아프리카 대륙 서안에 진출하게 되었다.

한편, 15세기 후반, 동지중해의 안정 세력이었던 비잔틴 제국이 몰락하고, 동양과 서양을 이어주는 통상교역이 불안정해지게 되었다. 유럽인에게 향신료, 특히 후추는 육류의 조미료로서 필수품이었기 때문에 원산지인 모르카(Moluccas) 제도諸島와의 교역이 단절된다는 것은 매우 큰 의미를 갖는 것이었다. 이와 더불어, 14세기 이후 이탈리아에서 일어났던 르네상스 사조의 일환으로 지구가 둥글다는 생각이 주창되자, 동양에 도달하는 두 가지 코스(희망봉 경유, 대서양 서진)가 검토되었다. 당시 서유럽에서는 종교개혁이나 각각의 국내문제가 미해결 상태로 남아 있었다. 이에 대해 재빨리 통일을 이룩하고, 지리적으로도 서남쪽으로 돌출한 이베리아 반도의 양국 왕실은 앞서 지배한 이슬람 문화로부터 원양항해에 필요한 기술을 계승함으로써 이들 모험을 후원하게 된다.

포르투갈과 스페인은 1494년 토르데실라스(Tordesillas) 조약에 의해 진출지역을 분할하여, 아시아에는 포르투갈만이 진출하게 되었다. 1496년 희망봉을 돌아 인도에 도달한 포르투갈 함대는 불과 십 수년 만에 인도양의 제해권을 장악하고, 모르카 제도에 도달하였다. 그러는 사이에 몇 개의 거점을 설치하고 요새화시켜, 동양무역을 독점하게 된다. 무역품은 리스본에 선적되어 거기로부터 앤트워프(Antwerp)를 경유해서, 유럽시장으로 운반되었다. 무역의 결과 왕실에는 부가 흘러들어 번영의 시기를 맞이하게 되었다.

하지만, 이러한 포르투갈의 동양진출에서는 무역과 포교가 불가분의 관계에 있었다. 원래 진출의 동기는 무역과 포교였고, 이 두 개의 중심[結節点]에 왕실이 위치하였다. 이는 이베리아 양국이 갖는 역사적 배경에서 그 이유를 찾을 수 있다. 극단적으로 말하면, 이 두 나라는 왕실과 왕실을 둘러싼 귀족층 그리고 빈농으로 성립된 사회였기 때문에 중간층이 적고, 특히 경제활동에서 일반 서민이 개입할 여지가 거의 없었다. 따라서 무역이 왕실독점이라는 형태로 유지되는 동안이라면 모를까, 일단 경쟁자가 등장하게 되면 곧바로 약점이 드러나는 특징을 갖고 있었다.

그럼에도 불구하고, 병력이 적었던 이 나라에게 동양무역을 독점 당한 이유는 당시의 아시아가 분열 상태에 놓여 있었기 때문이다. 예를 들어, 최초로 도착한 인도를 보면, 몇 개의 작은 제후국으로 분열되어 있었고, 더구나 회교와 힌두교의 분쟁이 가세하여 더욱 불안정한 상태여서 손쉽게 포르투갈의 식민거점(고어Goa 등)이 설치되고 말았다. 인구가 적은 포르투갈로서는 거점에 무역과 포교기관을 집중시키고 이를 해군력과 연결시키는 일이 유일하게 가능한 진출방법이었다.

그런데 향료를 중심으로 한 동양무역을 독점한 포르투갈은, 그 이상 진출의 필요성을 느끼지 못하고, 겨우 중국 남부와의 무역을 위해 접촉한 것에 지나지 않았다. 일본에 대해서는 애당초 어떤 목표도 없었다. 따라서 일본과의 관계는 포르투갈의 동양진출 이후 반세기 가까이 지난 후에 우연히 시작되었다. 1540년대 어느 날 다네가시마種子島에 표착한 중국 선박에 포르투갈 인이 타고 있었던 것이 그 시작이었다고 전해진다. 그런데, 일본과 관계를 시작하고 보니, 일본은 무역에서나 포교에서나 절호의 대상이었다.

포르투갈과 일본의 관계

우선, 무역에 관해서는 전국 동란이 한창이었고, 특히 당초 관계를 가졌던 규슈에서는 각 군웅이 부국강병을 추구하고 있었기 때문에, 새로운 무기 특히 철포는 다투어 사가려는 상품이었다. 그리고 무역에 의한 경제적 이익을 위해, 여러 다이묘들은 자신의 영지에 포르투갈 선박이 내항하는 것을 흔쾌히 받아들였다. 게다가, 중앙정부가 유명무실해진 상태에서는 외교관계를 체크하는 기관도 존재하지 않았다.

포교에 관해서도 일본은 포르투갈과 일본 사이에 있는 타 지역에 비해 기후가 온난하여 선교사가 장기간에 걸쳐 전도활동을 펴기에 적합한 자연조건을 갖추고 있었다. 더군다나 일본에서는 인도와 동남아시아와는 달리 그리스도교에 적대적인 종교활동이 별로 활발하지 않았다. 물론 당시 일반 민중 사이에서 강한 영향을 끼치고 있던 니치렌 종日蓮宗과 정토진종淨土眞宗의 포교활동이 있었지만, 이것도 거의 중앙 일본으로만 국한되었고, 서일본에는 영향력이 미약했다. 계속되는 전란의 와중에서 민중 사이에는 정신적인 평화를 바라는 잠재적인 요구도 있었기 때문에 16세기 후반 서일본에서는 그리스도교의 교화가 급속히 이루어졌다. 예수회에 의해 교회, 수도원, 병원, 학료學寮가 설치되어, 일본은 'christian century'를 경험하게 된다.

나아가 무역에 관해서는 대일본무역에 이익이 많다는 사실이 판명되었다. 금은의 가격차를 이용한 무역이었는데, 당시 일본에서는 어림잡아 금 11~12 대 은 1의 비율이었고, 명나라에서는 은이 훨씬 비쌌다. 더구나, 일본과 명은 단교 상태였기 때문에 양국은 그 차이를 의식하지 못하고 있었다. 제3국인이었던 포르투갈인은 이 사이에 중개상인으로 끼어들어 막대한 이익을 손에 넣었다. 포르투갈인은 일본에서 은을 사들여 중국에서 금과 바꾼 후 이를 다시 일본으로 들여와 은과 교환했다. 경비도 크게 필요하지 않은 이 교환을 통해 얼마나 많은 이익을 챙길 수 있었을까. 잠깐의 계산을 통해서도 금세 알 수 있을 것이다. 이렇게 일본은 무역과 포교 양면에서 중요한 목표가 되었고, 마카오가 그 기지로서 중요성을 높여 가고 있었다. 일본의 은 수출은 16세기 말 최고 전성기에 달했을 당시 세계 은 생산량(약 40~50톤)의 3분의 1을 차지하였다는 사실이 최근 연구에서 밝혀졌다. 그리고 이 무역은 포르투갈의 동양 경영과 예수회의 포교에 필요한 자금의 중요 공급원이었다.

포르투갈의 실추와 일본의 국내통일에 따른 대외자세의 변화

이처럼 당초에는 전혀 시야에 들어 있지도 않던 일본이 바야흐로 유럽의 관점에서 하나의 주요 목표로 인식되기에 이르렀다. 한편 이 시기에 포르투갈 본국의 지위는 급속히 쇠락하기 시작했다. 1580년대에는 왕위계승 문제가 발생하여 스페인 국왕이 반세기 이상 포르투갈 국왕을 겸하는 사태가 발생했다. 스페인은 이미 1520년대에 마젤란의 세계일주를 후원한 관계로 필리핀을 식민지로 보유하고 있었지만, 마닐라에 본거지를 둔 도미니칸파와 프란시스칸파 수도회가 일본 포교를 개시하기 시작했다. 동시에 일본의 국내통일이 진전되고, 특히 히데요시는 그리스도교에 대해 상당한 의혹을 품고 있었기 때문에, 각 파에 의한 포교경쟁은 전체적으로 상당히 부정적으로 작용했다. 각 파로부터의 상호 비방이 히데요시의 귀에 흘러들어가 결국 선교사의 '추방 → 탄압 → 체포 → 처형'이라는 수난의 시대를 맞이하게 된다. 이에 앞서 히데요시는 이미 규슈 원정 당시 나가사키長崎 거리가 예수회에게 기진되었다는 사실을 알고, 이를 반환시키고 선교사추방령을 내리는 등 적대적인 입장을 취했다. 하지만 히데요시의 재정에서 무역이 차지하는 비중이 높아서 포교는 그렇다손 치더라도 무역까지 금할 수는 없었다. 따라서 외교방침은 불안정했다. 한편에선 추방령을 내리면서도 오사카 성에서 선교사와 사자使者를 회견하고 포교를 허락하기도 했다. 하지만 역시 국내통일자로서 하나의 통일 이데올로기가 필요해지게 되자 그리스도교와는 공존할 수 없게 되었다. 도쿠가와 막부의 경우에는, 재정상 토지에 대한 의존도가 높아 무역을 희생하는 것이 보다 용이했으며, 명확하게 유교를 이데올로기로 삼았기 때문에 그리스도교를 점차 박해하고, 마침내 1630년대에는 시마바라島原, 아마쿠사의 난天草の亂을 계기로 소위 쇄국령을 발포하고 철저한 탄압정책을 취하였다.

영국·네덜란드의 진출

한편, 유럽 본국에서는 스페인이 1588년 무적함대의 패배로 세력을 상실하여, 이윽고 국내정비를 끝내고 해외진출을 서두르던 영국과 네덜란드를 막을 수 없게 되었다. 일본에도 1600년 네덜란드선이 내항하고, 이어 영국과의 관계도 시작되었다. 결국 이베리아 반도 양국과 무역경쟁이 시작된 것이다. 영국과 네덜란드는 국가와 종교를 분리해서, 무역은 정부로부터 특권을 받은 동인도회사라는 상인조직이 담당했기 때문에 도쿠가와 막부로서는 이쪽과의 관계가 보다 바람직하였다. 처음엔 히라토平戸에, 후에는 막부의 명령에 따라 나가사키에 동인도회사 상관商館이 들어섰고, 출장소는 각 도시에 설치되어 더욱 능률적인 교역이 시작되었다. 이로 인해서 독점에 안주하고 있던 포르투갈 왕실 무역은 후퇴할 수밖에 없었다. 하지만 영국의 동인도회사는 중국에서 생사生絲 등 대일본 수출품 획득에 실패하고, 영국상품의 판매도 부진한데다가 1616년 이후 무역지가 히라토와 나가사키로 제한되는 등 복합적인 사정으로, 결국 1623년 10년 남짓한 상관 활동을 접고, 이후 인도경영에 전념하게 된다. 그리고 무역과 종교를 분리하지 않고 군사력에서도 열세에 처한 포르투갈은 1세기에 가까운 실적에도 불구하고, 1639년 결국 일본무역에서 추방당하고 만다. 이렇게 해서 남은 것은 네덜란드뿐이었다. 여기에 네덜란드 동인도회사에 의한 나가사키 무역의 독점(중국선에 의한 무역도 인정되고 있었지만), 일본 측에서 보면 쇄국이 완성된다.

쇄국의 의미

쇄국은 어떻게 평가될 수 있을까. 종래에는 마이너스적 측면만이 일방적으로 강조되어 왔다. 세계와의 접촉을 잃고, 특히 일본인 자신의 해외도항과 귀국이 금지됨으로써, 적극성을 띠기 시작한 해외진출이 일거에 사라진 것은 문화적으로나 경제적으로도 커다란 손실이었다. 시장은 국내로 한정되어, 에도 시대 일본은 하나의 폐쇄경제의 실험실로까지 되었다는 것이다. 이에 대해 최근에는, 반대로 쇄국경제에 일정한 의미를 인정하려는 견해도 나오고 있다. 쇄국에 의해 밖으로 향해 있던 에너지가 내부로

향하게 되면서 에도 시대가 매우 정치精緻한 문화시대가 되었다는 견해다. 경제사적으로는 적어도 에도 시대 전반에는 국내시장의 확대 여지가 남아 있어 쇄국에 의한 시장의 협소화는 그다지 크게 작용하지 않았던 것으로 보이지만, 후반에는 역시 한계가 드러나 경제적 발전을 저해하게 되었다고 보는 것이 타당할 것이다.

그러나, 필자가 여기에서 주의를 환기시키고 싶은 것은 쇄국 그 자체의 영향이 아니라, 쇄국을 할 수 있었다는 사실에 대한 평가다. 쇄국에는 부정적인 평가를 내리는 것이 아마도 옳겠지만, 그러한 결정을 정부가 내리고 이를 실행에 옮길 수 있었다는 사실은 종래 거의 고려의 대상이 되지 못했다(물론 당초엔 '쇄국'이라는 의식이 일본에는 거의 없었기 때문에, 정확하게는 '결과적으로 쇄국이라고 불리게 된 일련의 외교적 조치'라고 표현해야 할지도 모른다). 쇄국이 마이너스였다고 하는 것은, 그 후의 세계사의 전개를 알고 있는 현재의 우리들이 내린 평가에 불과하다. 그러나 쇄국을 할 수 있었는지 아닌지는 당시 일본이 갖고 있었던 하나의 능력이었다. 동양과 서양과의 이러한 제1차 접촉에서 동양 각국은 물론 다양하게 대응하였다. 하지만, 쇄국을 하고 싶어도 할 수 없었던 경우가 대부분이었을 것이다. 동남아시아에서 인도대륙에 걸쳐 그들 나라에서는 산업혁명을 거친 제2차 접촉까지 식민지화의 코스가 불가피했다.

따라서 일본의 쇄국이라는 선택과 그 실시는, 당시 일본이 하나의 국가 형성(nation building)을 행하고 있었다는 증거이기도 하다. 때문에 200여 년이 지난 후 개국을 결의했을 때에 약간의 트러블은 있었지만, 180도 방침을 전환하여 개국을 하고 서양화를 동양 국가들 중 가장 급속하고

극적으로 이뤄낼 수 있었다. 이는 물론, 쇄국기간 동안의 폐쇄적 체계 속에서의 역사의 전개가, 공업화의 결과 발생한 근대사회의 기술과 제도를 수용할 수 있는 방향을 향하고 있었다는 사실을 무시해도 좋다는 뜻은 아니다. 하지만 쇄국과 개국이라는 완전히 반대되는 외교관계의 선택을 가능하게 만든 공통분모에 대한 배려 또한 간과해서는 안 되는 것이다.

또 하나 덧붙이자면, 이 시대의 국제관계를 통관하여 말할 수 있는 것은, 실로 미묘한 타이밍의 문제일 것이다. 일본의 국내통일이 10여 년 정도 늦춰졌다면, 아마도 그리스도교나 네덜란드, 영국의 내항來航에 대해 일본이 취할 수 있는 태도는 크게 달라졌을 것임에 틀림없다. 어쩌면 쇄국이 불가능했을지도 모르는 것이다. 그리고 유럽 본국에서의 세력 각축도 급격한 변화였다. 쌍방에서 역사의 전개가 가장 급격한 시기에 양자는 접촉했고, 그래서 그러한 결과를 낳은 것이다.

다만, 마지막으로 이상과 같은 서술에 대해 몇 가지 유보조건을 덧붙일 필요가 있다. 우선, 쇄국이라는 단어에서 연상되는 상황이 실제와는 상당히 차이가 있다는 사실이다. 나가사키를 통해 문호가 열려 있었고, 극히 제한된 수이긴 하지만, 외국인이 나가사키에 이주하여 에도까지도 여행할 수 있었다. 그리고 일본인도 나가사키를 통해 들어온 세계 정세를 알고 있었다. 나가사키 무역은 막부에 의해 관리되어, 수량과 품목 모두 메이지 시대 이후처럼 국민경제에 결정적인 영향을 미치지는 않았으나, 그래도 다음 장에서 살펴볼 것처럼 몇 가지 무시할 수 없는 중요한 작용을 하였다. 나가사키뿐만 아니라 쓰시마 번對馬藩에 의한 조선무역과 사쓰마 번薩摩藩에 의한 류큐琉球 무역도 공인되고 있었으며, 최근 연구에 따르면 그

무역량이 나가사키 무역을 훨씬 상회하는 시기도 있었다고 한다. 더욱이, 에조蝦夷 무역, 나아가 기록되지 않은 밀무역密貿易까지 염두에 둔다면 쇄국을 엄밀하게 생각하는 것은 오히려 잘못이다. 일본인의 해외도항도 전혀 없었던 것이 아니다. 조선의 부산 근방 왜관에는 일본인의 '데지마出島'가 있어서 외교와 무역이 전개되었다. 해외지식은 난학蘭學을 통해 유입되어 특히 의학과 자연과학, 미술 분야에서 두드러졌으며, 합리주의적 사고 형성에 커다란 영향을 미쳤다.

또한, 쇄국의 원인을 일본 측에서만 찾는 것도 잘못일 것이다. 은과 동의 경우, 일본은 당시 세계에서도 유수한 수출국이었다. 그 획득을 둘러싼 유럽 여러 나라 간의 항쟁이 중상주의시대의 무역형태로서 독점을 지향했던 것이며, 쇄국을 이러한 세계사적 배경에서 생각해 볼 필요가 있다.

제2장의 요점

장원연공의 대전납화를 계기로 화폐가 도시 주민의 일상 생활에 사용되고, 시장을 통해서 필수품을 충족하게 되었다. 이는 기나이 농촌에 영향을 주어, 농민은 종래의 자급과 연공 외에 판매라는 요소를 생산목적으로 삼지 않으면 안 되었다. 경제 인센티브의 도입은 농민의 생산에 대한 태도를 변화시켜, 보다 효율적인 생산형태로의 변화를 가져왔다. 이것이 소농경영의 일반화다. 한편, 무역도시나 시장촌 등 오로지 경제적 기능만을 담당하는 새로운 유형의 도시가 성립하여, 기나이 평야부에 경제사회가 성립했다. 영주지배의 빈틈을 메우기 위해 도시와 농촌에서는 주민의 자치조직이 발달했다.

한편, 변경지대에서는 경제적으로는 후진적이었지만, 장원제나 율령제에서 벗어난 전국 다이묘의 봉건적 영주지배가 성립하여, 소령이 형성되고, 영주측에 의한 생산량 증대 시책이 취해지게 되었다.

그리고 종국적으로는 양자의 장점을 겸유한 중간지대 출신의 노부나가·히데요시·이에야스에 의해 통일이 완성된다. 이들은 경제사회의 일반화라고 하는 조건 위에서 병농분리·조카마치 형성을 추진하고, 석고제石高制에 근거하여 가신과 농민을 다스리고, 장원제와 율령제를 대신하는 새로운 지배틀을 창출시켰다.

이러한 국내의 정치·경제적 발전과 함께 국제관계도 크게 변화했다. 우선, 그 전까지는 수동적이었던 일본인이 해외진출을 개시하고, 동남아시아 방면으로 대량의 이민이 전개되었다. 또한, 당시까지 전혀 관계가 없던 유럽과 그리스도교 세력과의 접촉도 개시되었다. 무역과 포교에서 포르투갈의 대일관계는 밀접한 것이었다. 하지만 16세기 말부터 17세기에 걸쳐 유럽 내부에서 세력 교체가 발생했고, 일본이 국내를 통일하면서 대외관계를 통제하기 시작하였다. 특히, 그리스도교 포교가 통일자의 이데올로기와 양립할 수 없게 되자, 입장을 180도 바꾸어 쇄국을 선택하게 된다. 하지만 이러한 쇄국을 결의하고 실행할 수 있었던 것은 일정한 국가 형성의 증거로 간주할 수 있을 것이다.

제3장 경제사회의 성립 에도 시대의 사회와 경제

막번제 幕藩制

앞장에서 논했던 바와 같이, 16세기의 무정부 상태를 수습하여 성립한 정권은, 이미 경제사회의 침투에 따라 소경영이 일반화되고 생산량 증대가 실현되어 가던 지역을 기반으로 하여 병농분리를 추진하고, 무사나 상인, 수공업자의 도시 집단거주를 전제로 하고 있었다. 기나이 선진지대와 그 주변부에서는 경제사회가 이미 형성되어 있었기 때문에 이러한 지역의 장악과, 변경지대처럼 경제사회로의 변화를 아직 경험하지 않은 지역의 장악과는 결코 동일할 수 없었다.

히데요시나 도쿠가와 막부는 활발하게 이봉移封을 전개하여, 선진지대 출신의 다이묘에게도 후진지대 영주로서의 경험을 요구했고, 또 전국 다이묘에게도 이봉을 강요하여 토지로부터 분리시켰다. 그리고 검지檢地를 통해 측정된 평균생산량(=석고石高)을 유일한 척도로 삼아, 그 많고 적음으로 다이묘 이하 무사들의 신분질서로 삼았다. 따라서 이 시대에는 다이묘가 '~만 석石'과 같이, 미곡의 용적으로 표시한 토지의 가치를 소유한 영주였고, 특정 토지를 소유한 영주는 아니었다. 다이묘 이하의 가신들도 마찬가지였다. 20만 석 다이묘란 20만 석이라는 랭크를 갖는 다이묘를 말하며, 그것은 어떤 토지를 다스려도 별 상관이 없었다.

석고는 동시에 농민에 대한 공조부과貢租賦課의 기준이 되기도 하였다. 에도 시대의 연공부담 책임은 공적으로는 촌村이었는데, 예컨대 어떤 촌이 천 석의 촌고村高라고 할 경우, 미곡량으로 환산한 토지의 가치는 천 석이 된다. 공조는 이 촌고를 기준으로 하여 게미토리檢見取り나 조멘도리定免取り라고 하는 검사를 통해 결정되었다. 이 석고제는 막번幕藩사회를 특징짓는 제도였으며, 그 실현을 가능하게 한 것은 검지였다. 그런 관점에서 검지에 대해 살펴보도록 하자.

초기 검지

검지는 글자 그대로 해석하면, 토지의 종류나 면적의 측정이다. 그 중에서도 히데요시가 행한 다이코 검지太閤檢地(다이코는 일반적으로 도요토미 히데요시를 의미한다), 또는 그것을 포함해 막번사회 성립기에 행해진 초기 검지는, 새로운 석고제에 기초한 지배구조를 가능하게 한 기초작업으로서 중요한 의미를 갖는다.

검지를 중요시하여 이를 전국적으로 실시한 것은 히데요시였지만, 그의 경우에도 당초에는 지출검지指出檢地 형태를 취했다는 것이 기록에 남아 있다. 지출검지란 촌의 지도자에게 그 촌의 토지나 생산량, 종래의 연공량에 대한 조사서를 제출하게 한 것으로서, 생산량의 측정수단으로서는 불완전하기 짝이 없었다. 소농경영으로 바뀌면서 기나이와 그 주변에서는 생산의 양적·질적 변화가 일어나게 되어 장원제 하에서의 연공과 생산량을 그대로 계승할 수는 없었다. 이에 히데요시는 한 발 더 나아가 토지의 전 면적 측량과 등급별 평균생산량의 확정을 내용으로 하는 장량검지丈量檢地를 개시했다. 그리고 군사력이나 교섭으로 굴복시킨 토지에 대해서는 곧바로 충복을 검지 부교奉行(행정관리)로 임명하여 전국적인 검지에 착수했다. 히데요시의 한 측근의 일기에 의하면, 히데요시는 오사카 성에서 검지의 결과 자신의 토지가 늘어나는 것을 검지장부檢地帳의 집적을 통해 알고서 만족스러워했다고 한다.

히데요시의 검지=다이코 검지를 제도적으로 가장 협소하게 정의한다면, 히데요시가 명령하고, 부교를 임명하고, 검지조령을 공포해서, 소령과 무관하게 각 지방마다 행했던 검지였다. 그러나 이러한 협의의 다이코 검지는 결코 전국적으로 실시된 것이 아니었다. 상당 부분의 검지는 그 땅의 다이묘가 자신의 영지에서 히데요시의 뜻을 받들어 행한 것이다. 이 때 시행자가 히데요시의 직접적인 신하直臣이거나, 그와 비슷한 경우에는 문제가 없었다. 하지만, 만약 체질이 다른 영주이거나 전국 다이묘와 같은 경우에는 문제가 발생했다. 예를 들어, 조소가베長曾我部가 행한 도사土佐 지방에서의 검지는 사료로서의 검지장(실제로는 『지검장地檢帳』이라고 불렸다)의 내용이나 기재법이 상당히 다르게 되어 있다. 조소가베의 경우, 병농 미분리 상태였기 때문에 토지에 대한 가신의 하급영주권을 인정하고 있었다. 때문에 하나의 토지에 농민 한 명의 이름만 기재되는 검지장과 비교해서 복잡하게 기재될 수밖에 없었다.[1] 따라서 이러한

---

1) 다이코太閤 검지의 경우, 검지장에 농민 이름을 기재할 때는 한 경지에 대해 한 명의 이름을 기재하는 것이 원칙이다. 이에 비해 조소가베 씨의 경우는 한 토지에 하급영주권을 갖는 규닌給人(전국시대에 다이묘에게 땅을 받아 가신이 된 지방무사)이나 나누시名主로 보이는 농민, 나아가 작인作人 등 3명의 이름을

경우에는 검지시행자인 영주의 성격을 고려하지 않으면 안 된다. 히데요시와 동질의 영주에 의한 검지로 한정하여, 이것과 협의의 다이코 검지를 합쳐서 여기에서는 초기검지初期檢地라 부르기로 하자.

초기검지에 의해 석고가 측정된 결과, 석고를 기준으로 하여 다이묘와 가신을 배치하고, 농민에게서 연공을 걷을 수 있게 되었다. 영주의 수중에는 측정된 촌고 일람표가 있어, 이를 근거로 해서 가신에게 일정한 석고에 해당하는 토지를 어디에서 분배할지 결정할 수 있었다. 가신은 이렇게 토지로부터 분리된 존재가 되어, 조카마치에 거주하는 관료군이 되어 갔다.

한편, 검지가 담당했던 또 하나의 역할은 그것이 촌(일부는 마치町)을 단위로 행해졌기 때문에 '촌'이 연공의 부과 및 행정 단위로 된 점이다. 이 경우 '촌'은 대략 오늘날의 오아자大字에 상당하며, 평탄부의 농촌에서는 동시에 하나의 생활단위로서의 공동체를 의미했다. 행정단위로서의 촌락과 생활단위로서의 촌락이 겹쳐진 결과, 이미 소惣, 고鄕, 지게地下라는 이름으로 형성되어 있던 촌락공동체는 강고한 틀을 부여받게 되었다.

초기검지를 행했던 영주는 소농경영이 생산량도 높고, 보다 많은 연공을 기대할 수 있다는 것을 경험적으로 알고 있었다. 또한 가신의 하급영주권을 인정하지 않는 원칙에서 보더라도, 농민 상호간의 소영주권의 존재를 부정하는 것은 정치적으로도 안정을 의미하는 것이었다. 여기에서 이른바 '소농자립정책'이라고 하는 법령이 출현하였다. 이 법령들의 조문은 명확하게 농민 상호간의 부역과 소작료 수취를 부정하고, 연공을 바치는 자는

기재하는 것이 보통이었다.

스스로 경작하는 자여야 한다는 점을 나타내고 있다.[2] 여기에서 영주가 무엇을 의도하였는가는 명백하다. 그런데 이러한 법령이 어떻게 실시되었는지, 위반했을 경우 어떠한 처벌을 가했는지에 대해서는 사실을 검증할 자료가 전혀 없다. 또 종래 이 자립정책을 실현하는 수단으로서 검지를 지적하는 견해도 있었지만, 다음과 같은 이유 때문에 그것은 부정되어야 한다.

검지와 소농민 자립정책을 간단히 결부시켜 검지장에 기재된 농민의 이름이 그 토지의 소유자 또는 경작자를 의미하며, 동시에 이는 연공 부담자이기도 하다는 것이 위와 같은 견해의 기초에 깔려 있다. 하지만 막번체제에서의 연공이란 '촌'이 책임 납부의 단위이기 때문에 개개인의 토지소유를 영주가 확정지을 필요는 없었다. 또 만약 검지가 농민의 토지소유를 확정시키는 것이었다면, 메이지 정부가 지조개정地租改正 때 실시한 개인적 토지소유의 확정이 왜 필요했는지 이해하기 어려워진다. 이러한 두 가지 이유 때문에 검지는 결코 농민 개개인의 토지소유에까지 미치는 것은 아니었다는 사실이 명백하다. 다만, 검지장에 농민의 이름이 기재되어 있는 것은 사실이며, 또 촌이 최종적으로 책임을 진다고 해도 그것은 단지 공적으로만 그러하다는 것이기 때문에, 결국은 누군가 책임을 분담하지 않으면 안 되었다. 그러나 그러한 점은 이미 검지와 검지장의 범위에서 벗어나는 것이다. 촌 내부에서 연공을 어떻게 나눌지는 촌내에서 작성된 사료, 통례적으로는 나요세초名寄帳에서 확인된다. 그리고 검지장과 나요

---

2) 예를 들어 아사노 나가마사淺野長政가 영지 와카사若狹 지방에 공포한 법령(1587) 참고. 牧野信之介 編, 『越前若狹古文書選』, 637쪽.

세초에 기재되어 있는 농민의 이름은 반드시 중첩되어 있지는 않다(일반적으로 검지장에 등장하는 이름이 나요세초보다 많다). 17세기 말 이전에는 양자 사이에 상당한 차이가 있었다고 알려져 있다. 이러한 사실은 초기검지가 농민의 개별적인 토지보유권을 검지장으로 확인을 한다든가 설정을 한다든가 하는 목적을 갖고 있었던 것이 아님을 여실하게 보여준다. 따라서 초기검지는 그러한 의미에서 소농자립의 실현 수단은 아니었다.

그렇다면, 소농자립정책과 초기검지가 전혀 무관했는가 하면, 그 또한 결코 그렇지 않았다. 초기검지의 시행자들은 '소농자립'에 스스로의 지배권력의 기반을 두고 있었다. 그들의 검지장에는 1필筆마다 농민의 이름(나우케名請人)이 단순하게 일렬로 적혀 있다. 이 같은 서식은 토지 보유자와 영주와의 사이에는 어떠한 하급영주권의 보유자도 끼어들 수 없음을 나타내고 있다. 이에 대해서 전국 다이묘의 경우에는 앞서 설명했듯이, 2~3단에 걸쳐 적혀 있고, 복잡한 보유관계를 그대로 인정하는 형식을 취하고 있다. 또 타협적인 성격이 강한 도쿠가와 씨 자신이 행한 검지의 경우에는, 이른바 분즈케文附의 기재記載가 있고, 분즈케 주인文附主과 분즈케 백성文附百姓이 2단으로 적혀 있다. 종래 이것은 후진지대의 지역적 특징을 나타내는 것이라고 이해하였지만, 이 해석으로는 히데요시가 실시한 오우奧羽 지방의 검지장에 분즈케 기재가 보이지 않고, 도쿠가와 이에야스가 실시한 관동關東, 신슈信州 지방 검지장에서는 관찰된다는 사실을 설명해 주지 못한다. 지역 차이라기보다는 검지 시행자의 성격에 기인할 것이다. 도쿠가와 씨는 미카와三河 출신이지만, 그 후 그의 소령은 보다 후진적인 신슈信州, 고슈甲州, 관동과 같이 동쪽으로 이동한 결과, 경제적으

로 앞서 있었던 기나이 지방을 손에 넣은 히데요시와는 다른 검지방침을
취했던 것이라고 추측한다.

이처럼 초기검지는 토지에 대한 조사였지, 토지보유에 대한 조사는
아니었다. 어떤 종류의 토지가 어디에 어느 정도 있고, 과세 단위로서의
촌이 어느 정도의 토지를 보유하고 있는지를 조사하는 것이 목적이었던
것이다.

석고제石高制와 촌청연공제村請年貢制

이러한 검지를 통해서 실현 가능했던 석고제와 촌청연공제가 막번사회
를 제도적으로 특징짓는 가장 중심적인 기둥이었다. 영주는 검지를 통해
측정된 생산량을 과세 기준으로 삼을 수 있었다. 장원제 하의 과세와
비교하면 매우 효율적이었고, 새로운 생산으로의 이행을 부분적으로나마
파악할 수 있었다. 그러나 석고제는 현실로는 몇 가지 측면에서 경직적이어
서 변화에 대응할 수 없다는 결함을 갖고 있었다. 특히, 막번사회에서
이것이 신분질서와 결합되고, 더욱이 막번체제 자체를 유지하기 위한
선결조건으로 됨에 따라, 본래 생산량이라는 가변적 수치를 고정화시켜
취급해야 한다는 모순에 직면하게 된다. 물론, 이를 모순이라고 여기는
것은, 에도 시대가 전근대 사회로서는 생산량 증대가 뚜렷한 시대였다는
사실을 알고 있는 현재의 우리가 내릴 수 있는 판단이며, 당시 사람들에게
는 전혀 모순으로 느껴지지 않았을 것이다. 이러한 경직성은 구체적으로는
다음과 같다. 즉, 다이묘에게든 가신에게든 석고는 모두 그 집안에 부수된
사회적 등급이 되어, 이는 유지되어야 할 기준이 되었다는 것이다. 물론

실정失政이 있으면 감석減石이나 회수가 뒤따랐고, 반대로 공적이 있으면 증석增石을 했지만, 태평천하였던 에도 시대에는 그러한 변화가 별로 없었다. 특히, 큰 변화는 매우 드물었을 것이다. 따라서 30만 석 다이묘라는 것은 초기검지에서 30만 석으로 측정된 토지의 영주라는 의미였지만, 자신의 영지 생산량이 증대했다고 해서 검지를 마음대로 수정하여 50만 석 다이묘가 되는 일은 용납되지 않았다. 검지를 몰래 수정하는 경우를 내검内檢이라고 했는데, 이 역시 생산량 증대를 따라잡지는 못했다. 영주가 실시할 수 있었던 것은, 기껏해야 개발된 새로운 경지를 검지하는 정도에 불과했는데, 그마저도 개발을 장려하기 위해서는 느슨한 평가를 내릴 수밖에 없었다. 이리하여 다이묘의 석고와 촌고, 농민의 지고持高는 점차 실제 생산량과는 동떨어진 숫자로 되어 갔다. 게다가 생산량의 증대가 결코 전국적으로 동일하게 이루어진 것이 아니어서, 지표로서의 의의도 점차 희박해져 갔다. 막번사회를 분석할 때, 석고라는 일견 편리한 수치가 있기 때문에, 이를 이용하는 예가 종종 있으나, 경제지표로서의 과도한 의존은 피해야 할 것이다.

경제구조

막번제 하의 경제구조 전체를 몇 가지 측면에서 검토해 보자. 다음 그림은 각 사회구성체 간의 물자와 화폐의 흐름을 표시한 것으로, 73쪽에서 표시한 장원제 하의 경우와 비교해 보길 바란다. 이 그림에서 분명한 것은 화폐와 물자의 흐름이 여기에서 제시한 세 계층 전부를 포함하면서 회전하고 있다는 점이다. 영주가 농민으로부터 취하는 연공은 비경제적

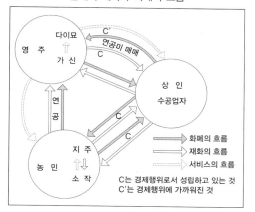

근세의 재화와 화폐의 흐름

행위임에 틀림없지만, 그것과 반대 방향으로의 서비스의 흐름이 존재하며, 적어도 연공 중 일부는 행정비용 혹은 영주에 의해 지출되는 사회자본 형태로 농민(또는 상인·수공업자)에게 환원되고 있다는 점, 즉 연공은 장원연공처럼 순연純然한 사적 지대(rent)가 아니라 조세(tax)로서의 성격도 겸하게 되었다. 덧붙여 연공은 화폐와 쌀이라는 두 종류로 통일되어, 영주는 미곡으로 수취한 연공의 대부분을 상인에게 팔아서 화폐로 바꾸어 필요한 소비물자를 구입했다. 따라서 연공의 간접소비 형태를 설정할 수 있다. 이러한 형태 하에서는, 영주층은 연공미를 팔아넘겨야 했는데, 그 행위의 성격이 경제적 행위인지 비경제적 행위인지 미묘한 문제다. 막부의 경우, 당초에는 연공미의 판매가격을 오로지 막부재정 상태와 관련시켜 막부 주도로 결정하였다. 이른바 '오와리가미 가격尾張紙値段' 제도다. 그러나 시장에서 거래되는 쌀 가운데 연공미藏米가 아니라 상인이 직접 농민들로부터 구입하는 미곡納屋米이 증가하게 되자, 오와리가미 가격을 막부의 재정적 입장에서 일방적으로 결정하는 일이 점차 곤란해졌으며, 반대로 실제 시장거래 가격이 주도권을 쥐게 되었다. 제도로서의 오와리가미 가격은 계속 남아 있었지만, 실질적으로 이 행위는 경제행위로서의 성격을 띠게 되었던 것이다.

그리고 영주층이 소비자의 입장에서 상인으로부터 상품을 구입하는 경우도 대부분은 상행위였다. 다만, 영주는 가끔 금융관계에서 무사신분의 특권을 행사하여 빚을 갚지 않고 청산시켜 버린다든지, 덕정령德政令(저당 잡힌 물건을 원주인에게 무상으로 돌려주게 한 명령 | 역주)을 시행했다. 그러나 이것도 장기적인 관점에서 본다면, 영주 측의 일방적인 승리라고는 할 수 없었다. 상인 측은 그 대신 특권이나 영주재정에 참가하여 발언권을 얻었기 때문이다. 상인 상호간이나 농민과 상인 간의 행위는 전부 경제행위에 속했고, 결국 마지막까지 남은 것은 영주가 농민으로부터 연공을 취한다는 행위였다. 이것을 폐기한 것이 메이지 유신과 그 직후의 지조개정地租改正이었다. 더구나 이 연공도 생산량에 대한 비율로 따지자면 의외로 낮은 수치였다. 지조개정 때 정부 조사에서도 약 30%였고, 실제 수치는 더욱 낮았을 것이다.

이처럼 화폐와 재화의 순환이 있었다는 사실은 사회 각 계층이 경제적 기회를 잡아서 부유화할 가능성이 있었음을 의미한다. 그러나 현실로는 무사계층은 전혀라고 해도 좋을 정도로 이 기회를 잡지 못했다. 오히려 무사층은 더욱 궁핍해졌다. 이런 현상은 특히 중하급 무사층에서 더욱 두드러졌다. 상급무사라 해도 이 시대에 재산을 모은 자는 한 사람도 없었다(무사 출신의 재산가는 모두 메이지 유신 이후의 활동 결과임에 주의해야 한다). 정치권력과 영주지배권을 장악한 무사층이 아무런 부도 이룩하지 못했다는 점, 그리고 일본에서의 영주지배권의 폐지가 프랑스혁명과는 달리 무혈로 진행될 수 있었다는 점은, 실은 역사상 커다란 특징이다. 이러한 점들은 일본의 경우, 정치권력과 경제력이 분리되어 있었고, 영주지배권은 그다지 강력한 기반(토지와의 연결)을 갖지 못했다는 유력한 증거가 된다.

이에 비해 상인과 수공업자 그리고 농민은 경제적 기회를 잡을 수 있는 위치에 있었다. 정치적으로는 피지배신분이었던 그들 가운데서 부를 쌓아 부유한 계층이 발생했다는 사실 자체가 당시 일본의 역사적 특질이며, 결코 언제 어디서나 발생하는 보편적인 현상은 아니었다. 이처럼 일반 서민이 경제활동과 경쟁을 통해서 그 내부로부터 승자와 패자가 발생하는 사회─고대 혹은 중세에는 없었던 존재지만─야말로 에도 시대였던 것이다. 그러한 일종의 역사적 훈련을 경험했다는 의미를 망각해 버리고, 이 시대를 단지 착취와 빈곤으로 도색해 버리는 것은 시대에 대한 올바른 평가가 아닐 것이다.

에도 시대의 경제적 변화

이와 같이 에도 시대는 한 마디로 말해서 일반 서민의 경제활동이 활발했던 시대며, 그 활동을 기반으로 서민문화[특히 조닌 문화町人文化(조닌은 에도 시대에 도시에서 주로 상공업을 담당한 서민ㅣ역주)])가 개화한 시대였다. 아마도 무로마치 시대 이전의 농민은 도시 근교의 극히 일부를 제외하고는 화폐도 전혀 모른 채 일생을 보냈을 것임에 틀림없지만, 에도 시대에는 후술하다시피 농업이 자금투입이 필요한 산업이 되어, 아무리 빈농이라 해도 화폐와 무관하게 생활할 수 없었다. 그 결과가 무엇을 초래했는가의 문제와 함께 우리는 우선 그러한 변화 자체의 의미에 대해 생각해 보지 않으면 안 된다.

우선, 에도 시대가 얼마나 경제적 변화가 심한 시대였는지는 다음 세 가지 지표를 통해 알 수 있을 것이다. 인구와 경지면적, 생산량이 그것이다. 인구는 에도 시대에 세 배 이상 증가하였는데, 1000만 명 또는 그 이하에서 3500만 명으로 늘어났다. 종래, 초기의 전국 인구를 1800만 명이라고 잡았지만 이 숫자는 과학적 근거가 전혀 없다. 오히려 필자의 추계에 따르면 그보다 훨씬 적었으며, 앞의 설이 타당해 보인다.[3] 따라서 전국 인구의 증대는 종래 생각했던 것보다도 컸다고 추정된다.

다음으로 경지면적은 약 두 배 증가했다. 그 근거로서는 다이코 검지가 끝난 시점(1598)의 경지면적이 180만 정보, 메이지 초기의 전답면적이 440만 정보였는데, 다이코 검지 당시 조사의 불완전성을 고려해 볼 때 약 두 배가 증대했다고 보는 편이 적당할 것이다.

마지막으로 생산량(석고) 문제인데, 이는 가장 의문점이 많은 부분이기도 하다. 우선, 석고의 성질은 결코 생산량이 아니라 쌀의 용적으로 환산한 농업생산물의 총가치라는 표현이 가장 적당할 것이다. 환산율이란 단순히 밭의 면적에 일정한 고쿠모리石盛(밭의 수확량을 상·중·하·하하로 나누어 각각 정한 단위 면적당 추정생산량ㅣ역주)를 곱한 것에 지나지 않는다. 어쨌든 다이코 검지에서는 1800만 석으로 나와 있다. 이것과 같은 기준으로 메이지 초기를 측정한다면 어떠할까. 메이지 초기의 생산통계는 논의의 여지가 많지만, 미곡 약 4000만 석, 곡류 약 1000만 석 정도 된다. 물론, 이 밖에 식료, 공업원료 등의 작물이 재배되고 있었다. 그것들을 환산하기

---

3) 速水融, 참고문헌 〈6〉, 제5장 참고.

는 매우 어렵지만, 인구 증대와 생활수준의 증대를 고려하면, 네 배 이상의 증대라고 보면 무방할 것이다. 게다가 인구 가운데 비농업 인구의 비율이 더 증대했다는 사실을 고려한다면 농업생산량의 증대는 더욱 높았을 것으로 추측된다.

이 같은 여러 경제지표의 증대는−물론, 이는 전국 집계치며, 지역의 차이, 에도 시대의 시기구분에 따른 차이는 당연히 있다− 이전 시대에는 생각지도 못할 정도로 큰 것이었다. 예를 들어 인구를 살펴보자. 에도 시대 약 300년 사이에 인구가 3.5배가 증대했다는 것은 연평균 0.42%로 인구가 계속 증가하였음을 말한다(실제로는 뒤에 검토하듯이 전반기의 급속한 증대, 그 후의 정체, 막말기의 또 한 번의 증대가 있었다). 만약, 이러한 상태가 500년 동안 지속되었다면, 약 8배가 증가하게 된다. 따라서 이를 역산해 보면, 1600년의 인구를 1000만 명으로 잡을 경우 1100년에는 120만 명, 600년에는 15만 명이 된다. 이 수치는 매우 비현실적이다. 나라 시대의 전국 인구는 현존 호적으로 보건대, 약 560만 명으로 추계되기도 한다(필자는 이 수치가 지나치게 크다고 생각하지만). 즉, 인구증대는 에도 시대 초기부터 그다지 멀지 않은 시점부터 개시되었던 것으로서, 그 이전에는 장기적으로는 증대가 없었거나, 있었다 하더라도 미미한 수준에 그쳤으리라 생각된다. 에도 시대의 경제변동(여러 요소의 증대)이 이렇게 급격했다는 사실은, 종래의 평가에 비추어 볼 때 의외의 감이 없지도 않다. 그러나 이는 공업화가 본격적으로 개시된 이후의 변동이 워낙 급격했기 때문에 그 직전 시대의 변동이 매우 컸음에도 불구하고, 사상되었기 때문이다.

그런데 위의 세 가지 지표는 모두 이 시대의 변화(증대)가 매우 격심했음을 나타내고 있지만, 각각의 조합을 살펴보면 상호간의 비율 또한 변화했음을 알 수 있다. 최대로 증가한 것은 석고(생산량)고, 그 다음이 인구, 경지면적의 증대 순이다. 따라서 단위 경지면적당 생산량은 증대했지만, 인구 1인당 경지면적은 감소했다. 그리고 1인당 생산량은 약간 증대했다.

면적당 생산량의 증대가 뚜렷했던 것은 집약적 농업의 발전을 의미한다. 한편, 생산량은 파악하기가 극히 어렵기 때문에, 인구당 생산량의 증대가 이 정도라면 오차범위에 포함시켜야 할 것이 아닌가라고 생각할 수도 있다. 그러나 여기에서의 생산량이란 농업생산 가운데 식량, 특히 곡류의 생산량으로서, 그 밖의 농업생산까지 더한다면 아마 증대량은 더욱 높아질 것이다. 그리고 인구 가운데 농업인구의 증가는 비농업 인구(또는 도시인구)의 증가가 많았다는 점에서 전체 인구의 증대보다는 낮았을 것이다. 따라서 농민 1인당 생산량은 어느 정도 증대하였음을 충분히 고려할 수 있다.

이러한 농민 1인당 생산량의 증대는 공업화의 준비를 고려할 때, 매우 중요한 요소가 된다. 이는 또한 분배(distribution)에 편중이 없거나 적다고 한다면, 일반 서민의 생활수준이 향상되었을 가능성을 시사한다. 실제로 이 시대에 농민의 생활수준은 일반적으로 향상되었다고 볼 수 있다. 아무리 빈농이라 할지라도, 제대로 된 집을 갖고, 무명木棉옷을 입고, 도기로 만든 식기를 사용하고, 상당량의 동물성 단백질(어육)을 섭취하게 되었다. 인구학적인 지표, 특히 평균수명의 연장은, 예방의학과 공중위생이 발달하기 이전에는 무엇보다도 생활수준과 생활환경이 향상된 사실을 반영한다.

이 시대 이전에는 극단적인 표현을 쓰자면, 후다이譜代·게닌下人과 같은 예속노동력은 거의 가축과 마찬가지의 취급을 받았고, 가족 형성도 인정되지 않았으며, 주로 상위의 농민가족으로부터, 게이시繼嗣(세대 승계 | 역주)의 기회를 갖지 못한 자에 의해 보완되고 있었다. 하지만, 에도 시대에는 봉공인奉公人이라 할지라도, 1년을 기한으로 하여 급여를 받고 인간으로 대접을 받게 되었다. 물론, 현재와 비교하면 빈곤이 적었다고는 할 수 없고, 근대적 자유가 있었다고도 할 수 없다. 하지만 그렇다고 해서 이 시대 사람들의 생활을 과도하게 어둡게 묘사하는 것은, 에도 시대가 갖는 중요한 의미를 퇴색시키는 일이 될 것이다.

경제권

여기에서 에도 시대의 경제권에 대해 고찰해 보자. 에도 시대에는 시장 형성이 몇 가지 차원에서 발전했는데, 지방 혹은 번령藩領을 범위로 하는 경제권 위에 전국을 커버하는 경제권이 형성되었다는 사실은 주목할 만하다. 그러한 현상은 역시 에도 시대 이전에는 없었던 것으로서 이후 공업화에 중요한 전제조건이 되기 때문이다.

막부가 에도에 설치되어 그것만으로도 에도는 많은 인구를 껴안는 도시로 성립할 수 있게 되었는데, 더 나아가 참근교대제參勤交代制(번의 영주가 격년으로 에도에서 근무하는 것 | 역주)의 채용에 의해서 전국의 다이묘와 그 가족, 가신이 거주하는 대도시가 형성되었다. 개별적인 차이는 있겠지만, 다이묘의 경우 연공 수입의 3분의 1에 달하는 비용이 에도에서의 생활 및 에도와 영지를 왕복하는 비용으로 소비되었다고 한다. 여기에

막부 자신, 하타모토旗本 등의 지출까지 더한다면 영주 지출의 절반 이상이 에도에서 지출되었다고 해도 과언이 아니다. 더욱이 영주의 연공수입은 쌀과 화폐로 한정되어 있어, 쌀을 일단 화폐로 바꾼 후 다시 지출을 해야 했다. 요컨대, 쌀을 제외한 모든 생활필수품은 시장을 통해서 충족되었다. 따라서 무사층만으로도 그 인구수와 소비량은 엄청났으며, 나아가 집주하고 있는 상인이나 수공업자가 갖는 소비력 역시 상승작용을 일으켜 더 많은 인구를 에도로 불러모았다. 에도 중기에는 총 인구가 100만에 달했다고까지 한다. 아마도 일개 도시의 인구수로는 당시 세계 최대가 아니었을까. 아무리 생활수준이 낮더라도 백만 도시인구가 소비하는 식량, 연료, 의료, 건축자재 등의 필수품은 상당한 양에 달했다. 운송수단, 특히 육상운송의 수단이 빈약했던 이 시대에 그만한 양의 상품을 어떻게 집하하고 공급할 것인지는 커다란 문제였을 것이다.

에도에 막부가 열렸을 당초, 관동지방은 여전히 후진지대였고, 상품생산도 거의 이루어지지 않았으며 화폐유통도 일반 서민들 사이로는 침투하지 못하고 있었다. 당연히 이미 기나이 평야에서 발생했던 생산기술과 조직의 변화 그리고 생산력 증대도 없었다. 이러한 상황에서 에도라는 도시가 돌연 탄생해서 급속하게 소비력을 증대시켰다. 물론 부근 농촌도 영향을 받았음에 틀림없지만, 공급능력에는 한계가 있었고, 초기에는 관동평야를 흐르는 도네가와利根川와 아라카와荒川의 치수가 불충분하여 생산이 불안정했다. 자연히 필수품은 공급능력도 높고 이미 도시가 형성되어 있던 기나이 지방에 크게 의존하게 되어, 오사카가 집하지로서 중요한 의미를 갖게 되었다. 더욱이 오사카는 단지 기나이 평야부의 물자집산지였을

뿐만 아니라, 범선운송 시대에는 결정적인 중요성을 갖고 있었던 세토나이카이瀬戸內海 항로의 종점이기도 했다. 이에 이 항로를 이용해서 서일본 일대, 나아가 일본해(동해東海 | 역주) 연안항로와 접속함으로써 산인山陰·호쿠리쿠北陸·오우奥羽·홋카이도北海道, 蝦夷地와 연결되었다. 오우·홋카이도의 물산까지 일본해·세토나이카이를 통해(서쪽 항로) 오사카를 경유한다는 것이 이상하게 보일지 모르지만, 이들 지역과 에도를 직접 연결하는 항로(동쪽 항로)는 시오가마塩竈·이시노마키石卷 이남, 보소반도房總半島에 이르는 곳으로 매우 험난하여 항해가 곤란했기 때문이다. 즉 조류, 풍향이 불리했으며 적당한 기항지가 없었다. 범선시대에는 기항지의 존재는 매우 중요했고, 특히 일본형 범선은 용골龍骨이 없어서 바람을 거슬러 진행할 수 없었기 때문에 더욱 힘들었다. 이에 비해 일본해 연안은 겨울을 제외하고는 항해 가능한 날이 많았고, 기항지도 적당한 간격으로 있었기 때문에 항해가 훨씬 용이했다. 가벼운 화물은 와카사만若狭灣의 스루가敦賀·고하마小浜에 육양하여, 비와 호琵琶湖 북쪽 기슭을 따라 수로로 오사카로 운송되는 경우도 있었지만, 무게가 많이 나가거나 용적이 큰 것은 옮겨 싣거나 육상 운송이 어려웠기 때문에, 멀리 시모노세키下關를 우회하는 항로를 선택했다.

이렇게 오사카는, 에도에서 소비한다고 하더라도, 오사카와 에도 사이 그리고 관동지방과 그 주변부 이외의 전국의 상품이 모이는 전국경제의 중심이 되었다. 그리고 전국을 시장권으로 삼은 오사카 상인의 경제활동은 눈부신 것으로서 오늘날의 '오사카 상인'으로 계승되고 있을 정도다. 그 활동이 전성기에 이른 것은 겐로쿠 시대元祿時代(17세기 후반~18세기

초 | 역주)로서 이하라 사이카쿠井原西鶴, 지카마쓰 몬자에몬近松門左衛門 같은 문학가를 배출하고 하나의 문화를 형성하기에 이른다. 한편, 에도는 전국 상품유통의 종점이었고, 대부분의 상품이 오사카를 경유하여 공급받지 않으면 안 되는 지리적 위치였다.

이러한 의미에서 오사카—에도 사이의 상품거래는 에도 시대 경제의 대동맥이었다. 상품은 대부분 오사카—에도 방향으로 흐르고, 이를 담당하는 운송업자가 생겨났다. 예를 들어, 호시카干鰯(비료로 사용되는 말린 정어리 | 역주)와 같이, 관동지방이 생산지이고 관서에서 소비되는 상품의 흐름은 반대였지만, 그 수량은 전체로서는 그다지 크지 않았다. 다양한 종류의 식료품, 조미료, 기호품(특히 술), 의류와 그 원료(특히 무명), 연료, 유류, 건축재료, 그 밖에도 대량의 일상생활의 필수품이 운송되었다.

이러한 상품의 움직임과는 반대 방향으로 당연히 화폐의 흐름이 있었을 것이다. 하지만, 화폐의 흐름은 역방향의 화폐 흐름과 상쇄작용을 일으켜, 실제로 에도—오사카 사이에 계속적으로 대량의 현금이 운송되었던 것은 아니다. 그러면 역방향인 오사카—에도 사이의 화폐의 흐름은 왜 발생했던 것일까. 여기에서 말하는 화폐란 막부와 다이묘들이 오사카에서 판매한 미곡 등의 판매대금이었다. 에도 시대 초기의 화폐 유통은 거의 기나이로 한정되었고, 전국시장을 활동무대로 삼은 상인은 오사카 외에는 거의 없었기 때문에, 막부와 다이묘들은 오사카에 창고藏를 설치하여 미곡을 그 곳으로 운송해서 화폐와 교환했다. 그리고 그 화폐의 꽤 많은 양이 에도로 보내져 에도에서의 필요경비에 충당되었다. 따라서 에도—오사카 간의 화폐 흐름은 상인들 사이에, 오사카—에도 간은 영주층 내부에서

132

이루어졌다. 이 점에 착안한 환전업자兩替業者(오늘날의 은행·금융기관과 유사하다고 보아도 좋다)는 양 지역에 지점을 두고, 그 사이의 송금업무를 개시했다. 이 시설을 이용해서 영주는 연공미 대금을 관서점에 불입하고, 에도 점에서 출금하는 것이 가능해졌다. 또 오사카에 상품대금을 보내야 하는 에도 상인은 에도 점에 불입하여 관서점에서 인출할 수 있었다. 이렇게 해서 현금운송의 위험으로부터 해방되고, 화폐는 금융업자 지점 간의 결제로 처리되었다. 이를 담당한 것이 미쓰이 가三井家와 고노이케 가鴻池家였다.

그런데 오사카와 지방 간의 사정은 조금 달랐다. 생산지에서 오사카로의 물자 흐름과는 역방향으로, 오사카로부터 지방으로의 화폐 흐름은 있었지만, 이는 영주층 내부의 화폐이동에 의해서는 상쇄되지 못했다. 결국은 생산자인 농민으로부터 연공 형태로 영주층에 흡수되어, 이것이 당해 지역이나 에도에서 소비되었다. 어찌되었건 전국을 네트워크로 하는 화폐와 상품의 흐름이 발생하였다.

화폐제도

에도 시대에 일반 서민은 처음으로 화폐를 알게 되고, 생활 속으로 화폐가 들어옴으로써 큰 영향을 받게 되었다. 그러나 에도 시대의 화폐제도는 현재와 비교해서 매우 복잡하였다. 전국에 통용되는 화폐로는 금·은·전錢의 세 가지가 있었다. 더불어 지방에는 번찰藩札이라는 것이 있었고, 또 연공 등의 계산단위로는 '에이永'가 사용되었다. 그리고 이들 여러 화폐는 각각 독립된 가치를 가졌기 때문에, 교환시장이 성립되었다. 따라서 이 시대 사람들은 현대적으로 말하자면, 매일 교환비율이 변동하는 여러 종류의 외국통화를 구분하여 사용했던 것이다. 막부는 당초 금 1냥兩=은 50문匁=전 4관문貫文(에이 1관문)의 공정가격을 설정했지만, 실제로는 막말을 제외하면 금 1냥=은 60문=전 6관문, ±15% 정도의 수준으로 변동하고 있었다. 화폐에 함유되어 있는 귀금속의 양이 화폐의 신용을 결정하는 요인이었고, 각 화폐의 수급과 신용관계로부터 시장가격이 성립되었다. 막부는 종종 화폐개주貨幣改鑄를 단행했는데, 그 대부분은 재정난을 해결하기 위한 악주惡鑄로 귀금속 함유량이나 함유율을 낮춘 화폐였다. 때문에 화폐에 대한 신용이 저하되어, 전기 백년간은 완만한 물가상승을, 막부 말기에는 급격한 물가상승을 초래했다.

금은 사진법四進法(1냥=4분分, 1분分=4주朱)이어서, 오반大判(10냥), 고반小判(1냥), 2분금分金, 1분금, 2주금朱金, 1주금 등이 주조되었다. 최소 단위인 1주금(실제로는 그다지 주조되지 않아서, 2주금이 사실상의 최저 단위였지만)이라도 1냥의 16분의 1, 지금의 1000~3000엔에 상당하는 금액이기 때문에 서민의 일상 생활과는 별로 관련이 없었다. 오반은 일상적인 거래에서는 전혀 사용되지 않고 선물로서 이용되었고, 고반에 대해서는 독자적인 시장이 있었다. 게이초고반慶長小判을 예로 들면, 중량 4.67문匁, 금 함유량은 84.3%, 양으로는 4.0문匁이었다. 그리고 대량으로 주조된 덴포고반天保小判은 중량 3.0문, 금 함유율 56.8%, 금 중량 1.7문, 마지막으로 주조된 만엔고반万延小判은 중량 0.88문, 금 함유율 56.8%, 금 중량 0.5문으로서, 금 중량만 보면 약 8분의 1로까지 감소했다.

이처럼 조악한 금화의 유통은 막부(금·은화의 주조독점권을 갖는)의 재정난 해결이라는 직접적인 원인을 고려해야겠지만, 보다 중요한 사실은 객관적으로는 일본에서 경제활동의 발전에 필요한 화폐유통량의 증대에 대응하기 위한 것이었다. 귀금속 자원이 부족하였고, 그렇다고 해서 항상적인 수입은 쇄국이라는 상황 하에서 곤란했다－중요한 다누마 시대田沼時代(1767~1786)를 제외하고－. 따라서 통화발행량 증대의 방법은 이른바 악주惡鑄 외에는 없었다고 할 수 있다. 전반에는 악주와 물가등귀가 확실히 대응하고 있었지만, 후반에는 그다지 관련이 없었다. 이는 경제활동이 활발해진 결과, 화폐 수요가 커졌음을 의미한다. 예외적으로 화폐의 품위를 높인 개주, 예를 들면, 교호 개주享保改鑄가 인기를 못 끌었던 것은 그에 따른 통화유통량의 감소가 금융압박을 초래하였기 때문이기도 하다.

한편, 은은 금과 같은 각인화폐刻印貨幣(한 장의 가치가 표시되어 있어 일정한 가치를 갖는 화폐)가 아니라 칭량화폐秤量貨幣였다. 각각 다른 형태의 은괴를 저울로 계량해서 그 가치가 결정되었다. 일견 매우 불편한 듯 보이지만, 금화는 거래단위로서는 너무 커서 일상 생활에서는 오히려 이 같은 방법이 편리했다. 다만 이것도 은의 함유율이 저하하여, 당초 80%였던 것이 최후에 주조된 안세이 은安政銀에서는 겨우 13%로 감소했다. 은화에서 가장 중요한 변화는 다누마 시대부터 주조되기 시작한 금표시의 은화였다(남료南鐐 2주은, 1주은). 이것은 다누마의 경제확대정책의 일환으로 입안되었던 것인데, 당시 사람들이 이미 화폐에 함유된 귀금속의 종류와 수량에 별 관심을 두지 않게 되었다는 사실을 동시에 시사하고 있다.

한편, 관동에서는 금, 관서에서는 은이 유통되었다고 하지만, 정확하게는 관동에서는 물품가격이 금으로 표시가 되었고金目, 관서에서는 은으로 표시가 되었던 것이다銀目. 통화는 두 지역 모두 금은을 함께 사용했다.

전錢은 동을 주로 하는 합금의 간에이 통보貫永通宝(1636~1860 주조)가 1장=1문의 단위로 유통되었다. 미미한 예외를 제외하고는 그 이상의 단위는 덴포 연간天保年間(1830~1844)에 주조된 백문전白文錢이었기 때문에, 에도 시대 대부분의 시기에는 각인화폐로서, 오늘날로 말하면, 1000~500엔 사이의 주화가 없는 변칙적인 형태였다.

전의 가격은 도시가 낮고, 농촌, 특히 중심도로街道 부근이 높았으며, 계절에 따른 변동도 있었다. 여러 단계에서 환전상이 존재했으며, 에도의 경우는 하나의 거리에 1집 이상의 환전상이 있었다고 한다. 복잡한 화폐제도가 낳은 직업이었다. 막부 말기에 등장한 야스다 젠지로安田善次郞는 당초 전의 가격錢相場 변동을 이용했다고 한다.

번찰藩札은 경화硬貨가 막부에 의해 주조 독점되었던 것에 대해, 각 다이묘가 막부의 허가를 받아 발행한 지폐였다. 많은 경우 재정상의 곤란을 해결하기 위해 영지 내의 정화正貨 유통을 정지시키고 이 번찰의 교환을 강제하였다. 당초에는 신용도가 낮고, 가격이 하락해서 제대로 유통되지 않기도 했지만 점차 회복하여 후기에는 일정한 프리미엄이 붙어 일종의 정화처럼 유통되었다. 이러한 의미에서는 역시 통화 필요량에 대한 귀금속 부족을 메워주는 수단으로 기능했다고 해석할 수 있다.

에이永는 영락전永樂錢의 영永으로서 전화錢貨와의 교환비율이 4대 1이었지만, 실제로는 에이 표시의 화폐는 없었다. 금이 4진법이고, 동시에 최소 단위의 주朱라 하더라도 꽤 고액이었기 때문에 1냥=에이 1관이라는 비율로 연공계산 등에 사용되었다.

　이상과 같이 현대인도 과연 적응할 수 있을지 의문이 들 만큼 복잡한 이 제도가, 일반 일본인이 최초로 경험한 화폐제도였다. 그러나 그 속에서 사람들은 어떤 의미에서는 훈련을 받고 가격이나 환전을 배웠다. 또한, 이 시대에 점차로 화폐는 원래 갖고 있던 함유 귀금속량의 가치로부터 독립하여 표시가치로서 통용되고, 조악한 화폐와 지폐가 유통되었다. 이는 메이지 유신 이후 정부가 화폐를 주조하기 위해 귀금속을 준비해야 하는 부담을 덜어주었다. 동시에 일본은 경제사회화가 진행되면서도, 지금도 서유럽처럼 귀금속에 대한 신용이 매우 강한 상태가 아니며, 정부의 외환보유 역시 금은 적고 달러가 대부분을 차지하고 있다는 사실에 국민들은 불안을 느끼지 않는다. 이러한 점이 과연 무엇을 초래할지는 앞으로의 문제이긴 하나, 에도 시대에 화폐를 대하는 접근방식이 하나의 역사적 요인을 구성하고 있는 것이다.

기술발전의 방향과 근로의 윤리화

　에도 시대의 농업은 생산량에서 수배에 달하는 증대가 있었을 뿐 아니라, 생산기술과 생산조직, 나아가 생산주체인 농민과 생산과의 관계에도 많은 변화가 있었다. 게다가 이러한 변화들은 그 후 오늘날에 이르기까지 일본의 경제사회에 매우 큰 영향을 주고 있다.

　우선 15~16세기 기나이 평야부에서 발생하여 주변으로 침투해 들어간 농촌의 경제사회화 현상은 에도 시대가 되면 급속하게 전국적으로 확산되어 나갔다. 이러한 현상은 사쓰마 번薩摩藩이라는 중요 예외를 제외하고,

각 영주가 병농분리정책을 취하여 조카마치라는 소비인구집단을 강제적으로 형성시켰다는 점, 나아가 에도라고 하는 거대 도시가 형성되고 그에 따라 오사카가 발전하여 상품생산의 기회가 전국적으로 주어졌기 때문이다. 나아가, 각 영주는 영내에서 독점적인 영주권을 행사할 수 있었기 때문에 대규모 치수관개공사도 가능했고, 관동평야를 시작으로 평야지대의 생산도 안정되었다. 이렇게 해서 이미 기나이에서 발생하고 있던 변화는 전국으로 확산되었다. 약 1700~1750년경에는 노예노동력에 의존하던 경영이 소멸하고, 소가족 경영으로의 이행이 완료된 것으로 보인다.

농민의 생산목적에 '판매'라는 요소가 추가되면서, 농민은 얼마나 생산량을 늘릴지, 어떻게 보다 양질의 물산을 생산해낼 것인지 등, 생산기술의 개선을 자극받았다. 물론, 가능한 방법은 노동집약적 농법의 발전이었으며, 토지면적당 생산량의 증대가 주요 내용이었지만, 농민의 생산에 대한 적극적인 개입이야말로 일본인의 근면으로 이어지면서 메이지 유신 이후 공업화를 지지하는 하나의 중요 조건이 되었다. 집약농업과 가족노동은 긴밀하게 결합되고, 나아가 가족제도라는 채널을 통해서 근로는 미덕이라는 사고방식이 자손에게 전승되었다.

그러나 이러한 변화를 장밋빛으로만 보는 것은 위험하다. 왜냐하면 물질적인 의미에서 공업화에 필요한 전제는, 노동생산성의 상승에 따른 생활수준의 향상, 여력의 형성, 자본형성의 준비라는 연쇄반응(spiral)을 가져오는 것이다. 전술했던 것처럼, 농민 1인당 생산량은 확실히 증대했고, 또 확실히 생활수준의 향상이 있었기 때문에 이러한 바람직한 연쇄작용이 존재한 것처럼 보인다. 그러나 노동생산성이란 단위노동당 생산량을 말한다. 근대사회에서는 노동의 가치는 시장을 통해 균질화되기 때문에, 노동생산성은 계량하기 어려운 단위노동당 생산량이 아니라, 노동인구 1인당 또는 인구 1인당 생산량으로 근사치를 취할 것이다. 그러나 전공업화 사회에서는 그렇게는 할 수 없다. 당시 노동시장은 그야말로 형성 과정에 있었고, 또 가족노동이라는 비시장적 수급에서는 더욱더 노동의 균질화가 이루어지지 않았다. 즉, 장시간의 노동, 강도 높은 노동이 있을 수 있는 것이다. 따라서 1인당 생산량은 생산성의 지표로 삼기에는 너무나 대략적인 수치일 수밖에 없다. 필자는 에도 시대에 들어, 농민은 오히려 힘들고 장시간의 노동을 하게 되었다고 생각한다. 이를 직접적으로 관찰하는 것은 불가능에 가깝지만, 간접적으로는 다음과 같은 사실을 알 수 있다. 그것은 그 시대 농업에 사용된 가축의 수가 눈에 띄게 감소한 사실이다. 가축은 말 그대로 농업에서의 자본(stock)이라는 생산요소며, 그것이 감소될 경우 다른 어떤 요소에 의해 대체되지 않으면 안 된다. 더구나, 생산량의 증대가 이루어졌기 때문에, 이는 토지생산력의 증대와 투하노동량의 증대에 의해 보완되었다고 생각할 수 있다.

가축 수 감소의 일례를 들면, 노비濃尾 지방[名古屋藩領]에서 1660년경과 1810년경의 두 시기를 보면, 비교 가능한 838개 촌에서 우마牛馬의 절대 수는 1만 7825마리에서 8104마리로 약 45%로 감소했다. 그 사이에 인구수는 증대했기 때문에 인구 1인당 우마 수는 0.055마리로부터 0.019마리로 약 35%로 감소했다. 감소는 오와리尾張의 평야부가 가장 높고, 나카지마中島 군이나 가이토海東 군에서는 15%의 감소를 보였다(거꾸로 미노美濃의 산간지방에서는 59%). 이처럼 1670년대에 아직도 농경에 이용되고 있었던 것으로 여겨지는 우마가 1810년대에는 거의 이용되지 않게 되었다. 이는 농업경작에서 인력이 축력을 대신하게 되었음을 시사해준다.

이러한 변화는 동일하게 공업화 직전에 농업생산량의 증대를 경험한 서유럽과 비교해 보면 그 차이점이 더욱 명확해진다. 서유럽에서의 생산량 증대는 오로지 축력 에너지의 대량투입에 의해 전개되었다. 대형의 무거운 쟁기를 여러 마리의—최종적으로는 12마리—말이 끌게 되면서 대규모화와 심경深耕을 동시에 해결하였다. 여기에는 분명히 자본 부분의 증대가 있었고, 생산량당 노동을 절약할 수 있어, 1인당 또는 노동단위당 생산량이 대폭 증대되었다고 할 수 있다. 그 때문에, 특히 이러한 경향이 현저했던 영국에서 농업혁명이라는 변화가 발생했으며 이는 산업혁명으로 계승되었다.

그러나 일본에서는 반대로 노동 부분이 증대했기 때문에, 농민은 경제적으로 행동하게 되었음에도 불구하고, 그 내부로부터 공업화를 향한 주체의 형성, 노동절약적 기술발전은 적어도 대규모로는 발생하지 않았다. 에도 시대의 농촌을 연구해 보더라도, 공업화의 주체 형성을 검출하기가 힘들며 그것은 조건의 성립 그 이상은 아니었다. 이 점이야말로 경제사, 특히 공업화의 진행 과정에서 보이는 일본과 서유럽, 특히 영국과의 차이라고 할 수 있다.

그러나 조건의 형성은 충분했다고 할 수 있다. 그 때문에, 공업화의 주체 형성이 외부로부터의 임팩트에 의해 일단 전개되자, 공업화에 대해 충분한 적응력을 보여줄 수 있었다. 이 문제에 대한 연구시각은 종래의 많은 연구들이 놓치고 있는 부분이다.

그런데 집약농업의 발전, 소가족경영의 일반화는 평균경영 규모를 축소 시켰다. 물론, 지역적인 차이가 있었으며 이모작이 있었다면 더욱 적은 면적으로 그쳤겠지만, 에도 시대의 표준적 경영에서는 논 1정보町步, 밭 5단보反步라는 면적이 부부와 자식 등 수명으로 이루어진 세대에서 경작유 지가 가능한 면적이라고 한다.

집약농업 성립의 결과

집약농업이 발달하고 토지생산력이 상승했다는 사실은, 동시에 지력을 유지하기 위해 노력할 필요가 커졌음을 의미한다. 농업생산에서 토지가 지력유지를 고려하지 않고 이용될 경우, 수년간이라면 모르겠지만 그 이상 계속 이용하기란 곤란하다. 가장 거친 토지이용 형태인 화전은, 일본에서도 이 시대 초기에는 아직 각지에서 행해진 흔적이 있지만, 토지이 용도가 증대하고, 연년連年 사용이 보편적인 형태가 되었다. 더구나, 생산량 증대가 요청되었기 때문에 대량의 비료투입과 심경이 도입되었다.

비료는 잡초나 낙엽을 이용하거나, 혹은 인분과 가축의 분, 재 등을 이용해서 퇴비(에도 시대에는 녹비綠肥라고 했다)를 만들어 투입하는 것이 지력유지를 위한 일반적인 방법이었다. 이러한 비료의 획득은 농민 자신의 노동을 통해 직접적으로 가능했기 때문에 자급비료라고 할 수 있다. 때문에 보통 주거의 근처 혹은 촌 구역의 일부에는 벌초산이나 평야림, 초지가 있었고 이것들은 입회지入會地라고 불렀다. 이 입회지의 이용은 촌민들에 의해 일정한 질서 아래에서 행해졌다. 그렇지만 이런 비료만으로는 지력 유지에 부족했다는 점, 즉, 토지이용도가 증대한 점, 또 하나는 이러한 토지 자체가 경지화됨에 따라, 비료 특히 잡초의 획득이 어려워져 곤란이 생겼다. 후자는 농촌에서의 급격한 인구증대라는 사실을 들어 설명을 할 수 있을 것이다. 이렇게 해서 두 가지 의미에서 종래의 비료공급원에 대한 의존도가 저하될 수밖에 없었다. 이를 대신하여 등장했던 것이 말린 정어리干鰯·말린 청어干鰊·아부라카스油粕(기름을 짜고 난 뒤의 찌꺼기)·시메카스〆粕 등의 비료였다. 이것들은 모두 시장에서 상인을 통해 구입하는 비료(에도 시대에는 금비金肥라고 했다)였다. 어류를 비료로 사용하는 것은 일본농민이 낳은 하나의 지혜였지만, 금비에 대한 의존도가 상승한 것은 다음 두 가지 점에서 농업에 커다란 영향을 미쳤다.

첫째는 경영상의 영향이다. 금비는 문자 그대로 화폐를 통한 획득이기 때문에 농민은 농업생산에 자금을 투입할 필요가 생겼다. 자급비료시대의 농민은 별도로 자금을 준비하지 않더라도 생산을 할 수 있었다. 그러나 금비를 사용하기 시작하면서 농민은 수확 전에 비료를 구입해야 했으므로 자금을 준비해야 했다. 대부분의 농민은 그런 준비가 없었기 때문에 수확을 예상하여 미리 전차前借하거나, 토지를 저당잡혀 차금을 하지 않으면 안 되었다. 비료상과 곡물상이 농민을 대상으로 금융활동을 하기 위해 농민생활 내부로 침투해 들어가게 되었다. 농업의 일반적 특징으로서 항상 수확량이나 생산물의 가격 편차가 컸기 때문에 차금변제가 불가능한 경우도 발생했다. 그러한 경우, 농민은 토지를 상실하거나, 최악의 경우에는 집과 노동력(자신과 가족)을 대가로 지불해야 하는 상황에 이르는 경우도 있었다. 또한, 비료를 획득하기 위해 현금에 대한 필요성이 커지자, 부업과 이모작이 거의 반강제적으로 도입되었다. 그 결과, 확실히 자급비료의

142

획득을 위한 노동은 가벼워졌지만, 비료 구입용 자금을 획득하기 위한 다른 노동이 추가되었다. 그리고 바야흐로 농업은 자금을 필요로 하는 직업이 되었다. 그 변화의 의미는 매우 크다고 할 수 있다.

또 다른 변화는 기술적인 면에서다. 이들 구입 비료는 이른바 속효성 비료速效性肥料다. 따라서 추비追肥 형태로 종종 나누어주지 않으면 안 된다. 그런데 추비는 아무래도 지표면 가까이에 비료분을 주게 되어 있기 때문에 잡초의 번성을 초래했다. 그렇지 않아도 일본의 풍토는 잡초의 식생에 적합한 조건을 갖추고 있었던 터라 잡초는 더욱 무성해지고, 이에 농민은 시비施肥와 동시에 제초에도 상당한 작업량을 투입해야 했다. 더욱이, 이들 비료는 다량으로 투입할 경우 토양을 산성화시켜 수확에 악영향을 미치게 된다. 이를 방지하는 의미에서도 심경이 필요해지게 되었다. 그러나, 일본에서는 가축수를 증가시키고, 대형 농구를 이용하여 심경을 하는 것은, 가축의 사육비용과 토지의 이용이라는 측면에서 불가능했으며, 소규모 경영에서는 효율도 저하되고 만다. 그래서 에도 시대에는 역으로 농기구를 소형화하여 인간의 완력으로 이용 가능한 경운 농구가 발달하였다. 즉, 쟁기犁에서 괭이鍬로의 이행이다. 토양의 질에 적합한 괭이가 몇 종류씩 만들어졌다. 그리고 대부분의 경우, 이전에 이용하였던 우마 한 마리가 끌던 소형 쟁기보다도 조금 더 깊게 경작할 수 있게 되었다(메이지 유신 이후 다시 한 번 축력을 이용하는 단상리短床犁가 도입되어, 더욱 심경이 가능해지게 되었다). 쟁기도 또한 더욱 인력에 의존하는 괭이로 바뀌게 된 것이다.

이러한 기술변화는 모두 격렬한 노동을 요구했다. 농민은 더 이상 예속노동력이 아니었고 소경영의 주체로 행동할 수 있었지만, 동시에 장시간의 격렬한 노동에 직면하였다. 말하자면 예속적 지위에서 해방된 일종의 대가였다. 이러한 사태가 메이지 시대 일본을 방문한 외국인 농학자의 눈에는 피폐疲弊로 비추어졌다.[4] 에도 시대 남자성년의 평균 수명은 여자 나 저연령 계층의 수명이 늘어난 것과는 달리 오히려 정체 양상을 보였다.

인구증대

집약적 농업=가족경영의 성립이 일반화된 결과, 인구는 폭발적으로 증대했다. 이 점에 대해서는 이미 설명하였는데, 요컨대 예전에는 낮은 결혼율이 낮은 출산율을 초래하고 사망률과 균형을 이루고 있었는데 이것이 무너지고 결혼율이 높아지면서 출생률도 높아지고, 게다가 생활수 준의 향상이 겹치면서 사망률(특히 유아사망률)이 병행적으로 감소됨에 따라 농촌인구의 증가는 연 1%를 넘어섰다. 당초에는 경지면적을 확대하 고, 집약농업기술을 도입할 여지가 있었으며, 또 도시의 발달이 농촌으로 부터 대량의 인구를 흡수함과 동시에 농촌에 수요 임팩트를 가하여, 증대하 는 농촌인구에게 고용의 기회를 제공하였다. 때문에 농촌인구의 폭발적 증대를 체크할 필요는 없었다. 그리고 한편에서는 소경영 일반화의 지표인 각 촌의 평균 세대규모가 급속히 축소되어, 18세기 후반에는 거의 모든 촌이 4.0~4.5명으로 수렴되었다. 또한, 이전에는 단지 세대의 평균규모가 컸을 뿐만 아니라 분포도 확산되어 있었는데, 이제는 3~6명 정도로 거의 집중하게 되었다. 이는 농촌에서 최적의 경영규모가 성립하였음을 의미하

---

4) マイエット(마이엣트), 「日本農民の疲弊及其救治策」, 『日本産業資料大系(2)』.

는데, 농민이 취한 경제행동의 결과라 할 수 있겠다.

농민과 생산

그렇다면, 이 농민들은 어떻게 경제와 결합되어 있었던 것일까. 에도 시대의 농업생산을 전국적으로 조감한다는 것은 어려운 문제 가운데 하나다. 메이지 초기의 통계와 지방사 연구를 이용해서 겨우 지적할 수 있는 점은, 각지에는 그 토지에 적합한 특산물 지대地帶가 형성되어 있었다는 사실이다. 물론 연공의 과반이 미곡이고, 육상운송의 곤란과 영주의 통제정책 때문에 농민은 완전히 자유롭게 경제적인 작물을 선택할 수는 없었다. 그러나 영주에 의한 작부제한령作付制限令의 효과를 과대평가하는 것은 위험하다. 이 법령만이 아니라, 일반적으로 에도 시대의 막부 법령은 전국적으로 적용되었다고는 말할 수 없다. 또 법령의 내용대로 실행되기에는 에도시대 영주의 행정능력이 충분치 않았다는 사실을 고려해야만 한다. 무사층은 조카마치에 거주하면서 필요할 때 농촌을 순회했으나, 농민 생활은 대부분 촌의 자치적인 질서에 따라 이루어지고 있었다.

이 특산물 지대는 대체로 다음과 같았다. 우선, 의류 원료인 목면은 기나이 평야부를 중심으로 동쪽으로는 노비濃尾, 미카와三河 부근, 서쪽으로는 세토나이카이 연안瀨戶內海沿岸의 토사지대 등의 생산지대가 형성되었다. 명백히 목면의 생산을 목적으로 하는 새로운 경지개발도 이루어지고 있었다. 양잠에 필요한 뽕나무는 습기가 많은 중앙일본 산간부와 완경사지에서 발전하였고, 중심은 오우奧羽 남부, 북관동, 고신에쓰甲信越, 미노美濃 등이었다. 막부 말기가 되면, 분업도 진전하여, 잠란지蠶卵紙의 생산지대까지 성립하였다. 마麻는 북관동과 그 외 각지에 비교적 분산되어 있었다.

목면과 함께 기나이의 주요 상품작물은 채종菜種이었다. 채종유水油의 효용은 무척 커서 대량의 기름이 생산되었다. 설탕은 백설탕이 시코쿠四國 동북부, 오사카 남부 등에서 산출되고, 흑설탕은 뒤에서 검토하겠지만 사쓰마 번의 특산물이었다. 쪽藍은 염료로서 중요했는데 아와阿波가 저명했고 이 밖에 관동지방에도 산지가 있었다. 특산품이 적은 동북에서는 잇꽃紅花이 재배되었고, 그 외에도 골풀藺草이 평탄부에서, 거망옻나무櫨(밀납蠟의 재료)와 옻漆 등은 경사지에서 재배되었다.

미곡을 포함하는 식량도 역시 상품생산의 대상이었다. 도시 근방에서는 생선과 야채류가 특산화되었다(예를 들어, 네리마練馬의 무우처럼). 미곡은 단작지대였던 호쿠리쿠北陸, 규슈 등에서 상품으로 생산되었고, 가가加賀와 히고肥後의 쌀 등은 오사카 시장에서 브랜드 쌀米로 명성이 높았다.

이러한 특산물 지대에서 농민이 시장과 어떻게 관계를 가졌는가는 무척 흥미로운 문제다. 작물의 종류, 시장과의 거리 등, 조건의 차이가 많아 한 마디로 말하기는 힘들지만, 에도 시대 전반기와 후반기는 그 사정이 상이한 것으로 보인다. 전반기의 시장확대기에는 농민이 설령 상인을 사이에 두고 있다 하더라도 스스로 주도권을 쥐고 행동할 수 있었다. 그러나 후반기가 되면 대부분의 경우 시장 확대가 한계에 이르게 되어, 상인은 소비자에 대해서는 가격하락을 막기 위해 공급독점을 위한 동업조합仲間組合을 조직하고, 한편 생산자인 농민에 대해서는 수요독점을 꾀하여 매입가격을 낮게 유지하고자 했다. 그 결과, 예컨대 18세기 후반에는 기나이 농촌을 석권한 채종의 구입가격을 둘러싸고 광역(1000개 촌

이상)에서 벌어진 농민 대 상인의 국소사건國訴事件에서 볼 수 있듯이 심각한 대립을 가져왔다.

지주의 성립

아무튼 농민은 경제적 기회와 무관할 수는 없었는데, 설령 농민들이 기회를 제대로 살려서 부를 획득했다고 하더라도, 그 부를 경영확대에 재투자하여 생산성을 상승시키는 '부농형' 경영으로 나아가지 않았다는 사실이 주목된다. 경영확대를 꾀하지 않고 부를 획득한 경우, 그 부는 토지소유로 향하게 될 것이다. 즉 '지주'가 성립하는 것이다.

일면에서, 이는 가족노동력에 대한 의존이 최적인 기술체계가 존재했다는 점으로 설명할 수 있을 것이다. 다른 노동력, 즉 예속노동력이나 고용노동력은 각각 나름의 이유 때문에 채용이 불리했다. 그 가운데 예속노동력에 대해서는 이미 설명한 바 있다. 여기에서는 고용노동력에 대해 생각해 보도록 하자. 물론 에도 시대의 농업에 고용노동력이 존재하지 않았던 것은 아니다. 오히려 봉공인으로서 중요한 역할을 담당하고 있었다. 그러나 한편으로는 그러한 종류의 노동력을 다수 이용하는 대규모 경영이 적어도 농업 단독으로는 존재할 수 없었다는 것도 사실이다. 이른바 규모의 경제가 존재하지 않았기 때문이다. 따라서 몇 명의 봉공인을 고용할 정도의 경영은 여러 곳에서 볼 수 있다. 봉공의 내용에도 변화가 있어서 초기에는 1회의 고용기간이 길고 동시에 급여는 낮거나, 현물이나 식량의 급여 부분이 꽤 포함되어 있었다. 그리고 장기계약자인 장기봉공인長年季型奉公人이 많았다. 후기가 되면, 고용은 보통 1년이고, 급료도 1년에 4냥 전후가 되었다[단기봉공인短年季型奉公人]. 이 밖에도 반년半年季 고용, 계절고용, 일일고용처럼 단기 봉공도 많아져, 에도 시대를 통해서 1회의 봉공기간은 단축되는 경향을 보인다. 초기 장기봉공인에게는 이전의 예속노동력으로서의 성격이 아직 남아 있었다고 보아야 할 것이다. 결국, 경제적 발달에 따라 고용의 기회가 증대하고, 특히 도시의 발달에 따라 상대적으로는 육체적 고통도가 적은 상업·수공업 부문으로 노동력이 흡수되기 시작하였던 것이 낡은 타입의 장기봉공인의 감소 원인이 되었을 것이다. 이와 더불어 봉공인 급료에도 일정한 수준이 생기게 되었는데, 어떤 경우에는 경비 중에서 커다란 비중을 차지하여 규모 확대에 장해가 되었다고 생각된다.

그리고 수익 획득이 한계에 가까워진 상태에서, 노동력에 대한 수요의 계절차가 큰 농업에서 다수의 봉공인을 거느리고 있다는 것은 경영의 비효율을 의미했다. 만약 농번기의 필요노동을 충족시킬 수 있을 정도의 노동력을 보유하고 있을 경우, 농한기에는 그 노동력이 경영에 부담이 되었다. 이와 달리 농한기에 맞추어 노동력을 확보하고 있을 경우에는 농번기에 필요한 노동력을 노동시장에서 구하기가 무척 곤란했다. 왜냐하면, 농번기는 단지 그 경영만이 아니라, 지역 전체에서 노동수요가 있으며, 운송수단의 미발달이라는 상황에서는 다른 지역으로부터 단기간의 노동수요를 충족시킬 수 있는 이동이 있을 수 없었기 때문이다. 예속노동력에 의존한 경영에서는 아마 이러한 문제가 그다지 가혹하지 않았을 것이다. 생산물의 시장경쟁이라는 요소가 없고, 낮은 생활수준을 전제로 하는 노동력에 대해 경영자가 효율을 생각할 필요성은 거의 없었기 때문이다.

따라서 시장경제가 발달하고, 집약경영이 채용되었을 경우, 노동력은 노동수요의 계절변화에 가장 탄력적으로 대응할 수 있는 성격을 가진 가족노동력을 근간으로 하여 부분적으로 고용노동력으로 보충하고, 노동력 수요가 피크에 달했을 때에는 농민 상호간의 노동력 교환(예컨대 품앗이結い 등)에 의해 해결하는 방법이 최적의 형태로 되었다.

마지막으로 경영확대의 불리함과는 반대로 토지 대여가 오히려 유리했다는 사실을 지적할 필요가 있다. 많은 경우, 토지는 전당포나 저당에 잡혀 소유권이 이동했는데, 이러한 경우 소작권까지 잃게 되는 일은 적었다. 소유는 상실하더라도, 경작권은 저당을 잡힌 사람에게 남아 있는 경우가 많았다. 지주의 입장에서는, 가족노동력의 탄력성을 이용해서 소작관계를 맺고, 소작료를 징수하는 쪽이 경제적으로도 유리했다. 특히 인구증대가 계속되어, 경작지에 대한 인구압력이 강화된 에도 중기에 이르면, 소작료는 지주의 주도로 결정되었고, 토지소유에 희소가치의 이점이 생겼다. 그리고 일단 이러한 관계가 확립하자, 지주와 소작관계는 단순한 경제적 관계가 아니라 사회적 관계 또는 신분관계로서도 기능하게 되었다. 전전기 일본의 특징 가운데 하나였던 '지주제'의 원형이 여기에서 발생했다고 할 수 있겠다.

결국, 부농형 경영으로의 이행이 경제적 기회의 증대에도 불구하고 일어나지 않았던 것은, 경제적으로는 규모의 경제가 작용하지 않고, 반대로 일종의 수확체감의 법칙이 작용하는 것과 같은, 소규모 경영의 성격으로부터 설명할 수밖에 없다. 그리고 가족노동력이라는 비시장적 수급시스템에 대한 의존이야말로 에도 시기 농업노동력 공급의 기본형이었다.

농민의 이동

그러나, 농업 면에서 이러한 비시장적 수급시스템에 대한 의존에도 불구하고, 농촌주민의 지역적 노동이동은 활발했다. 종종 표현되다시피, 농민은 제도상으로는 농노로서 토지에 속박되어 있어 이동의 자유가 없었다고 한다. 그러나 그러한 토지에 대한 속박이 있었던 서유럽의 중세와는 달리 영주의 직영지 경영은 없었으며, 역으로 조건으로서는 도시의 발달, 경제사회화의 침투에 의해 인구이동의 기회는 매우 많았다. 일반적으로 공업화 이전의 도시생활은 비위생적이고 유행병과 기아의 영향을 받기 쉬워, 장기적으로 보아 사망률이 출생률을 웃돌아 늘 농촌으로부터의 인구유입을 필요로 하였던 것으로 알려져 있다. 에도 시대의 도시(인구밀집지라는 정도로 이해해도 좋다)도 결코 예외는 아니었다. 예를 들어, 막부가 실시한 막부 말기 조사에서는 에도 주민의 4분의 1 이상이 농촌 출신자였다. 하물며, 도시인구가 급속히 증가한 에도 시대 전기에는 대량의 인구이동이 농촌에서 도시로 이루어졌을 것임은 의심의 여지가 없다.

일시적인 이동, 객지품팔이出稼ぎ도 많았다. 신슈 농촌의 지역연구 사례를 보면, 객지품팔이가 가장 활발했던 19세기 초에는 농촌에 거주하는 남자의 생산연령 인구의 30%가 에도로 품팔이를 나간 상태였다. 그리고 노비 지방 농촌의 사례에서도 같은 시기에 태어난 농민 가운데 11세까지 살아남은 사람(출생의 약 75%)의 3분의 2는 객지품팔이를 나가고, 또 그 가운데 3분의 2 이상의 행선지는 도시나 마치바町場였다. 그리고 도시로 품팔이 나간 사람의 약 3분의 1은 도시에 정착하거나 아니면 사망함으로써 결국은 농촌으로 다시는 되돌아오지 않았다.

이처럼 농촌에서 도시로의 대량의 노동이동은, 정착이든 객지품팔이든 지금까지의 연구에서는 간과되었던 중요한 포인트다. 물론, 이러한 사실이 농민의 이동이 완전히 자유로웠다는 것을 의미하지는 않는다. 형식적으로는 이동에 '진베쓰오쿠리人別送り'라고 하는 이동증명서가 필요했다. 그러나 이 증명서를 소지하지 않고 이동하는 경우도 늘어났으며, 이들은 출신지 자료에 '행방불명行衛不明'으로 취급되고 있었다.

이동의 제한을 가져온 것은, 좁은 의미의 제도制度는 아니었다. 이동에 대한 제한 이유로는 우선 교통수단의 미발달을 들 수 있다. 특히, 서민의 경우는 도보가 유일한 방법이었는데, 이는 시간이 걸리고, 숙박과 식사 등에 경비가 소요되며, 육체적인 피로를 동반했다. 따라서 이동거리에도 한계가 있었다. 둘째로는 사회적인 제약이다. 농촌과 도시 간이야 어찌되었건, 농촌 상호간에서의 세대 전체의 이동은, 객지품팔이, 봉공 또는 결혼이나 양자 등의 가족적 관계를 제외하고는 매우 곤란했다. 그리고 신전의 개발 등에 의한 새로운 자원과의 결합이 가능한 경우를 제외하고는 농촌 상호간의 이동은 예외적일 수밖에 없었다. 어떤 경우에는 촌내에서도 새롭게 분가하는 것조차 금지되어, 백성주百姓株라는 형태로 경영체 수가 고정화되는 경우도 있었다. 이러한 사정 하에서는, 다른 지역 사람이 들어올 여지는 전혀 없었다고 할 수 있다. 그러나, 이 분가제한이라는 관행은 역시 인구증대가 자원(주로 토지)과 결합할 위험이 있다고 간주되는 장소와 시기에 행해졌으며, 반드시 보편적인 것은 아니었다는 점에 유의할 필요가 있다.

그렇다면 농민은 왜 도시로 이동했을까. 첫 번째 이유는 도시에서의 고용 증대 때문이다. 적어도 결혼 전에 수년간 또는 십수년간 어느 정도 저축을 한다든가 부모 가계를 윤택하게 하려면 농촌에 머무르고 있는 한은 어려웠을 것이다. 또한, 도시에서는 소비생활 면에서 자유로웠다. 사람들은 도시에서 그 출신과 집안에 관계없이 생활할 수 있었다. 그야말로 '도시의 공기는 자유를 만들었던' 것이다. 따라서 도시는 경제적·사회적으로 농촌 사람들을 끌어들이는 매력을 갖고 있었다. 그리고 약간 과장해서 표현한다면, 사람들을 유인한 후 잡아먹어 버리는 개미지옥 같은 존재였다. 농민의 입장에서 보자면, 도시로 간다는 것은 일순간의 자유를 얻기 위해 죽음의 위험을 무릅쓸 것인지 말 것인지의 선택이었다.

농민의 생활

농촌 내부의 생활과 그 상태에 대해서는 많은 사실이 알려져 있다. 중요한 사실은 에도 시대의 '촌'은 행정단위임과 동시에 생활의 단위이기도 했다는 점이다. 행정촌락=생활촌락이라는 관계는, 일본 역사를 통해서 에도 시대에만 존재한 특징이다. 이러한 사실은, 농업생활을 유지해 나가기 위한 하나의 생활공동체로서의 '촌'이라는 측면이, 촌청연공 제도를 통해 설정된 공권력을 배경으로 한 '촌'으로서의 측면과 통일되었음을 의미한다. 따라서 에도 시대에 '촌'이란 매우 강력한 하나의 질서였다. 영주는 이 '촌'의 자치적 권한을 인정하고, 촌내에서 발생한 사건의 처리는 촌 내부에서 해결하는 것이 관례였기 때문에, 촌관리村役人一쇼야庄屋·나누시名主는 상당한 권한을 갖고 있었던 셈이다. 이들은 공동체로서의 촌의 질서를 유지하는 지도자임과 동시에 공권력 말단에 위치하여 명령의 전달이나 연공 징수, 재판권 등을 행사했다. 따라서 현재 지방자치단체의 단체장보다 훨씬 더 큰 권한을 갖고 있었다고 하겠다. 그러다보니 촌관리의 지위를 누가 맡을 것인가는 매우 중요했다. 일반적으로 촌관리는 촌 내부에서 정해지고, 영주는 그 사실을 추인追認해주는 형식을 취했다. 하지만 그 중에는 도사 번土佐藩처럼 영주가 직접 관리를 임명하고, 전임轉任 등도 하는 관료적인 존재도 있었다. 그리고 촌내에서는 특정한 가계가 대대로 촌관리의 지위를 물려받는 형식도 존재했지만, 많은 경우 촌관리가 될 수 있는 복수의 가문에서 연령과 식견을 고려하여 적당한 사람을 선출했다. 또한, 보좌역으로서 기모이리肝煎・구미가시라組頭 등이 쇼야・나누시에 준해서 정해졌다. 막부직할지天領에 임명된 햐쿠쇼다이百姓代는 상대적으로 일반 농민의 이익대표로서 촌관리의 부정을 감시하는 역할을 하였다.

이처럼 촌관리가 될 수 있는 가문은 구사와케햐쿠쇼草分百姓 혹은 오모다치슈重立衆라 불린 오래된 가문, 그 마을의 발전에 공로가 있었던 집안으로서, 재산도 많고 그 후로도 오랫동안 예속노동력과 가축을 보유하는 경우가 많았다. 그러나 에도 시대에 경제적 기회를 잘 잡았던 자는 반드시 이 계층은 아니었으며, 오히려 전통에 그다지 속박되지 않았던 일반농민 쪽이 변화에 잘 대응하는 경우가 있었다. 그리고 그들 사이에서 부를 쌓고 경제력을 가진 자가 출현하게 되자, 촌관리의 지위를 두고 분쟁이 발생했다. 에도 시대 전기에 종종 눈에 띄는 촌관리 소동의 배경에는 이러한 사정이 있었다.

일반 농민이란 보통 혼뱌쿠쇼本百姓라 불리는 신분이다. 원래 이 신분은 에도 시대의 극히 초기(또는 그 직전)에 영주에 대해 부역의 부담을 지고 있는 집안을 가리켰다(따라서, 야쿠야役屋 혹은 구지야公事屋라고 불리기도 했다). 물론 부역이라고는 해도 평시의 농업노동이 목적이 아니라, 전시의 임시적인 노동력 수요와 토목건축공사가 주요 내용이었다. 전국시대 말기에 이르면, 일반적으로 전쟁은 영주의 본거지와 멀리 떨어진 곳에서 전개되었고, 운송 등을 위해 직접 전투에 투입되는 인원 외에 대량의 인력을 필요로 했다. 그러한 역할을 담당한 것이 농민이었다. 그리고 축성, 도시건설, 도로교량 건설, 치수관개 공사 등, 전국 말기~에도 초기에는 대량의 토목건축공사가 이루어졌다. 이들 공사에서의 비숙련노동도 역시 농민부역이 충당했다. 때문에 초기 농민의 부역은 중요한 의미를 가졌으며, 종종 그 부담능력에 대한 조사가 실시되었다. 대개의 번藩에서는, 농민세대로부터 여러 가지 이유로 부역의 부담을 지지 않아도 되는 세대(예들 들면 촌관리, 사사寺社, 직인 등), 부담능력이 없는 세대(예를 들면, 나고名子·게닌下人, 신체장애자, 과부, 노인 등)를 제외하고, 나머지를 '혼뱌쿠쇼'라고 했다. 그리고 마치 석고石高에 연공률을 곱하여 연공량을 정한 것처럼, 혼뱌쿠쇼의 수에 따라 역을 부과하는 방법을 취하고 있었다. 따라서 초기의 혼뱌쿠쇼는 오히려 부역을 부담하는 집안 내지는 신분이었다.

그러나 영주에 대한 이러한 부역의 부담은, 겐와엔부元和偃武(도요토미 히데요리 자신)의 도래와 함께 그 필요성이 희박해져, 부역도 미납米納·금납金納으로 바뀌어 갔다. 이와 함께 '혼뱌쿠쇼'의 성격도 바뀌게 되었다. 한편에서 영주가 농민의 토지보유에 관심을 갖게 되고(토지의 영구매매 금지나 분지分地제한 법령 등을 통해), 또 농민이 전적으로 본本연공의 부담자가 됨에 따라, 혼뱌쿠쇼라는 단어는 토지를 소유하고 연공을 부담하는 농민을 가리키게 되었다. 즉, 혼뱌쿠쇼=토지를 가진 백성(다카모치 햐쿠쇼高持百姓)을 의미하게 된 것이다. 마을 내부에서도 가문과 가격家格에 의한 질서체계와 소유지의 크기, 지고持高에 따른 체계라고 하는 두 가지 체계가 생겨났다. 이리하여 영주연공이나 부가세는 물론이고, 자치단체로서의 촌의 비용인 촌입용村入用도 지고持高에 따라서 부과되었다(家割り, 高割り). 이렇게 지고持高의 유무 또는 그 대소大小가 농민의 지위로서 중요한 의미를 갖게 되었다.

이처럼 혼뱌쿠쇼란 토지보유농민을 가리키며, 그 대소에는 관계가 없었다. 수십 정보를 보유하고 있는 대지주든, 겨우 1단보만을 가진 사실상의 소작농민이든 신분상으로는 모두 혼뱌쿠쇼다. 영주 측에서 본다면, 최말단에 존재하는 연공부담자=혼뱌쿠쇼이기 때문에, 여러 조사나 취급에서 혼뱌쿠쇼라는 카테고리가 종종 사용되었다. 이처럼 자료에 빈번하게 기재되어 있어서 현재의 연구자들도 혼뱌쿠쇼라는 단어를 즐겨 사용하고 있지만, 이것이 경제적·사회적으로 공통된 이해를 갖는 하나의 계급을 가리키는 것이 아니라는 점에 분명 유의해야 할 것이다.

이에 대해, 토지를 소유하지 못한 농민을 무다카無高, 미즈노미水呑라고 했는데, 사회적 신분이면서 동시에 경제적으로도 소작농민이라는 하나의 계급을 구성하고 있었다. 다만, 혼뱌쿠쇼 중에서도 근소한 토지밖에 갖지 못한 사람은 실제로는 소작농민으로서 행동할 수밖에 없었다. 에도 시대의 기록에는 농민층의 분화가 종종 지적되고 있지만, 무다카·미즈노미의 수는 의외로 적었다. 만약 지적되고 있는 대로, 분화가 격렬했다고 한다면 무다카·미즈노미의 수나 비율은 상당히 많았을 것이다. 분화를 초래하는 힘이 작용했다는 점은 사실로서 받아들일 수 있지만, 반대로 분화를 저지하는 어떤 힘이 작용했는지 모른다.

예전에 혼뱌쿠쇼였던 농민이 토지를 상실해 가는 과정을 추적해 보면, 마지막에는 반드시라고 해도 좋을 정도로 가옥家屋敷이 남아 있다. 에도 시대에는 집터도 논밭도 똑같은 연공지로 취급되었기 때문에, 가옥밖에 보유하고 있지 못한 농민이라도 혼뱌쿠쇼에 속한다. 이러한 사정도 작용하였을 것인데, 보다 중요한 점은 일본의 가족제도일 것이다. 자료에서 볼 수 있는 농민세대는 각각 독립된 경영주체로 행동하고 있는 것처럼 보이지만, 실제로는 결코 그렇지 않다. 몇 세대가 모여 혈연적인 동족집단을 형성하고 그 제약을 받아가면서 행동하고 있었다. 예를 들면, 본가-분가라는 관계 등은 농민의 사회생활을 매우 강력하게 규제하고 있었다고 할 수 있다. 분가는 본가에 대해 몇 가지 면에서 종속되어 있었고 본가는 분가를 보호하는 것이 관습적인 의무였다. 만약, 어떤 분가가 어떤 이유로 인해 토지를 잃고 몰락에 직면했을 경우, 본가가 분가에 도움을 주는 것은 종종 있을 수 있는 일이었다. 이 시기의 농민층 분화를 경제적인 관점에서만 관찰한다면, 이러한 사회적 관계는 놓치게 된다. 농촌으로 경제사회가 침투하는 과정은 결코 기계적으로 생각해서는 안 된다. 오히려 가족제도는 경제사회의 침투에 따라 파괴되는 것이 아니라 반대로 강화되고 있기조차 하며, 이러한 측면에 대한 해명은 매우 중요하다 하겠다.

이러한 농민층은 결코 하나의 계급은 아니었지만, 대경영의 해체와 함께 경영주체로서 공통된 이해를 갖고, 극히 소수의 대지주층을 제외하고는 모두 근로농민이었다. 그들은 그 이해를 전제로 해서 하나의 공동사회를 구성했기 때문에, 이 공동사회에서 배제된다는 것은 거의 생존에 대한 위협이었다. '무라하치부村八分'(촌 전체가 문제가 있는 촌민과의 교제를 끊는 것) 같은 조치가 얼마나 큰 고통이었는지 현대의 그것과는 비교도 안 된다. 용수와 배수의 용익, 입회지 이용, 도로 등의 보수 등 직접생산과 관계 깊은 사항에서부터 축제, 여러 의식 등에 이르기까지 에도 시대의 농민가족은 공동체를 떠난 독립적인 삶을 생각할 수 없을 정도로 강한 공동체적 조직사회에 포섭되어 있었다고 한다. 그러나 가족제도와 이 공동체 조직에 의한 규제를 과도하게 평가하는 것 역시 위험하다. 다양한 정도의 차이가 있겠지만, 농민은 그러한 규제를 받지 않는 분야에서는 독립된 주체로서 행동할 수 있었다. 물론 모든 농민이 이를 향수했다고 보기는 힘들지만, 이는 경제적 개인주의라고 부를 수 있을 것이다. 설령 아주 미미하였다 하더라도, 우리는 오히려 이 부문의 성장에 주목해야 할 것이다.

그 결과, 에도 시대 후반이 되면, 각지에서 독농篤農이라고 하는 대표적인 근로농민이 등장한다. 그들은 경험에 의해 생산의 가장 합리적인 체계를 고안해 내고, 일부에서는 기록을 통해 객관화하려는 움직임마저 보여주고 있다. 농서와 농학의 발생이 그것이다. 그 정도까지는 아니라도, 오늘날 우리들이 농촌의 사료조사를 해보면, 에도 시대에 만들어진 다수의 농사에 관한 인쇄문헌과 달력 등이 발견된다. 현재의 과학에서 본다면, 이들 내용에 의문점이 없는 것은 아니다. 하지만 농민은 단순히 주변 친족이나 촌의 규정掟에 따라 아무런 자주성 없이 관습에 따라 생산을 반복하고 있었던 것이 아니라, 적극적으로 생산과 관련을 맺고 있었다. 그들 가운데 상당수가 경영장부나 농사일지를 기록하고 있었는데, 이러한 사실 역시 생산을 합리화시키고자 한 농민의 노력과 태도의 산물이라고 할 수 있을 것이다.

에도 시대 후반의 인구

에도 시대 후반이 되면, 종종 경제가 정체했다고 지적한다. 확실히 전반과 같은 급속한 경제확대의 시기는 지나고 있었다. 무엇보다도 도시인구의 증가가 멈추고, 소비수요의 신장이 둔화되었다. 집약적 농업기술의 발전도 당시로서는 극한에 달해, 역으로 인구증대의 압력이 사람들의 생활을 위협하는 지역도 생겨났다. 그러나 이 '정체'라는 양상을 전국에 획일적으로 적용하는 것은 잘못이다. 지역적인 경제발전이나 정체에 대해 고찰하기는 어렵지만, 다행히도 우리는 도쿠가와 막부가 실시한 전국 인구조사의 지방별 수치를 이용할 수 있다.5) 여기에서는 이 자료를 이용해서 에도 시대 후반의 지역별 경제를 고찰해 보자.

막부는 교호 개혁享保改革의 일환으로서 1721년에 다이묘, 하타모토旗本, 다이칸代官에게 명하여 그들의 지배 하에 있던 서민인구의 조사와 보고를 요구하고, 1726년 이후로는 6년마다 한 번 자오子午년에 같은 보고를 하도록 지시했다. 최종집계가 실시된 해는, 현재까지 밝혀져 있는 한 1846년이며, 1852년에도 보고를 지시한 흔적이 있다. 이 기간의 합계 12회의 조사에 대해서는 지방별 집계수치를 이용할 수 있다. 이 조사결과는 과연 어떤 신뢰도를 갖고 있는 것일까? 모든 통계수치가 그러하겠지만,

---

5) 關山直太郎, 『近世日本人口の構造』(吉川弘文館, 1957) 제3장 참고.

특히 근대 통계제도가 확립되기 이전의 역사통계에 대해서는 수치 내용에 대해 충분히 음미할 필요가 있으며, 그 과정을 게을리하는 것은 입론의 근거를 완전히 상실하는 것과 같다. 우선 이 수치는 인구 전체가 아니라, 여러 가지 제외인구나 중복인구를 포함하고 있다는 점을 고려해야 한다. 중복에 대해서는 이미 논한 바 있다. 제외란 신분적 제외로서 무사인구는 포함되어 있지 않다. 더욱이, 조사라고는 해도 공통의 방법이 있었던 것이 아니며, 각 영주가 종래 행했던 조사법으로 이루어진 결과가 수정·보완되지 않은 채 집계되어 있다. 그 결과, 번藩에 따라서는 유·소년자가 조사대상에서 제외되고 있다. 가나자와 번金澤藩의 경우에는 15세 이하가 제외되었고, 와카야마 번和歌山藩에서도 조사대상은 8세 이상으로 제한되었다. 따라서 이 수치는 절대수치로서는 정확성이 크게 결여되어 있다. 때문에 이들 자료를 이용하기 위해서는, 동일 지역의 조사는 동일한 방법으로 실시되었다고 가정하고 지역별·연대별로 상대비교를 하는 방법이 바람직할 것이다. 이 방법을 통해 얻은 결과라면, 우리의 당면 목적을 충족시킬 것이다. 다행히 조사의 양 극단에 가까운 연차에 대해서는 지방별 수치를 얻을 수 있기 때문에, 이를 양 연차간의 증감률에 따라 표시한 것이 다음 그림이다. 이 그림을 통해 곧바로 알 수 있는 점은 인구변화에 꽤 넓은 지역성이 존재한다는 사실이다. 물론, 다소 예외도 있지만, 대략 하나의 지역은 동일한 경향을 보인다. 대체로 오우·관동(이하, 여기에서는 동북일본)이 감소, 주고쿠中國·시코쿠四國·규슈(이하 서남일본, 그 외를 중앙일본이라고 함)가 증가, 중앙에서는 호쿠리쿠가 증가, 도카이東海와 긴키近畿는 정체 내지는 약간 증가였다. 가장 급격하고도 대조적인

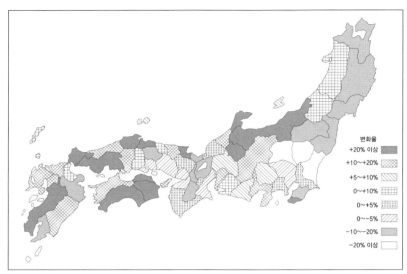

변화율
+20% 이상
+10~+20%
+5~+10%
0~+10%
0~+5%
0~-5%
-10~-20%
-20% 이상

1721~1846년의 인구변화율

증감을 보인 곳은 북관동(고우즈케上野 · 시모즈케下野 · 히타치常陸) 3개 지방과 산요山陽(히젠肥前 · 히추肥中 · 히고肥後 · 아키安芸 · 스오周防 · 나가토長門—미마사카美作는 제외) 6개 지방 사이에서 관찰된다. 실수로 표시해 보면, 북관동은 184만 명에서 133만 명으로 감소했는데, 산요는 거의 같은 규모인 183만 명에서 반대로 227만 명으로 증가하고 있다. 양 지역의 합산치는 거의 변함 없지만, 분포는 상당히 변화하고 있다.

이 사례는 극단적인 경우기는 하지만, 이러한 사실로 보건대 인구의 '정체' 양상이 전국에 걸쳐 획일적인 것이었다고 생각할 수 없다는 점은 명백하다. 에도 시대 후반에도 인구증가가 계속된 산요의 경우(연율 1.7% 증가)와, 감소를 보인 북관동의 경우(연율 2.0% 감소)와는 경제와의 관계가 아마 상당히 달랐을 것임이 분명하다.

이러한 지역에 따른 인구추세의 차이는 왜 발생한 것일까. 인구변동은 다양한 환경변화가 인간생활에 투영된 것으로, 반드시 경제적 이유 때문만은 아니다. 그러나 그 변동이 무엇에 의해 발생했는지를 살펴보는 것은, 경제와 인구와의 관계를 생각해 볼 때 역시 필요하다. 그림에서 알 수 있듯이, 동북일본, 특히 태평양 쪽에서는 감소가 뚜렷하고, 같은 오우지방이라 해도 일본해 쪽은 오히려 근소하나마 증가마저 보인다. 이러한 감소 타입은 냉해에 의한 농작물 피해 상황과도 유사하다. 그렇다면 이 감소는 여름의 기온저하와 관련이 있을 것이다. 그리고 1780년대 일본을 덮친 대흉작이 동북일본에서 맹위를 떨쳤다는 사실을 생각해 보면, 이 흉작까지 포함해서 장기적인 기온저하로 인한 농작물의 생산량 저하에서 그 원인을 찾을 수 있을 것으로 보인다. 오우 지방은 당시의 벼농사 기술로 볼 때, 북방한계선이고, 미미한 기온변화에도 민감하게 반응하는 지방이었다. 이에 대해 같은 오우 지방이라도 일본해 쪽은 냉해의 원인인 오츠크 고기압이 뿜어내는 기류가 산맥에 막혀, 태평양 부근만큼 강하게는 영향을 받지는 않았다. 때문에 중앙일본과 서남일본은 여름철의 기온저하에 거의 영향을 받지 않았다.

그러나 이것만으로는 서남일본에서 인구가 증가한 이유를 충분히 설명해 주지 못한다. 동북일본에서 인구감소를 초래한 한랭화가 만약 장기적이었다는 사실이 증명된다면, 가설이긴 하지만, 역으로 이러한 사실이 서남일본에서의 인구증대를 초래한 이유라고 생각할 수도 있을 것이다. 기온의 장기적 저하는 일반적으로 해퇴현상海退現象을 초래한다. 에도 시대 전반기에 거의 모든 가경지가 경지화되어 있었던 일본에서, 해퇴에 의해 발생한 멀고 얕은 해안의 육지화는 조직적인 경지면적 증대의 유일한 여지였다. 도쿄만東京湾・이세만伊勢湾・세토나이카이瀬戶內海・아리아케카이有明海 등의 연안에는 멀고 얕은 곳이 많아서, 약간의 해퇴에 의해서도 새로운 기술도입 없이 광대한 면적의 간척이 가능했다. 이들 해안은 도쿄만을 제외하면, 거의 중앙에서부터 서남일본에 집중되어 있으며 동북일본에는 없다. 동북일본에서는 다소의 해퇴가 있다 해도 그것에 의해 간척으로 경지면적을 늘리는 등의 일은 전혀 없었다.

그러나 이러한 자연현상만이 그 설명요인이 될 수 없다는 것도 사실이다. 여기에서는 사회적인 이유로서 농업 이외 또는 식량생산농업 이외의 생산업, 특히 수공업 발전에 의한 고용증대를 들지 않으면 안 된다. 이것들은 원료・기후 등을 염두에 둘 때 서남일본이 유리했다. 인구변동도 더욱 세세하게 지방과 지역 내부를 관찰해 보면, 전체로서는 인구가 정체되어 있던 지방에서도 상품작물의 재배와 수공업 발전이 있었던 지역에서는 증대하고 있다. 반대로 전체로서 인구증대를 보이는 지방에서도 산간부와 수전단작지대는 감소하는 사례를 볼 수 있다. 이처럼 상품작물 재배와 수공업적 발전의 유무가 인구분포에 영향을 미치는 것은 당연하다.

나아가 또 한 가지, 이미 논한 적이 있지만, 경제발전이 도시의 발전을 초래하고 인구비율을 상승시키면, 사망률이 높아져 지역 전체로서는 인구 증대를 체크하는 작용을 했다는 점에 주목해야 한다. 에도 시대 후반에 도시인구의 비율이 가장 높았던 곳은 기나이 지방(야마시로山城・야마토大和・셋쓰攝津・가와치河內・이즈미和泉) 등이었고(메이지 초년 통계에서 인구 5000명 이상의 도시인구 비율 33%), 이어서 남南관동(무사시武藏・사가미相模・가즈사上總・시모후사下總・아와安房—마찬가지로 20%)이었다.[6] 이 지역은 그 주변과 함께 인구증가율이 낮았다는 사실을 그림을 통해 확인할 수 있다. 경제적 발전이 가장 뚜렷했던 양 지역에서 인구증가율이 낮았다는 점도 위와 같이 이해할 수 있을 것이다. 앞서 기술했던 바와 같은 제약으로 인해 인구의 원거리 이동이 곤란했기 때문에, 대도시의 인구흡인력이 미치는 범위는 에도의 경우 관동 및 그 주변, 교토・오사카의 경우엔 기나이 및 그 주변 지역이었다. 이들 지역의 인구추세와, 그 영향이 적었던 호쿠리쿠北陸 및 서남일본의 인구추세와의 격차는 이러한 이유에 기인하였을 것이다.

이처럼 인구추세는 몇 가지 이유가 복합된 결과며, 북관동처럼 자연적인 영향과 사회적 영향을 함께 받아 인구격감을 보인 지역도 발생하였다.

이 같은 인구추세가 이번에는 각각의 지방경제에 서로 다른 영향을 미치게 된다. 동북일본과 같이, 자연적 원인에 의해 인구가 감소한 지방에서는 동시에 농민의 입장에서는 비참한 상황을 경험하기도 했다.[7] 낙태・솎음질間引き(입을 줄이기 위해 부모가 어린 자식을 죽이는 일) 등의 인구제한은 결코 좋아서 행한 것이 아니라, 스스로의 생존을 위한 어쩔 수 없는 행동이었다. 아마도 생존 수준의 유지라는 위협에 노출된 결과였을 것이다. 그 결과, 이 지역의 상품구매력은 현저하게 저하되고, 경제활동은 심각한 장기적 정체를 맞이했음에 틀림없다. 극히 일부의 양잠・제사

---

6) 메이지 초기의 人口物産調査 『共武政表』에 의한다.
7) 인구제한에 대한 연구로는 高橋梵仙, 『日本人口史之硏究』 全3卷(日本學術振興會, 1941~1962).

製絲 지대와 그 외의 특산물 생산지대를 제외하고는 빈곤과 비참으로 얼룩진 상황이 도래했다.

그렇다고 하여, 인구증가 지대가 경제적 발전을 보였는가 하면, 그것도 그리 단순한 문제가 아니었다. 인구증대가 거꾸로 경제환경을 압박하는 사례는 수없이 많다. 그러나 전술한 바와 같은 이유로 인구감소를 보인 동북일본과 비교할 경우, 역시 인구증가 지대에는 시장확대와 경제활동의 활성화의 가능성이 남아 있었다고 보아도 좋다. 에도 시대 후반 동북일본에 많은 소령을 갖고 있었던 막부가 재정 악화를 초래하여, 그 결과 에도 소비시장의 확장을 둔화시키고 더 나아가 오사카의 경제활동도 저하시켰을 것은 충분히 생각할 수 있다. 그리고 상대적으로 서남일본 여러 번藩들의 도시를 중심으로 지방경제 혹은 번경제의 발전이 있었다는 사실이 최근 연구에서 밝혀지고 있다. 그러나 이러한 상품생산의 발전은 항상 농민과 일반 상인에게 이익을 가져왔다고는 할 수 없다. 후술하겠지만, 사쓰마 번의 설탕전매처럼, 번이 집하와 판매를 독점하여 생산자인 농민과 시장과의 접촉을 차단시키는 경우도 있었다. 그러한 경우 그 농민의 경제적·사회적 지위는, 마치 16세기에서 19세기 초기에 이르는 독일의 농장영주제(Gutsherrschaft) 하의 농민과 같이 크게 저하되었다. 하지만, 번전매가 이러한 형태로 성공을 거둔 케이스는 오히려 예외적이며, 중앙시장에 근접한 지역에서는 곤란했다. 그 때문에 대개 중앙으로부터 서남일본에 걸쳐 에도 시대 후반에도 경제적 발전과 인구증대는 계속되고 있었다고 볼 수 있다. 따라서 전국 인구의 외견상의 정체를 경제적 정체와 관련시켜 생각할 필요는 없을 것이다.

영주경제의 쇠퇴

앞서 설명했던 것처럼, 화폐와 물자의 흐름은 에도 시대의 모든 신분에 걸친 것이었고, 무사신분이라 해도 예외는 아니었다. 그러나 다른 신분과 비교하여, 무사층은 결국 경제적 기회를 살리지 못해 에도 시대에 그 어떤 사람도 부를 축적해서 재산을 형성하지 못했다. 정치적 권력을 가진 자가 경제적 기회를 잡지 못하는 이러한 상태는 실은 매우 이상하다. 왜냐하면, 정치권력을 경제활동에 이용해서 부를 획득하는 것은, 다른 나라 특히 아시아 각 지역에서는 종종 있는 일이기 때문이다. 따라서 이러한 사실은 당시 일본에서는 정치적 가치와 경제적 가치가 분리되어 있었음을 의미하며, 이는 근대화 과정에서 중대한 영향을 끼쳤다고 보아도 좋을 것이다. 여기에서는 에도 시대 무사층의 경제에 대해 그 내용과 쇠퇴 과정을 다루어보자.

에도 시대의 영주재정을 보면, 늘 적자에 시달렸다. 막부나 다이묘, 하타모토 할 것 없이 에도 시대의 모든 영주는 재정의 핍박을 받고 있었고, 결국 근본적인 해결을 보지 못한 채 끝나고 말았다. 사실은 이러한 불건전한 재정 하에서 용케 그렇게 오랫동안 막번제幕藩制가 유지되었다고 평가해야 할 정도다.

영주재정의 적자는 근본적으로는 에도 시대 재정이 전국시대 전시체제 하에서의 제도를 그대로 이어받았기 때문이다. 전국시대의 영주재정은 무엇보다도 전쟁을 준비하고 수행하기 위해 많은 가신을 두고, 전쟁에 승리해서 상대방의 재산과 토지를 빼앗는 것이 기본이었다. 히데요시의 무모한 조선원정을 설명하는 이유 가운데 하나는, 국내통일을 완수하여 더 이상 빼앗을 것이 없어진 히데요시가, 해외침략이라는 방법 외에는 재정상의 균형을 꾀할 수 없었다고 보는 해석이다. 도쿠가와 막부 하에서는 질서유지가 지상 최대의 목적이 되고, 또 이른바 쇄국이라는 조건이 있었기 때문에, 재정문제는 영주재정의 내부적 문제로 되었다. 당초에는 약간의 재산, 특히 귀금속을 축적하고 있던 막부는, 특별히 재정난을 겪었던 것은 아니며 곤란에 처한 다이묘나 하타모토를 원조하기조차 했으나, 점차 이것도 고갈되어 나갔다.

재정난의 제1차적 이유는 역시 너무 큰 가신단의 규모였다. 가족을 포함하여 아마 그 숫자는 전 인구의 7~8%를 차지했던 것으로 생각된다. 그러나 이백 수십 년간에 걸친 천하태평시대에, 본래 직업군인인 다수의 가신을 거느리고 있다는 것은 무의미한 지출을 의미했다. 물론 막번제는 하나의 정치체제며, 행정관으로서의 무사도 필요하기는 했다. 하지만 그 수가 너무 많아, 야쿠가타役方(행정)직에 오르지 못한 반가타番方(군) 무사는 거의 무위도식하는 세월을 보낼 수밖에 없었다. 막부의 경우 '고부신이리小普請入り'(과실이 있는 하타모토 등에게 소규모 건축공사를 맡기는 일 | 역주)란 그 직책을 맡긴다는 뜻이 아니라 실질적으로는 아무일도 하지 않아도 된다는 것을 의미하였다. 이 대량의 실업 무사에게 일을 주기 위하여, 에도 시대에는 절차를 번잡하게 만들고 의식전례儀式典禮를 엄격하게 했다고 할 수 있다. 아무튼 주군은 아무리 재정난일지라도 가신을 해고할 수는 없었다. 주종관계는 동시에 보호=피보호의 관계로서, 이 원칙은 끝까지 관철되었다. 유명한 예로는 다이묘 우에스기上杉 씨의 경우가 있다. 100만 석 이상의 규모를 자랑한 우에스기 씨는 요네자와米澤

30만 석으로 감봉되었지만, 종래의 모든 가신을 그대로 유지하였다.

이러한 방대한 가신을 끌어안고, 한편으로 궁핍해져 가는 재정상태 하에서 주종관계를 유지하는 데 유교적 도덕은 매우 적당한 것이었다. 빈곤은 오히려 미화되어, 부의 획득을 멸시하는 인생관이 무사의 혼이 되었으며, 영주(나라)를 위해서라면 이를 악물고서라도 참지 않으면 안 되었다.

둘째 이유로는 지출의 증대를 들 수 있다. 병농분리의 결과, 무사가 도시에 집주하고, 더욱이 태평시대가 계속되면서 무사의 생활은 점차 화려함을 추구하고, 문화교양에 대한 지출도 증대해 갔다. 석고제에 묶여 수입祿의 증대는 불가능하여 일정한 수입 내에서 가계를 꾸려가야 했기 때문에 지출 증대를 커버할 수단은 거의 없었다. 연공량을 증가시키는 것은 어느 정도까지는 가능했지만, 정면제定免制를 채택한 후에는 적어도 농민으로부터의 연공량은 거의 고정화되었다.

셋째 이유로는 수입과 지출의 균형 악화를 들 수 있다. 무사층의 수입은 화폐와 미곡이었는데, 미곡은 상인(후다사시札差・가케야掛屋)에게 매각 하고, 그로부터 얻은 화폐를 합하여 필요한 물품을 구입하는 형태였다. 따라서 미가의 등락과 그 이외 일반 물가의 등락은 무사층에게 역방향으로 작용했다. 그런데 중기 이후 장기적으로 미가는 일정하였던 데 대해 일반 물가는 완만하지만 상승하고 있었다. 이 양자의 상대가격의 차이는 그대로 무사층의 재정부담 증대로 이어졌다.

이상과 같이, 재정난은 어쩌면 당연한 결과였다고 할 수 있다. 그 결과, 무사층은 전체적으로 궁핍해져 갔고 특히 중하급 무사층의 타격이 컸다.

에도에 거주하는 하타모토旗本의 경우는, 막부 말기에는 대부분 고시호가에御仕法替え―오늘날로 말하자면 일종의 파산선고―를 받아, 상인의 가계관리 하에서 겨우겨우 살아가는―그러나 여전히 공허한 기개만은 유지했다― 존재가 되었다. 별다른 수입이 없었던 이들 무사층은 결국에는 무사로서 보관해야 하는 무구武具·마필馬匹·인원人員마저 상실해 버리고, 가족에게 장인들의 하청을 받아 일을 시켜야 하는 지경에 이르렀다.

하타모토 층의 경제적 몰락에 대해서 살펴보면, 다음과 같다. 우선, 지출증가를 해결할 수 없게 된 그들은 후다사시·가케야에게 다음 해분의 연공수입을 담보로 잡히고 융자를 받는다. 그런데 수입증대 방책이 없는 이상, 한 번 빚을 지게 되면 이는 눈덩이처럼 불어날 수밖에 없다. 그들의 주군인 막부는 이러한 사태를 구제하기 위해, 원조 또는 기연령棄捐令을 내리고 빚의 파기나 이자 경감을 명했다. 그러나 이러한 방법은 일시적인 것이어서 근본적인 해결책은 되지 못하였다. 또한 무사재정은 후다사시·가케야에게 의존하지 않으면 안 되었기 때문에, 그들에게 타격을 주는 빚의 무상청산 명령棒引き令은 오히려 무사재정을 곤란에 빠뜨렸다.

이렇게 점차 막다른 길에 내몰린 하타모토는 결국 파산선고御仕法替え 처분을 받는다. 이것은 상인에 의한 일종의 가산관리를 말하는데, 이후 하타모토는 자신의 영지知行地에 대한 연공징수권을 상실하고, 상인이 영지의 촌관리 등과 함께 일종의 관리단체를 만들어, 연공은 직접 상인이 취득하고, 대금 가운데 일정액을 떼어 용돈처럼 하타모토에게 건네주어 분수에 맞는 생활을 강요한 제도다. 이는 영주권의 저당화이며, 이렇게 되면 누가 실질적으로 영주인지 알 수 없게 된다.

168

재정난의 해결책

이 같은 재정난에 대해 막부와 여러 다이묘가 그냥 팔짱만 끼고 바라보고 있었던 것은 아니다. 유효성은 차치하더라도 역시 여러 가지 해결책을 모색했다. 소극적인 것부터 순차적으로 들어보면, 다음과 같다.

우선, 재정난을 당국자가 의식하게 되면 반드시 검약령節儉令을 내리거나 강화하거나 한다. 원래 그 이데올로기로 채용되었던 유교에도 검약이라는 미덕이 있었기 때문에, 명령을 내리기는 쉬웠다. 검약은 생활의 모든 부분에 걸쳐 주장되었는데, 이는 당연히 무사 이외의 신분에도 적용되어 경제적으로 일정한 영향을 미쳤다. 특히, 사치품이라 여겨졌던 상품, 예를 들어 고급 견직물 등의 소비에는 상당한 영향을 미쳤다. 그러나 이러한 정신적 규정만으로 해결할 수 있는 차원의 문제는 물론 아니었다.

그 다음에는 지출의 절감, 특히 그 중에서도 큰 부분을 차지하는 봉록俸祿과 부지扶持의 삭감인데, 이는 일정 비율로 삭감되었다(예를 들어, 반으로 줄면 반지半知). 이러한 조치가 가능했던 것도 주종관계라고 하는 유대가 있었기 때문이며, 현재라면 도저히 실시할 수 없을 것이다.

이상은 모두 지출 감소에 의해 재정상의 균형을 유지하려고 하는 소극책이었다. 이에 비해 수입을 증대시켜 균형을 맞추려는 적극책으로서 연공증징年貢增徵이 항상 도모되었는데, 그 밖에도 다음과 같은 것이 있었다.

우선, 화폐개주 혹은 번찰藩札의 발행이다. 이는 이미 화폐제도를 설명할 때 다룬 바 있다. 일시적으로는 그 효과는 커서, 예컨대 겐로쿠 개주元祿の改鑄(고반小判을 예로 들면, 1냥兩에 포함되는 금의 함유율이 84.3%에서 57.4%, 즉 3분의 2로 감소되었다)에 의한 이익(당시에는 이것을 데메出目라고 했다)은 약 500만 냥에 달했다고 전해진다. 당시, 막부의 경상수입은 연간 약 100만 냥 정도였기 때문에, 실로 5년분에 상당하는 수입을 올린 것이다. 주조권을 갖지 않았던 각 번에서는 번찰을 발행하여 그 부족분을 매울 수 있었다. 그러나, 이러한 조치 역시 일시적인 조치에 지나지 않았고, 특히 에도 전기의 화폐악주貨幣惡鑄는 오히려 구매력을 떨어뜨려 물가를 상승시키는 악순환을 발생시켰다.

다음으로 선택한 방법은, 본래의 연공, 즉 농민이 부담하는 연공 이외에서 수입을 추구하는 방책으로, 그 주요 표적은 상인이었다. 악시樂市·악좌樂座, 장사商賣는 자유롭다는 원칙 하에, 상인은 농민과는 달리 세부담자로서 인정받지 못했으나, 활발한 경제활동에 의해 그들에게 부가 집중되자, 여러 방법을 동원하여 상인에게서도 연공을 받으려는 움직임이 표면화되었다. 공금御用金을 부과하고, 강제적으로 헌금을 요구한다거나, 변제가 불투명한 저리 융자를 요구했다. 또 시장확대가 한계에 달한 상황을 이용하여 동업조합仲間組合을 공인하여, 특권을 인정한 후 묘가冥加(잡세의 한 가지로, 상공업자가 영업면허를 받는 대가로 바치는 상납금. 후에는 매년 일정한 비율로 납부하였다 | 역주)나 운조運上(잡세의 한 가지로, 상·공·수렵·어획漁獲·운송 등의 영업자에게 부과했다 | 역주)를 취했다. 이러한 사실은 상인의 지위를 실질적으로 상승시킨 것인데, 농민으로부터 일정 수준 이상의 연공을 징수하기 어려웠던 영주에게는 선택의 여지가 없는 일종의 양보였다.

여기에 그치지 않고, 한 발 더 나가면, 영주층 자신이 경제활동의 주체로서 특히 유통부분에 진출하게 된다. 번전매藩專賣, 藩專買가 바로 그것으로,

영내의 특산물을 독점하여 이것을 중앙시장에 유통시키고 이익을 챙기는 방법이었다. 이 방법이 성공하기 위해서는 몇 가지 조건이 갖추어져야 했는데, 다음에서 논할 막부 말기 사쓰마 번薩摩藩에서 행해진 흑설탕 전매제도專賣制度는 메이지 유신과의 관련을 포함하여 중요한 시사를 준다.[8]

사쓰마 번은 막부와의 관계도 미묘했고, 많은 청부건축공사에 대한 부담도 겹쳐서 빚에 허덕이고 있었다. 덴포 기天保期(1830~1844)에는 오사카 상인에게 빌려쓴 빚이 거액에 달했다. 이 때 개혁을 담당한 즈쇼 히로사토調所廣鄕는 사쓰마 번 영내에서 생산되는 흑설탕이 다른 지방에서는 거의 생산되지 않는다는 것에 착안하여 이를 번전매로 하는 것을 꾀했다. 설탕 생산자는 번(지정한 청부 상인) 이외에는 설탕을 판매할 수 없었기 때문에, 번이 독점적으로 염가로 매입할 수 있었고, 더욱이 그 대금代銀은 표찰切符로 대신했다. 이 설탕은 번의 고유문양紋印이 그려진 돛을 단 배로 오사카 시장으로 운반되어, 공급독점자로서 높은 가격에 판매되었다. 여기서 번은 다시 판매대금代金 중 일부로 농민들의 필요 물품을 구입한 후 번 농민들에게는 이를 표찰로 구입하게 하여 막대한 이익을 챙겼다. 이러한 방법으로 단기간에 부채를 갚고 번 재정의 어려움을 타개할 수 있었다. 결국, 이는 설탕의 생산과 유통과정에서 농민과 일반 상인의 참여를 제한하고, 그들이 시장과 직접 접촉하는 것을 차단함으로써 성공을 거둔 예다. 이러한 방법이 가능했던 것은 사쓰마 번의 특수한

---

8) 그간의 사정을 간결하게 논술한 저작으로는 原口虎雄, 『幕末の薩摩』(中公新書, 1966)를 들 수 있다.

사정에 의한 것이라고 할 수 있다. 지리적으로 시장과 가깝고, 영지에 대한 지배형태가 사쓰마 번과는 달리 관동과 기나이처럼 비영국非領國 지배일 경우에는 이 같은 형태로 시장과의 접촉을 영주가 독점한다는 것은 불가능했다.

이상과 같이, 번전매는 제한된 번에서만 성공을 거둘 수 있었다. 그러나 이른바 서남웅번西南雄藩(일본 서남쪽에 위치한 강력한 번들 | 역주)이―정도 차이는 있지만―이러한 방법을 통해 번 재정의 파탄을 극복했다는 사실은, 이후의 메이지 유신과의 관계를 고려해 볼 때 특수한 예로서 치부할 수만은 없다.

막정개혁 幕政改革

구체적으로 막정·번정 개혁이 어떻게 행해졌는지를 확인하기 위해 대표적인 사례로서, 막부의 교호 개혁享保改革(1716~1745)과 십수년 후에 행해진 다누마 오키쓰구田沼意次·오키토모意知 부자의 개혁―다누마 시대(1767~1786)라고 한다―을 고찰해 보자. 여기서는 이들 개혁의 경제적 국면에 대해 주로 다루기로 한다.

교호 개혁은 쇼군 요시무네德川吉宗(1684~1751, 재직 1716~1745)의 직접적인 지도 아래 진행된 일련의 막정개혁을 말한다. 경제적으로 관계가 깊었던 것은 (1) 연공제도의 개혁, (2) 토지 및 농민·농업정책, (3) 상인· 상업정책, (4) 화폐·물가정책 등으로 구분할 수 있다.

우선, 연공제도의 개혁을 살펴보자. 이는 연공의 부과에 있어서, 연공률 결정을 게미도리檢見取り라고 해서 매년 풍흉豊凶을 조사하여 결정하였던 방법으로부터, 조멘도리定免取り라고 하는 일정기간 멘免(연공률)을 고정화하는—흉작의 정도가 격심한 경우를 제외하고는—방법으로 전환한 것이었다. 그런데 종래의 역사가는 이것을 연공 증징책의 일환으로 규정하였다.[9] 게미도리는 매년 풍흉을 조사하여 멘免을 정하고 석고에 곱하여 연공량을 정하는 방법이기 때문에, 생산량의 단기적 변동에 대응할 수 있는 연공부과법이었다. 이에 대해 조멘도리제는 10년간 혹은 20년간씩 일정 기간(실제로는 수십년 또는 그 이상에 걸친 장기간)의 멘을 정해 놓기 때문에, 석고의 변화가 없는 한 농민이 부담하는 정규 연공량은 일정해지게 된다. 단기적으로야 어찌되었든, 장기적으로 생산량 증대를 전혀 기대할 수 없는 상태라면야 이 같은 연공률의 일정화는 그다지 문제가 되지 않을 것이다. 그러나 만약, 장기적으로 생산량의 증대가 있을 경우엔, 이 제도는 상대적으로 생산량에서 차지하는 연공의 비율을 낮추게 된다. 에도 시대 후기에 과연 생산량의 증대가 없었는가 하면, 동북일본을 제외한 대부분의 지역에서는 증대를 보이고 있다. 이러한 점에서 조멘도리제의 시행 의미를, 막부의 의도가 무엇이었건간에, 연공의 증징과 연관시킬 수는 없을 것이다. 다만, 초기 이후의 생산량 증대 경향이 둔화하기 시작한 시점에서 연공징수법의 전환이 실시되었다는 사실은 유의할 필요가 있다. 그리고 이 시점은 도시인구가 한계에 달하여 식량의 소비인구 증대가 정점에 이르렀다는 점, 따라서 미곡의 소비는 적어도 양적으로는 한계에 달하여 오사카 시장의 미가도 장기적으로는 거의 답보 상태가 계속된 시점이었다. 따라서 연공미를 대량으로 시장에 공급하

---

9) 예를 들면, 大石愼三郎, 『享保改革の経済政策』(御茶の水書房, 1961).

는 것은 가격붕괴를 초래할 위험이 있었다. 조멘도리제 시행의 배경으로서 이러한 사정을 염두에 두어야 한다.

또한, 종래의 게미도리는 매년 각 촌의 작황을 조사해야 했는데, 그 정확한 측정이 곤란했다. 더욱이 조사는 미작에 대해서만 행해졌으며, 점차 증대되고 있던 미곡 이외의 상품작물에 대해서는 아무 조사도 이루어지지 않고 있었다. 막부로서는 번잡하고 비효율적인 방법을 버리는 것이야말로, 앞서 말한 조건 하에서는 행하기 쉬운 방법이었다고 할 수 있다.

이처럼 조멘도리제의 시행이 통상적인 이해인 연공증징과 연관되어 있지 않다고 한다면, 과연 어떠한 의미를 부여할 수 있을까. 필자는 이를 연공수입의 안정화를 위한 정책이었다고 파악하고자 한다. 게미법檢見法에서는 연공수입은 매년 그때 그때가 아니면 전체 총량을 알 수 없었지만, 조멘법定免法에서는 적어도 미곡의 양은 확정할 수 있었다. 미가도 장기적으로는 일정해지는 경향이었기 때문에 막부는 이것으로 연공수입액을 예정할 수 있게 되었다. 그런 의미에서 조멘도리법은 연공의 증징이 아니라 연공수입의 안정화 정책이었다. 당연하지만, 재정난에 허덕이던 막부로서는 그 수입원을 농민에게서 수취하는 연공 이외에서 찾지 않으면 안 되었던 것이다.

한편, 농민의 입장에서도, 조멘도리제의 시행은 연공부담량의 일정화를 의미했기 때문에, 일반적으로는 보다 좋은 조건이 부여되었다고 볼 수 있다. 일정한 토지가 일정한 연공량을 부담하게 된 것은, 부담 수준은 차치하고라도, 농업경영의 영리계산에서는 일종의 편리가 주어진 셈이었다.

둘째, 토지·농민·농업 정책으로서는 신전 개발의 장려, 토지담보 관련 법령의 정비 등을 들 수 있다. 조멘제의 시행에 의해 기존 경지로부터의 연공수입 증대를 기대할 수 없게 되자, 경지증대를 장려하여 연공의 재원財源을 충당하고자 했다. 신전의 개발은 어느 시대에나 장려되었지만, 특히 교호 개혁 때 행한 신전개발정책은 그 이전과 비교하면 다음과 같은 차이점이 있었다. 하나는, 지금까지는 초기의 소농자립정책과의 관계로부터 개발된 토지를 지주층이 보유하는 것을 꺼렸다는 점, 둘째로는 신전 개발은 어디까지나 본전本田의 생산을 저해하지 않는다는 조건 하에서 행해졌다는 점, 이 두 가지 이유로부터 신전 개발은 적어도 원칙상 무제한적으로 장려되었던 것은 아니다. 그러나 교호 개혁에서는 새로운 지주층의 성립을 계산에 넣은 장려였다. 즉, 조닌町人에 의한 신전 개발을 허락한 것이다. 이러한 점에서 실질적으로는 어쨌건, 교호 개혁은 농민관農民觀의 하나의 전환을 의미했다고 할 수 있다.

이 밖에 담보토지의 취급에 관한 법령의 개편이 있었지만, 혼란만 일으켜 실패로 끝났다는 것은 주지의 사실이다.

셋째, 상인·상업에 관해서는 물가대책의 일환으로서 상인에게 나카마仲間 조합의 결성을 허용하여, 개막開幕 이래 줄곧 유지해 왔던 상업의 자유, 좌座(동업조직) 등의 결성 금지라는 방침을 변경하였다. 이는 그 후의 가부나카마株仲間 조직으로 직접 이어지는 일종의 독점단체를 공인하는 포석이 되었다. 이는 상인에 대해 통제를 시작함과 동시에 상인의 지위를 확립하는 것이기도 했다. 가부나카마의 공인과 관련하여 막부의 직접적인 목적은, 이를 통해 물가를 억제하는 데 있었다. 취급 상품별로 조합을 조직하고, 거기에서 최고가격을 결정하여, 물가를 억제해주기를 기대했던 것이다. 결과는 물론 성공이라 할 수는 없었지만, 상인의 조직화가 시장확대기가 지난 후 이루어져 이윽고 이 조직은 상품공급에서 독점단체로 발전하게 된다.

마지막으로 화폐정책은 이미 설명한 것처럼, 쇼토쿠 개주正德改鑄(1714~1736)와 마찬가지로 품위의 개량, 발행통화량의 축소였다. 교호 개혁의 정신에 비추어보자면 가장 충실한 개혁이었다고 할 수 있다. 그러나 경제활동의 축소를 초래할 우려가 있는 이러한 화폐개혁이 수용될 리 없었다. 과연 이는 결국 철회되고 악주惡鑄가 되풀이되는 시대가 시작되고 말았다.

이러한 교호 개혁을 전체적으로 파악할 경우, 다음과 같은 사항을 지적할 수 있을 것이다. 경제현상의 과학적 규명이 거의 없었던 당시, 경제정책이 어느 정도의 모순을 내재하고 있었다고 해도 그것은 그리 이상한 것이 아니다. 개혁의 정신은 종종 지적되는 것처럼 보수적 개혁이었으며, 막부 창립 이래 태평과 화려함에 빠진 무사생활의 끈을 조이고, 이에야스 시대의 옛날로 돌아가 재정균형을 이루고자 한 것이 지상 목표였다. 그 성격은 일종의 축소균형이었으며, 이에 따른 경제활동의 축소는 어쩔 수 없다는 입장이었다. 그러나 한편으로는, 확대로 이어질 수 있는 신전 개발이나 약간의 상품작물 재배가 장려되었다. 상인의 경제활동도 더 이상 금지하거나 제한하기가 이미 불가능해졌다. 따라서 교호 개혁이 의도한 바는 분명히 축소균형이었고, 특히 무사층에게는 질소검약을 요구한 것이었으나, 현실적으로는 더 이상의 경제활동 축소는 힘들었으며, 개혁에 대한 불만도 결국은 막부의 의도와 현실과의 차이에서 발생한 것이었다.

교호 개혁의 보수적 성격 및 축소균형재정과 비교하여, 다누마 시대에 대해서는 종종 그 개명적 성격과 확대균형재정이 지적되곤 한다. 다누마 오키쓰구에 대한 도덕적 평가는 차치하고, 그가 도쿠가와 막번사회의 틀 안에서는 보기 드물게 경제발전론자였고, 또 그것을 실행에 옮긴 정치가 였다는 사실은 인정하지 않을 수 없다.

그의 정책에서 가장 유명한 것은 가부나카마 조직株仲間組織의 공인일 것이다. 이미 교호 개혁에서 물가통제를 목적으로 한 나카마 조합仲間組合 을 인정하였는데, 한 발 더 나아가 상품별로 거래의 각 단계에서 독점단체 를 만들게 하고 그로부터 운조와 묘가금을 취하였다. 이것으로 독점단체는 공권력을 배경으로 한 강제력을 갖추게 되었고, 아웃사이더는 불리한 상황으로 내몰리게 되었다. 다누마가 뇌물수뢰로 이름이 높았던 것은 바로 이 공인과 관련해서였다. 이미 시장확대의 속도가 둔화되었던 당시, 이 같은 독점단체의 성립은 상인들의 이익과도 합치했기 때문에, 에도 시대의 상업이라고 하면, 곧바로 가부나카마 혹은 독점에 의한 통제라고 생각하는 사람이 많을 정도. 이러한 조치에 따라 상업행위는 명확하게 조세부과의 대상이 되었으며, 상행위는 가치를 낳지 않는다 하여 멸시해 온 전통적인 사고방식이 크게 바뀌게 되었다.

또한, 다누마는 이들 상인들이 소유한 재력을 이용해서 대규모의 신전 개발을 계획했다. 결국 실현은 되지 못했지만, 에도나 오사카 조닌의 부를 이용하여 데가누마手賀沼·인바누마印旛沼 등의 간척을 계획했다. 이러한 시도도, 시장이 협소하여 투자처를 찾지 못하던 상인들의 부를 자본으로 이용하려 했다는 점에서, 종래의 보수적인 사고방식에서 보면 커다란 전환이었다.

그러나 가장 커다란 개혁은 화폐제도 및 그와 관련한 무역·산업진흥책일 것이다. 화폐에 대해서는 앞서도 설명했던 것처럼, 은을 소재로 하는 금표시 각인화폐를 주조하게 되었다. 이 화폐를 난료은南鐐銀이라고 한다. 이 화폐는 종래의 칭량화폐稱量貨幣와는 달리 매우 편리해서 서민생활에 깊숙이 침투했는데, 동시에 그것은 화폐가 그 귀금속 소재의 가치로는 평가되지 않게 되었음을 의미하기도 한다.

이 시기의 수출품은 무엇보다도 동銅이 중심이었고, 네덜란드의 동인도회사는 그 일부를 유럽 시장에 공급하여, 이를 전략적으로 이용하기조차 했다. 그 다음으로 주목받은 것이 수산물이다. 특히 다와라모노 3품俵物三品 −말린 전복干鮑, 상어지느러미鱶鰭, 졸인 해삼煎海鼠−이 아라이 하쿠세키新井白石(1657~1725, 유학자)에 의한 '쇼토쿠 개선正德の改善' 이후 등장하고 있다. 다누마는 이 3품을 확충하기 위해, 전국 각지에 다와라모노가이쇼俵物會所를 설치하고, 생산물의 집하와 자금을 대부했다. 이는 일종의 수출산업장려책으로서, 농업, 특히 미곡 이외의 생산에 이러한 조치를 취한 것은 당시로서는 파격이었다. 다만, 이러한 종류의 생산물은 오로지 채취에 의해 획득되는 것으로 기술적 제약이 컸기 때문에, 결과적으로는 장기간에 걸친 생산수준의 향상으로는 이어지지 못했다.

다누마 시대는 도쿠가와 막번사회가 갖는 허용한도까지 그 경제정책의 폭을 확대한 시대였다. 때문에 막부 보수파로부터는 이단자로 비쳐졌고, 거기에 뇌물수뢰까지 겹쳐 결국 다누마 부자는 단죄를 받게 되었다. 그

178

다음에 일어난 개혁은, 보수적 개혁의 하나인 마쓰다이라 사다노부松平定信 (1758~1829)의 간세이 개혁 寬政改革이었다. 나아가 이 확대와 축소의 진자振子운동은, 분카文化(1804~1818)·분세이文政(1818~1830)의 오고쇼 시대大御所時代(확대)와 덴포 개혁(축소)으로 계승되어 간다. 그리고 어느 시대건 막번제幕藩制라는 벽에 부딪혀 좌절하여 반대방향으로 움직이는 운동을 반복하였다. 메이지 유신은 개국이라는 조건 하에서 이 진자운동이 막번제의 벽을 깨부순 변혁이었다고도 할 수 있다.

그렇다면, 막번제의 벽(틀)이란 과연 무엇이었을까. 막번제는 이념상으로는 농민에게 자급경제를 요구하고, 판매를 위한 생산을 금지했다. 그러나 현실로는 병농분리, 조카마치 건설, 참근교대제參勤交代制, 연공의 미납米納 또는 화폐납貨幣納에 의해 농민들에게 판매를 위한 생산을 조건으로 부여했다. 그 때문에 시정자가 이념을 중시할 것인가, 현실로부터 출발할 것인가에 따라서 정책 내용에는 일정한 폭(차이)이 발생하게 된다. 그러나 아무리 이념 때문이라고는 해도 화폐경제를 부정하기란 불가능했고, 또 아무리 현실을 중시한다고 해도 막번제 자체를 부정하기도 역시 불가능했다.

사회불안

에도 시대와 같이 경제적 기회가 각 계층에게 주어지고, 각 계층에 각기 다른 영향을 미친 시대에, 경제적 이유로부터 사회운동이 발생하지 않을 리 없었다. 그러나 현재와는 달리 정보의 전달, 교통수단, 교육의 보급 등에서 사람들의 생활 범위가 무척 좁았다. 사회운동도 개별적·분산적이었고, 막번제를 뒤흔들 만큼 커다란 운동이 될 수는 없었다. 그러나 예를 들어 농민반란農民一揆의 성격 등을 주의 깊게 관찰해 보면 상당한 변화가 엿보인다. 즉, 초기에는 유력농민이 종래 갖고 있었던 토호적 권리의 상실에 반항하는 케이스가 많았으나, 점차 일반 농민이 주체가 되어, 적어도 국지적인 범위에서는 계급으로서의 결합을 보이기 시작한다. 다른 모든 국면은 경제적 관계로 바뀌었는데도, 영주에 대해서는 신분적으로 종속되어 있다는 사실에 대해 의문을 제기하였던 것이다. 그렇지만 명확하게 그것을 슬로건으로 내건 운동은 결국 일어나지 못한 채 메이지유신을 맞이하였다. 이들 운동에 대한 분석은, 슬로건의 배후에 있는 수많은 복잡한 사회경제적 관계를 파헤쳐야 하는 곤란한 작업이 요구된다.[10]

  * 본 장의 요점과 문제는 제4장 말미에서 일괄 제시

---

[10] 농민반란에 대한 고전적인 저작으로는 黑正巖, 『百姓一揆の研究』(岩波書店, 1928)이 있다. 최근의 저작으로는 靑木虹二, 『百姓一揆の年次的研究』(新生社, 1966) 참고.

제4장 일본근대화의 사적史的 특질 결론에 대신해서

에도 시대 속에서 근대일본으로의 준비를 인정하고, 역사에서의 하나의 연속성을 찾을 수 있다는 것은, 이상의 논술로부터도 잘 알 수 있을 것이다. 그러나 이는 물론 에도 시대가 근대사회였다는 의미가 아니다. 에도 시대의 경제적 순환구조의 출발점은, 영주가 농민에게 행한 연공징수였고, 이것은 일종의 공납경제(Revenue Economy)다.[1] 즉, 정치적 지배자가 피지배자에게 연공을 부과한다고 하는, 신분 차이를 이용한 화폐와 재화의 이동이 순환의 출발점으로 되어 있는 경제였다. 이러한 사실이 존재하는 한, 에도 시대는 비근대 사회다. 농민의 연공부담은 현재 우리의 세부담과는 질적으로 차원을 달리한다. 에도 시대에, 다른 거의 모든 사회적 국면에서 재화나 화폐의 이동은 경제적으로 이루어지게 되었지만, 마지막까지 영주—농민 간은 비경제적인 이전移轉으로 그쳤다. 메이지 유신 후의 지조개정地租改正은, 이 관계를 형식상 근대적 조세체계의 일환으로 편입시키는 작업이었다. 물론, 에도 시대 농민이 부담한 연공도 몇 가지 점에서 전시대

---

1) 이 개념은 ヒックス, 참고문헌 〈4〉 에 의한다. 일본어 번역본에는 '수입경제收入 経濟'로 되어 있는데, 이는 강제로 징수된 연공 등이 순환에 투입되는 경제를 가리킨다.

의 장원연공과는 결정적으로 달랐으며, 또 단순히 세금이 고율의 중세重稅였다고만 말할 수는 없다. 우선, 연공은 그 전부가 영주의 사적 소비를 위해서만은 아니었고, 상당 부분은 행정비용으로서 부담자에게 환원되고 있었다. 따라서 에도 시대의 연공에는 조세(tax)와 사적 지대(rent)라는 두 가지 성격이 공존했다고 할 수 있다. 지조개정은 이 가운데 사적 지대로서의 성격을 부정한 것이며, 따라서 지세의 새로운 창출이 아닌 개정改正이 되었던 것이다. 둘째, 특히 조멘定免제도 하에서 연공이 일정액으로 고정화되면서, 생산량의 증대와의 사이에 격차가 발생했다. 그리고 재배작물의 종류가 증가하고, 생산기술의 발전이 있었다는 것은 널리 알려진 사실이다. 한편, 검지의 재조사는 없었고 연공량이 고정화된 것은, 상대적으로는 생산량에서 차지하는 연공 비율을 감소시켰다.

이처럼 에도 시대의 연공을 중세重稅=착취라는 식으로 단순화시켜 그 일면만 파악하는 것은 정확한 이해를 방해하며, 적어도 장원 연공과는 구별하지 않으면 안 된다. 양적으로 이것이 중세였는가의 여부를 결정할 때도 신중을 기해야 한다. 확실히, 현재의 소득세 같은 누진세율이 아니라 정률定率이었기 때문에, 지고持高가 적은 농민층에게 상대적으로 부담이 과중했던 것은 사실이다. 그러나 세의 경중은 부담에 대해 얻을 수 있는 서비스의 차이를 고려해야 할 것이다. 설령, 양적으로는 근소하다고는 해도, 그 환원이 거의 제로인 연공이라면 '중세'라 할 수 있다. 반대로 복지국가의 높은 부담은 '중세'가 아니다. 이러한 점을 종합해서 판단해 볼 경우, 에도 시대의 연공 부담은 농민 생활을 완전히 파괴할 정도로 높았다고는 할 수 없지 않을까. 지조개정 당시 정부 조사에서는 연공이 생산량의 30% 정도였다고 되어 있는데, 이 수치에는 이모작이나 부업이 포함되어 있지 않았음을 고려할 때, 실제로는 더욱 낮았을 것이다.

그러나 이러한 점은 모든 계층의 농민에게 부담이 가벼웠다는 것을 의미하는 것이 아니다. 본 연공 외에 농민은 부가적인 연공, 마을공동비용村入用을 부담해야 했고, 특히 중심도로街道 주변의 마을에서는 스케고 助鄕 (역에 상비되어 있는 말이나 사람이 부족할 경우, 인마를 부담했던 마을)의 부담이 컸다. 농민의 입장에서 보면, 스케고 제도는 육상교통이 주로 인력과 마필에 의존할 수밖에 없었던 당시 상황에서 농번기 등에는 견디기 힘든 것이었다. 이러한 사실은 스케고 부담이 종종 소동의 원인이 되었다는 사실로부터도 알 수 있다. 다만, 이 부담에 대해서는 임금을 받았기 때문에 고용의 기회가 없을 경우 적은 수입이나마 올릴 수 있었다. 어찌되었든 막부직할 5개 가도街道가 관통하는 관동지방의 농촌은 스케고 부담에 따른 영향을 가장 크게 받았다.

연공 외에도 농민에게 무거운 부담이 되었던 것은 소작료다. 토지-인구 비율이 농민에게 불리해짐에 따라 소작료는 상승하고, 토지를 갖는다는 사실이 경제적으로 매우 유리한 상태라는 것을 의미하게 되었다. 소작료의 액수는 지역에 따라 일정치 않았지만, 앞의 유신정부 조사에 따르며 생산량의 약 3분의 1이었다고 한다. 이 금액은 상당한 액수로서, 연공과 합산하면 소작인의 몫은 생산량의 약 3분의 1에 지나지 않게 된다.

따라서 농민은 결코 부유할 수는 없었다. 현재의 시점에서 본다면, 전체적으로 빈곤하였다. 다만, 그 빈곤 속에서도 물질적인 생활수준의 향상을 꾀했고, 또한 사회적 지위도 그 이전에 비해서는 훨씬 향상되었다는 것이다.

　오히려 농민층에게 최대의 문제는 집약적 농업의 극치라고도 할 수 있는 소규모 경영에 투하된 고된 장시간 노동이었다. 한 평의 토지도 헛되지 않게 세심하게 관리해서 수확을 올리기 위해, 가족 모두가 아침부터 밤까지 일하지 않으면 안 되었다. 어떤 의미에서는 예속적 지위로부터의 해방의 대가라고나 할 이 고된 노동은, 일본농업의 가장 큰 특질이며, 나아가 일본인의 노동관 혹은 근로를 덕으로 여기는 도덕에까지 강한 영향을 미치고 있다고 할 수 있다. 그리고 일본인의 '근로'는, 그것이 요구된 공업화 초기단계에서 매우 커다란 역할을 담당했다. 서유럽에서는 '프로테스탄티즘의 윤리와 자본주의 정신'이 근대화와 관련하여 중요한 역할을 담당했다고 한다. 일본에서는 근로의 에토스(ethos)는 종교와 교회가 아닌 도덕으로서, 더욱이 가족 내부에서 부모로부터 자식으로, 자식에서 손자에게로 전달되었다. 즉 가족제도가 전달 경로였다.

　다음으로, 종종 에도 시대 연구자가 입에 담는 개념으로서 수공업 생산의 일정한 발전－이른바 공장제 수공업(manufacture), 최근엔 프로토(proto)공업화－단계에 대해 생각해 보자. 에도 시대의 공업생산은 섬유・식료품가공, 가구, 그 외의 생활자재를 중심으로 발전했지만, 몇 가지 점에서 근본적인 결함이 있었다. 하나는 에너지원 문제였다. 인력, 축력, 풍력, 수력이라는 공업화 이전의 전통적 에너지원 가운데 일본의 공업에서는 인력 내지 기껏해야 수력 정도가 고작이어서, 일종의 공급의 애로(bottleneck) 현상에 처해 있었다. 직기와 방적, 농업 수확기구를 개량하여 약간의 효율 개선은 있었지만, 인력 이외의 풍력이나 수력의 이용은 같은 단계의 서유럽에 비교하면 매우 뒤떨어져 있었다. 이러한 사실은 또한 금속공업, 금속제 기계의 미발달과도 관련되어 있다. 이 때문에 에도시대의 수공업의 발전은 인력을 에너지원으로 하고, 목제나 석제 등 비교적 간단한 기계器械를 이용하는 수준에 머물렀다. 당시의 제품은 사람의 손으로 정밀하게 가공되어 오히려 공예품으로서 가치를 갖고 있었다. 수공업 제품이 일반적으로 가격이 높은 경향을 띠었던 것도 결국은 이러한 사정에 기인하였다고 생각된다.

따라서 종종 도식적으로 얘기되는, 자본주의의 한 단계로서의 공장제 수공업 단계는 적어도 글자 그대로는 경험하지 못했다고 할 수 있다. 다만, 막말기에 가까워지면서 직물업에서 직기를 두고, 몇 명의 직인을 고용하여 생산을 전개하는 형태가 국지적으로는 존재하고 있었다.[2] 그러나 기술체계상으로 볼 때, 많은 양의 자본을 고정설비에 투자하는 그런 성격은 아니었다.

농업이나 수공업이 이처럼 자본의 집중적 투자에 의해 생산성을 향상시키고 근대기술의 도입으로 직접 이어지는 코스를 밟지 못했다는 사실은, 일본의 공업화를 생각할 때 결코 놓쳐서는 안 될 중요한 포인트다. 상당 부분의 수공업 제품은 농가에서 농민의 부업으로 생산되어, 몇 차례 상인의 손을 거쳐 소비자에게 전달되었다. 생산 과정보다도 유통 과정에서 발전이 보였으며, 특히 신용거래나 상품의 흐름에 따라 각각의 기능을 효율적으로 담당하는 각종 상인층이 형성되었다는 면에서의 발달은 현저했다. 그러

---

2) 예를 들면 오와리尾張 서부에서 전개된 직물업에 대해서는 林英夫, 『近世農村工業の基礎過程』(靑木書店, 1960) 참고.

나 이러한 발달은 공업화의 조건이었지, 스스로 그것을 추진하는 주체의
형성은 아니었다.

　결국 에도 시대의 경험의 의의는, 공업화에 대해 일단 개시만 된다면
비교적 원만하게 적응할 수 있는 조건이 형성되어 있었다는 점이라고
할 수 있다. 일반 민중까지 편입시킨 화폐경제와 판매를 위한 생산은
사람들로 하여금 경제적으로 행동하게 하는 원인을 제공했다. 그리고
동시에 사람들에게 근로를 바탕으로 한 생활수준의 향상에 대한 의욕을
부여하였다. 현재와는 비교할 수 없을 정도로 더딘 속도였지만, 농민의
생활수준은 꾸준히 상승했다. 실제로 농민들도 자신들의 주변에서 발생하
는 이러한 변화의 의미를 알고 있었던 것은 아닐까. 근로에 의해 보상받을
수 있는 한, 경제적 역경과 빈곤은 얼마든지 극복할 수 있다. 종교상의
장해가 없었다는 점도 도움이 되었지만, 인구 압력을 비도덕적 방법으로
회피하는 것을 선택한 것도, 생활수준 저하를 무엇보다도 두려워한 결과가
아니었을까. 이 일반 서민의 생활에 대한 능동적 태도야말로 에도 시대의
경험에서 얻은 최대의 수확이었다.

　한편, 공업화의 주체 형성이 거의 이루어지지 않은 것은, 다음 몇 가지
이유를 통해 생각해 볼 수 있다.

　우선, 서유럽의 경우와 비교하여 '시민'층, '시민사회', '시민정신'이
형성되지 않았던 점을 들 수 있다. 16세기에 주로 기나이에서 발달한
새로운 유형의 도시는 영주의 지배로부터 독립한 일종의 자치도시였으며
그러한 한 '시민'으로 발전할 수 있는 존재였지만, 오다와 도요토미, 도쿠가
와의 전국통일 과정에서 결국 권력자들의 지배 아래 편입되고 말았다.

그리고 그들 정권 아래에서 탄생한 도시 중 대규모의 것은 모두 조카마치城下町의 성격을 띤 것으로서, 영주의 의도와 지도 하에 그리고 영주의 필요에 따라 만들어졌다. 따라서 거기에 거주했던 상공업자는, 우선 무엇보다도 영주층의 필요를 충족시킬 '어용상인' 혹은 '특권상인'이었고, 영주의 비호 아래 깊은 관계를 맺고 활동했다. 때문에 영주층이 갖는 영주권과의 관계가 깊어서 영주와 대립을 한다거나 영주권을 부정하려는 행동을 할 수는 없었다. 따라서 그들은 도시 주민임에는 틀림 없지만, 이른바 근대 유럽사회의 형성 과정에서 등장한 '시민'과 같은 역할을 하지는 못했다. 그들에게 가능했던 것은, 영주재정이 궁핍해졌을 때, 영주 권력을 잠식하는 것 정도였으며, 막번제의 부정과 근대화로의 경로는 밟지 못하였다.

이를 설명하는 또 하나의 사정은, 일본에서는 막번제라는 새로운 영주제의 전개가 처음부터 어느 정도의 경제적 발달을 전제로 하고 있었으며, 혹은 결과적으로는 경제적 발달을 초래하는 원인으로 작용했다는 점이다. 서유럽의 경우, 봉건제는 경제적인 미발달 상태를 전제로 성립하였기 때문에, 그 제도에 경제적 발달과는 양립할 수 없는 일종의 강구조剛構造적 성격을 내재하고 있었다. 그 때문에, 경제적 발달을 담당한 사람들은 봉건제의 폐지를 염원하였다. 그러나 일본에서는 막번제가 어느 정도의 경제적 발달을 흡수하고 수용하는 유구조柔構造적 성격을 갖고 있었다. 그렇기 때문에 경제적 발전과 영주제는 정면에서 대립하는 성격이 아니었던 것이다. 아무튼 영주권의 폐지와 관련하여 서유럽에서는 영국이든 프랑스든 많은 피를 흘리고 특히 프랑스 혁명처럼 처참한 상황을 동반하였던 데 비해, 일본에서는 메이지 유신의 경우 구영주층이 피 한 방울도 흘리지 않고 영주권을 양도하였다. 이를 시민혁명이 철저하지 못했다는 식으로만 단정하는 것은 지나치게 일면적이며, 막번제 하의 영주권의 유구조적 성격을 충분히 고려해야 할 것이다.

둘째, 생산기술의 발전방향이 자본절약과 노동집약적으로 이루어져, 공업화의 일반적 성질과는 정반대였다는 사실이다. 공업화에는 새로운 에너지의 공급, 새로운 생산기술의 도입이라는 특징이 있다. 전체로서 생산자 1인당 생산량의 증대, 보다 엄밀하게 말하면, 노동단위당 생산량의 증대를 달성하는 것이 공업화다. 최초로 자생적 공업화를 개시했던 영국의 경우, 이 같은 사실을 가장 명확하게 확인할 수 있다. 즉, 농업의 기술적 발전이, 다수의 가축과 무겁고 덩치 큰 쟁기를 도입하여, 이른바 규모의 경제를 이용하는 노동생산성의 증대를 내포한 것이었다는 점—때문에 농촌에서 대량의 실업자가 발생했다고 한다—을 생각한다면, 기술발전의 방향이 갖는 의미는 매우 크다. 규모를 확대한다는 것은 보다 대량의 자본을 생산기술에 투입하는 것을 의미한다. 여기에 새로운 기술·에너지의 이용을 자본과 연계시켜, 노동자를 고용하는 새로운 유형의 기업가—그들이야말로 공업화의 주체다—가 성립하게 된다. 일본에서는 이러한 형태의 기업가를 에도 시대에 결국 배출하지 못했다. 규모의 경제가 작용하는 기술이 아니라, 거꾸로 수확체감법칙의 위협에 항상 노출되어 있는 기술체계였다. 농업에서도, 경영규모의 확대보다는 소작지를 임대하여 토지소유의 유리성을 이용하여 소작료를 거두어들이는 방법을 택하였다.

셋째, 인구와 다른 자원과의 균형이 일본에서는 공업화에 불리했다는

188

점이다. 소가족제가 일반화된 결과, 이전 시대에 인구증대를 억제하고 있던 조건이 사라져, 결혼율과 출생률이 증가되면서 인구가 폭발적으로 증대했다. 생활수준의 향상은 사망률을 낮추고, 사람들의 평균수명을 연장시켰다. 인구는 한도에 가까울 정도로 증대했지만, 한편 자원 특히 경지의 증가는 인구증가를 따라잡지 못해, 집약농업기술의 발전이 허용한 도를 늘리는 동안, 또는 도시 인구흡수력이 높았던 동안은 그럭저럭 지낼 수 있었지만, 그 기간이 지나자 이른바 과잉인구 상태가 도래했다. 인구증 대가 멈추었다 해도 인구의 압력은 여전히 높아서 최저 생존수준의 저임금 노동력을 확보하기가 용이했다. 이는 사람의 손이 가는 공예나 원예기술의 발달에 매우 좋은 조건이었으나, 노동생산성을 끌어올리는 기술의 발전, 즉 공업화에는 현저하게 불리하게 작용하였다. 인구 압력은 자연환경이 악화된 동북지방에서 특히 심해, 이 지방에서는 18세기 후반 이후 일종의 위기 상태가 계속되었다.

마지막으로 시장이 거의 국내로 제한되어 있었다는 사실을 고려해야만 한다. 에도 전기에는 국내시장의 확대가 생산량 증대에 자극을 주었지만, 후반에는 시장의 확대는 지역적으로 한정되었으며, 확대가 있었던 지방에 서도 그 템포가 둔화되었다. 이러한 상황은 생산량 증대에 대한 사회적 요구가 후기에는 그다지 강하지 않았음을 의미한다. 때문에 막부 말기의 인구의 재증가나, 개항에 따른 시장의 확대는 생산량 증대에 대한 하나의 유인으로 작용하였다.

이상의 네 가지 요인이 겹쳐 있었기 때문에, 내부적으로 공업화의 주체 는 형성되기 매우 힘들었다. 따라서 일본의 공업화에는 외부로부터의 충격이 어떻게든 필요했다고 할 수 있다. 19세기 중엽에 이미 공업화를 경험하고 생산력이나 군사력에서 월등한 우위를 점하고 있던 서유럽·미국과의 접촉, 그에 이어 정치지도자에 의한 근대화 노선의 선택은 일본의 공업화 과정에 꼭 필요하였다. 이리하여 적어도 초기단계에서는 공업화의 '주체'가 민간기업가가 아니라 정치권력을 갖는 정부였으며, 이 점이 일본 공업화의 큰 특징이 되었다.

그러나 이러한 점도 각국 공업화의 태동기와 비교검토해 보면, 반드시 일본만의 특징이라고는 할 수 없다. 영국은 그렇다 치더라도, 다른 유럽 대륙 국가들이나 미국조차도 정부가 담당한 역할은 매우 컸다. 영국에서는 18세기 말에 섬유산업을 중심으로 공업화가 전개되고, 19세기에 들어서는 철공업, 운송에서 연쇄반응적으로 혁신이 발생했는데, 여기에 정부는 아무런 관여도 하지 않았다. 그렇지만, 다른 후발국의 경우, 영국이라는 선진국의 존재와 저가 균질의 생산물이 대량으로 국내로 유입되는 상황을 앞에 두고, 정부는 어떤 행동이든 취해야 했다. 그러한 행동 가운데 가장 대표적인 예가 독일의 보호무역주의였다. 즉 관세정책에 의해서 선진국으로부터 국내산업을 보호하고자 하였던 것이다.

공업화에서의 정부개입의 정도나 분야는, 물론 나라에 따라 다르지만 선진국을 캐치업 하는 후발국 공업화에서 공통적으로 보이는 현상이다.

거센크론은, 공업화 태동단계의 자본공급이라는 척도에서 볼 때, 가장 발전한 나라일 경우는 Factory-즉 기업내부 이윤-, 이것이 충분치 않은 경우는 Bank-즉, 기업 외 금융기관-, 가장 후진적인 경우에는 State-정부가 대체(substitute)한다는 일종의 모델을 제시한 바 있다.

이렇게 생각하면, 공업화에 정부가 개입하는 것은 일본만의 특징이 아니라고 할 수 있다. 때문에 극단적으로 표현하자면, 한 국가가 자본주의라는 방법으로 공업화를 진행시키기 위해서는, 반드시 그 주체가 자국 내에 형성되어 있어야 한다고 하지만, 이는 처음부터 필요한 것은 아니라고 하겠다. 오히려 중요한 것은 외부로부터의 충격에 대응하고, 그 스스로 공업화를 이룰 전환 능력을 가지고 있는가에 있다. 이것이 바로 필자가 말하는 공업화의 '조건'이다. 물론, '주체'의 결여, '조건'의 성숙 정도는 각각의 공업화에 특징을 부여하지만, 우선 그것이 가능한지 불가능한지를 생각할 때에는 이러한 사고방식이 하나의 해답을 제시한다. 자본주의 경제가 공업화의 유일한 방법이라든지, 그 경험이 역사적 필연이라는 식의 사고체계 하에서는 자본주의 경제의 가능성 여부 자체는 문제시 되지 않는다. 그러나 현실로는 비자본주의적 방법에 의한 공업화가 가능하며, 자본주의는 '필연'이 아니라는 것이 밝혀졌다. 그렇다면, 자본주의 경제 내에서의 후진성 혹은 일본적 특징의 지적과 동시에, 그러한 선택이 가능했다는 점을 새삼 문제삼을 필요가 있다. 지금까지 거의 대부분의 경제사가에게는 이러한 시점이 없었다. 필자가 서장에서 지적했던 경제사 적 전개의 두 계열도 이러한 시점 위에서 제시한 하나의 가설이다.

그러나 일본의 경우 '조건'은 상당히 충족되어 있었다고 해도 '주체' 형성이 현저히 곤란했고 이러한 요인이, 그 후 자본주의 경제의 발전에 무거운 부담으로 작용했다는 점은 부정할 수 없다. 덧붙여, 메이지 유신에 의해 근대화를 결의한 정부가 성립한 시점은 19세기 후반으로서, 서유럽, 미국과 기타 지역과의 격차가 확연히 드러난 때였다. 공업화의 개시에 즈음하여, 서유럽 대륙 국가들의 입장에선 선진국이 영국뿐이었지만, 메이지 시기 일본의 입장에서는 선진국은 구미열강이었다. 아마도 일본에 대해서는, 당시 자본주의를 선택할 수 있는 최후의 나라라는 판단을 내릴 수 있다. 예를 들면, 현재의 발전도상국이 직면할 수밖에 없는 선진국과의 생산력이나 경제수준의 격차는, 선진국이 걸어온 방법으로는 도저히 따라 잡을 수 없을 정도로 크다. 사회주의는 그러한 경우에 선택할 수 있는 급속한 공업화 달성을 위한 하나의 방법이었다고 할 수 있을 것이다.

그렇기 때문에 일본의 공업화는 다양한 특징을 동반하고 있다. 우선 첫째, '급속'할 수밖에 없었다. 메이지 이후 구미선진국을 캐치업 한다는 국가적 슬로건은 지상목적이 되었다. 그 결과, 균형 있는 근대화가 아닌 가장 경제적이고 신속한 방법이 선택되었다. 경제, 특히 생산의 측면이나, 즉시 이익을 발생시키는 분야에서의 발전과 비교해서, 다른 국면에서의 후진성이 종종 지적되어 왔다. 사회자본의 확충도 뒤로 미루어져, 현재 일본인들은 그 대가로서 많은 불쾌와 불편을 감수하고 있다. 둘째, 일본이 공업화를 시작한 시기는 구미제국에 의한 세계제패의 절정기였다. 식민지 화가 진행되면서 일본도 거기에 휩싸였는데, 경제력이 약한 일본은 그 속에서 살아남기 위해 과대한 군비에 의해 스스로를 방위함과 동시에 다른 나라에 대한 침략을 선택하고 말았다. 메이지 이후 일본이 군비에 쏟아부은 국부는 실로 막대하였다. 그러나 그에 따른 성과는 충분치 않았기 때문에 오히려 국민 생활수준의 향상이 희생되고 말았다. 공업화에 따른 생산성 증대를 본격적으로 실질소득의 증대로 환원시킬 수 있게 된 것은 2차 세계대전 이후의 일이며, 그 이전의 국부는 전함과 군용기 등의 형태로 보유되었다.

셋째, 정부와 공업화, 정부와 기업과의 유착관계를 들 수 있다. 메이지 초기에, 공업화의 주체는 정부 자신이며, 이는 소위 '관영공장'이라는 직접적 표현을 통해서도 알 수 있다. 그 후 1880년대 후반부터 방적공업, 철도 등에서 민간기업가가 성립하였으나 국가적 보호를 받았기 때문에 정부와의 관계는 구미제국과 비교하여 깊었던 것이 사실이다. 구미제국의 경우, 초기단계를 지나 이른바 자유자본주의시대가 시작되면서 공업화에서 정부의 역할은 간접적인 것으로 된다. 이러한 상태는 제1차 세계대전, 보다 엄밀하게는 1930년대의 불황기에 들어, 다시 한 번 정부의 적극적 관여가 시작되기(케인즈 경제학의 성립은 이러한 사태를 배경으로 한다)까지 계속된다. 일본에서는 공업화의 태동기와 이 재개입 시기 사이가 매우 짧다. 정치사에서 다이쇼大正(1912~1926) 데모크라시라고 일컫는 시기의 수년간이 그것에 가까울 뿐이다. 이러한 사실과 앞서 논했던 바의 '시민' 형성의 결여는, 현재도 공업화에서 정부의 권위를 매우 굳건하게 해주고 있다. 더욱이 사기업이 주체가 되는 자본주의적 공업화의 방법을 취할 경우, 정부는 오로지 기업의 이해와 일치된 행동을 취하려는 성격을 띠게 된다. 정부의 지도, 정부에 대한 의존이 서로 결합하여 동일한 자본주의라 하더라도, 구미와는 다른 스타일의 '일본형'을 초래한 것이다.

넷째, 가족제도의 침투다. 이는 에도 시대에 일본의 각 계층에 깊이 침투한 사회관계였다. 더욱이 가족제도는 다른 모든 사회관계, 국가, 기업 그리고 조합에조차도 적응 가능한 관계였다. 서유럽에서는 개인주의가 근대화의 정신적 지주였던 데 비해, 일본에서는 그와는 반대로 가족제도가 그 역할을 담당하였다. 이러한 사실은 일견 기이하게 보일지도 모르지만, 사실 일본의 경우, 가족제도는 공업화에 의해 적어도 현재까지 파괴되기는 커녕 온존되고 이용되어 왔다. 그것은 국가와 국민 사이에, 기업과 종업원 사이에, 그 밖에 다양한 사람들의 집단 속에 도입되어 기능해 왔다고 할 수 있다. 이것이야말로 이른바 '다테縱(종적)사회이론'이다. 이념상으로 혹은 구미 나라들과 비교하면서 가족제도를 단죄하는 일은 쉬울지 모른다. 그리고 가족제도가 앞으로 오랫동안 존속해야 할 일본의 특징이라고도 판단되지 않는다. 그러나, 현실에서는 하나의 질서로서 구미의 개인주의 및 시민사회의 질서를 대체했다고 봐야 할 것이다.

본래 이익공동체(Gesellshaft)인 기업에 가족제도를 도입한 결과, 종업원은 기업과 운명을 같이하는 협동체(Gemeinshaft)의 일원이 되어, 기업을 위해서는 개인의 존재를 포기하는 하나의 구성요소가 되고 말았다. 종종 거론되는 종신고용, 연공서열, 기업별 조합의 존재는, 실로 여기에서 발생한 일본적 특징이다. 이에 의해서 자본형성이 취약한 기업은, 위험으로 가득찬 유아기를 무사히 경과할 수 있었다.

따라서 가족제도는 다른 경우와는 달리, 그것이 하나의 질서인 한 공업화의 결정적인 저해요인이 되지는 않았다. 적어도 극히 최근까지는 그랬다. 만약, 서구식 개인주의 또는 시민사회의 질서가 공업화의 필요조건이고 그 형성을 기다려야만 했다면, 일본의 공업화는 더욱 늦어졌을 것이고, 다른 형태를 취할 수밖에 없었을 것이다. 그러나 자본주의 경제가 더욱 발전하고 경제성장이 계속되면, 역시 시민사회적인 자유나 개인주의적 생활태도가 필요해지고, 가족제도는 하나의 장애가 될지도 모른다. 전후에 발생한 몇 가지 변화는, 이러한 방향으로의 전환을 시사한다. 하나의 질서를 부정하고, 경제발전에 장해를 초래하지 않은 채 다른 질서로의 전환이 가능한지 아닌지의 선택에 직면해 있는 것이 현재의 일본일 것이다.

이처럼 일본자본주의는 수많은 약점과 특징이 있기 때문에 종종 위험에 직면했다. 1930년대의 세계대공황 시기, 패전 이후 고도성장의 개시에 이르는 시기에는, 일본의 자본주의적 발전 자체를 의문시하는 사고방식이 만연하였다. 이러한 자본주의 경제의 위기는, 일면에서는 자본주의 자체가 갖는 경기변동의 파동으로 설명할 수 있으며 선진자본주의국도 예외는 아니었다. 그러나 일본의 경우는 그 성립기반이 상대적으로 취약했기 때문에 더욱 강하게 느껴졌던 것이다.

결국, 에도 시대의 경험은, 일본의 공업화에 몇 가지 중요한 조건을 구성했다고 할 수 있다. 비경제적인 면에서도 그러한 지적은 가능하며, 예를 들어 사상사적 측면에서는 이 시대에 싹튼 합리적 사고에 대해 동일한 지적이 있다. 에도 시대는 전형적인 봉건제와는 상당한 거리가 있었다는 사실을 부정하기 힘들지만, 가장 넓은 의미에서의 '봉건사회'의 일 변형이라고 간주할 경우, 일본은 서장에서 제시한 공업화의 두 가지 코스 가운데 하나, 즉 '봉건사회'를 경험하고, 그 내부에서 경제사회화를 이루어, 자본주의 경제를 전개시키는 코스를 걸어왔다고 할 수 있을 것이다.

제3장 및 제 4장의 요점

16세기 말이 되면 경제사회는 기나이와 그 주변에서 이미 성립하고 있었고, 그것은 새로운 영주제의 전개에 의해 17세기를 통해 거의 전국으로 확산되었다. 이 영주제는 검지檢知에 근거한 석고제를 채용한 데 그 특징이 있지만, 병농분리와 조카마치의 건설을 실행하고, 소비인구집단을 강제적으로 창출하였기 때문에, 기나이에서 완만히 진행된 도시 형성이 일거에 전국으로 확산되어, 전국 농촌에 수요 임팩트를 주었다. 나아가 도쿠가와 막부는 참근교대제를 채용하여 에도는 거대한 소비력을 갖춘 도시로 급속히 발전했고, 오사카는 이 에도에 필요한 물자공급지의 역할을 확립하였다. 여기에서 전국경제가 성립하게 된다.

한편, 영주는 농민으로부터 받은 연공을 미곡과 화폐로 통일했기 때문에, 미곡을 화폐로 교환해야 했으며, 여기에 영주·상인·농민 사이에 물자·서비스·화폐가 순환하게 되었다. 화폐 사용은 전 국민으로 확산되었고, 농민의 행동에는 경제적 인센티브가 작용하게 되었다. 이리하여 농민은 최적의 생산방법을 선택하고, 가족노동에 의한 집약농업을 전개하게 되었다.

에도 시대는 인구·경지면적·생산량이라는 측정 가능한 세 가지 지표가 서로 다른 비율로 증대했지만, 그 가운데 면적당 생산량의 증대가 뚜렷하다. 이러한 사실은 토지이용의 형태가 변화했음을 시사한다. 지력유지가 최대의 과제가 되고, 반대로 자급비료의 공급원은 감소했기 때문에 농민은 구입비료에 의존하게 되었다.

이들 변화는 각 방면에 커다란 영향을 미쳤다. 노동력이 가족을 근간으로 하게 되고, 농민세대는 직계혈연으로 구성된 소가족 형태로 변모하였다. 그 결과 결혼율과 출생률이 증가하고, 덧붙여 생활수준의 향상에 따른 사망률의 감소와 평균수명의 연장으로 인구는 폭발적으로 증가하였었다. 이 중 상당 부분은 도시가 흡수했지만, 농촌에서도 개간과 집약기술의 발전이 계속되는 한 그 한도 가까이까지는 증대가 계속되었다.

비료가 구입비료로 변화되면서 농업의 경영에는 자금이 필요하게 되었다. 어비魚肥나 깻묵搾滓 등의 속효성 비료는 기술적으로 심경深耕과 제초를 필요로 하여 농민에게 장시간의 고된 노동을 강요하였다. 이러한 노동에 가장 적합한 것은 역시 가족노동력이었다. 그리고 근로를 미덕으로 하는 사고가 하나의 도덕으로서 가족 내에서 전달되어 나갔다.

그러나 경제사회 일반으로의 침투는, 곧바로 공업화를 향한 다이내믹한 시동을 의미하는 것은 아니었다. 공업화 주체의 형성은 현저하게 지체되어, 외국으로부터의 충격을 기다리지 않으면 안 되었다. 이는 '시민'이 형성되지 못하여 영주제의 모순을 타파하고 시민사회를 만들어 나갈 에너지가 없었다는 점, 기술발전의 방향이 자본집약과 노동생산성 향상의 성격을 띠지 못하는 노동집약형 기술발전이었다는 점, 에너지원의 제약에 의한 공급의 애로, 쇄국에 의한 시장의 제약 등 복합적인 이유에 기인한 것이다. 따라서 에도 시대의 경험은, 외부로부터의 자극에 의해 공업화가 본격적으로 요구될 경우, 신속히 대응하고, 자본주의적 방법에 의한 공업화의 선택을 가능케 하는 조건을 준비하였다고 할 수 있다.

연구과제 _다음과 같은 문제를 생각해 보자

서 장

(1) 과학으로서의 경제사의 목적, 범위, 방법은 어떠해야 할까.

(2) 경제사의 큰 흐름을 두 코스로 나누어 생각해 볼 경우, 각각 어떠한 발전을 볼 수 있을까.

(3) 역사의 단선적 발전설의 결함은 무엇일까.

제1장

(1) 일본에서 장원제의 역사적 성격은 무엇일까.

(2) 장원제와 율령제의 관계에 대해 생각해 보자.

(3) 장원제 하의 경제구조에 대해 생각해 보자.

(4) 경제사회 성립 이전의 '생산'이 갖는 성격에 대해 생각해 보자.

(5) 가마쿠라 막부鎌倉幕府의 성립은 경제사에서 어떠한 위치를 차지하는 것일까.

제2장

(1) 15, 16세기, 기나이 평야부에서 경제사회는 어떻게 성립했을까.

(2) 경제적 인센티브의 도입은 농민의 행동에 어떤 영향을 미쳤을까.

(3) 전국 다이묘戰國大名의 성격이 유럽사를 기준으로 보아 가장 봉건영주에 가까웠다는 것은 무엇 때문일까.

(4) 16세기 일본이 유럽 세력의 동양 진출 목표가 된 이유는 무엇일까.

(5) 이른바 '쇄국'의 평가에 대해 생각해 보자.

제3장 및 제4장

(1) 하나의 영주제로서 막번제는 어떠한 특질을 갖는 것일까.

(2) 초기 검지의 역사적 의의는 어디에 있는 것일까.

(3) 에도 시대의 경제구조를 (ㄱ) 사회구성(신분) (ㄴ) 지역의 관점에서 각각 정리해 보자.

(4) 에도 시대 경제의 제 양量의 변화를 개관하고, 그 상호관계에 대해 고찰해 보자.

(5) 집약적 농업경영의 성립과 그 영향에 대해 생각해 보자.

(6) 에도 시대 인구와 관련한 각 지표의 변화와 경제의 관계에 대해 고찰해 보자.

(7) 에도 시대에 형성되었던 근로도덕에 대해서 그 원인과 전달 방법 등을 생각해 보자.

(8) 무사층은 왜 경제적 기회를 잡지 못했을까.

(9) 막부개혁의 한계에 대해서 고찰해 보자.

(10) 일본의 공업화와 관련하여, 에도 시대는 어떠한 역할을 했는가. 플러스와 마이너스, 양 측면에서 생각해 보자.

참고문헌

이하의 문헌은 이 텍스트를 보다 이해하기 쉽게 하기 위한 문헌, 나아가 전문적인 연구가 궁금한 분들을 위한 저작으로서, 이른바 문헌목록은 아님을 밝혀둔다. 또한, 입수하기 쉬운 일본어 문헌만으로 한정했다. 그리고 발행연도 는 원칙적으로 초판을 기준으로 했다. 그러나 여기에서 독자가 흡수할 수 있는 영양분은 실로 방대하다. 그리고 경제사에 관한 상세한 문헌목록은 문제별로는 〈1〉井上幸治・入交好脩 編,『経済史入門』(廣文堂, 1966), 포괄적인 것으로는 〈2〉本庄榮次郎(日本経済史研究所) 編,『日本経済史 第1～6文獻』(新版, 日本評論社, 1955～1969), 〈3〉同『経済史文獻』(年刊, 日本評論社)이 있다.

서장과 관련해서는 〈4〉ヒックス,『経済史の理論』(新保博 譯, 日本経済新聞社, 1971)을 우선 들 수 있다. 이론 경제학자로 저명한 힉스(ヒックス)가 경제의 사적 발전을 스케치한 책인데, 곳곳에서 풍부한 함축성을 갖는 서술을 볼 수 있다. 그리고 〈5〉小松芳喬 감수,『経済史の方法』(弘文堂, 1969)은 경제사 연구가 가장 활발한 영국 경제사가들의 교수 취임 강연집으로, 구체적 사례를 풍부하게 활용하여 전개되는 정통적인 경제사에의 접근방식을 엿볼 수 있다.

〈6〉速水融,『日本経済史への視角』(東洋経済新報社, 1969)의 제1・2・3장에는 경제사 연구에 대한 저자 자신의 방법이 상세히 설명되어 있다.

근대화・공업화에 관한 문헌은 다수 있기 때문에 전부 열거하기 곤란하다. 그 가운데 〈7〉慶應義塾経済學會 編,『日本経済の近代化』(東洋経済新報社, 1969)는 주제에 관한 심포지엄의 보고와 코멘트 모음집이다. 그리고 〈8〉矢内原勝 編,『近代化の條件』(ダイアモンド社, 1970)은 저개발국의 근대화에 초점을 맞추고 있다.

현재의 경제사 연구 제 방법, 로스토우(W. W. Rostow) 이론 및 수량경제사(quantitative economic history)의 평가에 대해서는 〈9〉角山榮,『経済史學』(東洋経済新報社, 1971)에 간략하게 제시되어 있다. 이 책은 주로 공업화를 다루고 있다.

근대화와 공업화에 대해서는 위의 책 외에도 〈10〉中村勝巳,『近代文化の構造』(筑波書房, 1972)가 있다. 이 책은 협의의 경제사는 아니지만, 기독교의 입장에서 본 근대화, 특히 일본의 근대화를 단죄하고 있다. 경제발전의 문제에만 주목하다 간과하기 쉬운 인간의 내면성을 예리하게 파헤치며 경종을 울린 책이다. 〈11〉正田健一郎, 『日本資本主義と近代化』(日本評論社, 1972)는 제2차 세계대전 이전부터 계속되어 온 전통적인 일본자본주의의 성립과 특질에 관한 견해―이른바 강좌파講座派・노농파勞農派적 접근에 대한 비판을 주요 내용으로 하고 있기 때문에 전통적인 방법론에 대한 일종의 도전이라고 할 수 있다.

필자가 영향을 받았고, 본문 가운데서도 시대구분 부분에서 인용했던 것은 네덜란드 농업사가 〈12〉スリッヘル・ファン・バート(스릿헬 환 바트), 『西ヨーロッパ農業發達史』(速水融 譯, 日本評論社, 1970)다. 일독을 권한다. 이 저서는 고대부터 현대까지의 통사가 아니라 본문에서도 밝히고 있듯이, 문제 중심적으로 서술하였다. 일본경제사에 관해 보다 폭넓은 지식을 얻으려면 개설서로 보충해 주기 바란다. 개설서 역시 많이 출판되어 있어 선택이 곤란하지만, 우선 다음 다섯 권을 권하고자 한다.

〈13〉野村兼太郎, 『日本経濟史』(有斐閣全書, 1953). 평이한 문장으로 묘사한 통사다.

〈14〉堀江保藏, 『日本経濟史讀本』(東洋経濟新報社, 1968)은 근대화에 대한 최근의 연구성과를 반영하였다.

〈15〉竹中靖一・作道洋太郎, 『日本経濟史』(経濟學体系7, 學文社, 1972)는 도표를 풍부하게 사용하여 독자의 이해를 돕고 있다.

〈16〉永原慶二 編, 『日本経濟史』(有斐閣双書, 1970)는 앞의 책과는 다른 방법으로 쓰여진 개설서로서 역시 새로운 연구성과를 수록하고 있다.

〈17〉古島敏雄, 『日本農業史』(岩波全書, 1956)는 농업을 중심으로 한 것이지만, 적어도 공업화 이전 경제사의 대부분은 농업사와 중복된다.

그렇다고 이상의 개설서를 전부 다 읽어야 한다는 것은 아니다. 오히려 개설서는 아무래도 기술이 단순화되어 있기 때문에 역사가 갖는 세밀함을 놓치기 쉽다. 개설서와 교과서는 그 나름의 역할이 있지만, 읽어서 흥미를 유발하는 경우는 적다. 가장 극단적인 예는 중학교와 고등학교 교과서일 것이다. 교과서에서는 기술이 거의 단정적이어서 학습은 이미 알려져 있는 사실을 암기해 버리는 데 그치기 쉽다. 확실히 학습의 극히 초보 단계에서는 그러한 작업이 필요하다. 마치 수학에서 정리와 공식을 암기하는 것과 같다. 그러나 역사를 대상으로 하는 학문의 경우, 조금이라도 고도의 이해를 추구하고자 한다면, 역시 암기식 학습은 무용지물이다. 실제로 역사 분야에서 확실한 사실은 조금밖에 없다. 정확하게 기술한다면 대부분은 '이러할 가능성이 있다' 혹은 '…라고 생각할 수 있다' 같은 표현을 써야 할 것이다. 예를 들어 가장 보편적인 것으로서, 사회는 원시공동체-노예제-봉건제-자본주의로 발전했다고 생각하는 사람들이 많다. 역사에 등장한 사회체제의 시간적 순서는 그렇다고 해도, 한 나라, 한 민족 내부에서 그러한 전개를 보인 예가 하나라도 있을까. 20세기에 이르러 각지의 개별연구 성과가 증가하면서 19세기의 산물인 대략적인 '역사법칙'으로는 설명할 수 없는 역사적 사실이 상당히 밝혀졌다. 오늘날 세계의 역사연구는 더 이상 그러한 거친 역사법칙을 전제로 하는 단계를 훨씬 초월하고 있다.

제1장에 관해서

일반사에서 말하는 고대·중세가 본 장에서 다루는 범위다. 아직 경제사회의 성립이 보이지 않고, '경제'가 다른 여러 현상들로부터 독립하지 못한 상태다. 때문에 고대나 중세의 경제사라는 분야는 한정되어 있고 그 업적도 거의 없다. 그 중에서 본문에서 다루는 정치지배의 틀, 특히 장원제를 둘러싼 연구는 비교적 많은 편이다.

중세사회에 대한 전체적인 스케치로서는 永原慶二, 「中世經濟史總論」 및 「莊園領主經濟の構造」(〈18〉『日本經濟史体系2中世』 수록, 東京大學出版會,

1965)가 필독서라 할 수 있다. 그리고 같은 저자에 의한 〈19〉『日本の中世社會』(岩波書店, 1969), 〈20〉『日本封建制成立過程の硏究』(岩波書店, 1961)는 전후의 새로운 업적을 반영한 전문적인 저작이다. 율령제와 장원제에 대해서는 竹內理三의 일련의 업적을 소개해야 하겠지만, 특히 〈21〉『律令制と貴族政權』Ⅰ・Ⅱ(御茶の水書房, 1957〜1958)은 그 집대성으로서 주목할 만하다. 새로운 문헌으로는 〈22〉村井康彦, 『古代國家解體過程の硏究』(岩波書店, 1965)가 비교적 용이하고 이해하기 쉽다. 그리고 〈23〉戶田芳實, 『日本領主制成立史の硏究』(岩波書店, 1967)가 하나의 학설을 제시하고 있어, 눈길을 끈다. 단 갑자기 이 문헌을 대하면, 술어 등이 조금 난해할지도 모른다.

지금은 입수가 어려울지 모르지만, 일종의 고전적 저작으로서 〈24〉淸水三男, 『日本中世の村落』(日本評論社, 1942)과 〈25〉石母田正, 『中世的世界の形成』(東京大學出版會, 1957)은 독자에게 일종의 감명을 줄 것이다. 다만, 저술 시기가 2차 세계대전 이전 혹은 전시이기 때문에 그 후의 개별 연구성과는 물론 포함되어 있지 않다.

상품유통사, 상업사에 대해서는 〈26〉佐々木銀弥, 『中世の商業』(至文堂, 1961)이 평이하게 서술되었으며, 전문서인 〈27〉『中世商品流通史の硏究』(法政大學出版局, 1972)에 대한 입문서적인 역할을 맡고 있다.

일본의 중세를 '봉건사회'로 파악하는 사고에 대한 시비에 관해서는 이 책에서도 논하였지만 黑田俊雄, 『日本中世封建制論』(東京大學出版會, 1974)이 장원제의 성격을 논한 이론(가설)과 실증을 교차시킨 본격적인 학술서다. 마찬가지로 永原慶二, 『中世成立期の社會と思想』(吉川弘文館, 1977)도 논문집이지만, 같은 저자의 『中世內亂期の社會と民衆』(吉川弘文館, 1977)과 함께 가마쿠라・무로마치 시대의 사회를 자세히 그리고 있다. 神木哲男, 『日本中世商品流通史論』(有斐閣, 1980)은, 근세와 비교해서 크게 부족한 중세의 상품유통사 자료로부터, 그 시대에 의외로 왕성했던 비非주곡 생산과 그 유통을 밝혀내고 있다.

제2장에 관해서

제2장은 구성 자체가 필자에 의한 하나의 시론試論이기 때문에 전체에 걸친 적당한 참고문헌을 제시하기는 곤란하다. 개개 문헌도 대부분 제1장 혹은 제3장에서 취급하는 범위와 중복된다.

장원연공의 대전납화代錢納化, 기나이畿內에서의 상품유통의 전개, 도시형성에 관해서는 앞장의 佐々木銀弥의 두 개의 저작 외에, 〈28〉豊田武『日本の封建都市』(岩波全書, 1952), 〈29〉同, 『増訂中世日本商業史の研究』(岩波書店, 1952), 〈30〉原田伴彦, 『日本封建都市研究』(東京大學出版會, 1957), 〈31〉小葉田淳, 『日本貨幣流通史』(刀江書院, 1969) 등에서 다루어지고 있다.

농촌과 농정에 대해서는 中村吉治의 일련의 업적이 있지만, 특히 〈32〉『日本の村落共同体』(日本評論社, 1957) 및 〈33〉『近世初期農政史研究』(岩波書店, 1938/재판 1972)를 권할 수 있다.

대외관계에 대해서는 岩生成一의 저작이 가장 뛰어나다. 〈34〉『鎖國』(中央公論社, 1966), 〈35〉『朱印船貿易史の研究』(弘文堂, 1958) 등이 있다.

중세부터 근세로의 과도기에서 주목할 만한 것은 관동지방에서 세력을 구축하였던 고호조後北條 집안의 제도와 동향이다. 이미 명저로 평판을 얻었던 牧野純一,『後北條氏民政史論』이후, 이제야 본격적인 연구서가 출간되었다. 佐脇榮智,『後北條氏の基礎研究』(吉川弘文館, 1976)가 그것으로, 근세 관동에서 오우奧羽의 일부에 걸쳐 잔존했던 관고제貫高制의 원형을 확인하고, 율령－장원제와는 이질적인 지배구조의 틀을 제시하고 있다.

제3·4장에 관해서

이 시대에 관한 연구문헌은 방대하여 선택이 곤란할 정도다. 검지檢地와

석고제石高制에 대해서는 필자와 대립되는 시각이지만, 〈36〉安良城盛昭,『太閤檢地と石高制』(NHKブックス, 1969)가 문제를 제기하고 있다. 막번제에 대해서는 〈37〉藤野保,『幕藩体制史の研究』(吉川弘文館, 1961), 〈38〉北島正元,『江戶幕府の權力構造』(岩波書店, 1964), 〈39〉藩政史研究會 編,『幕藩成立史の總合研究』(吉川弘文館, 1963)를 통해, 제2차 세계대전 이후의 연구수준을 가늠할 수 있다.

농촌과 농업에 관해서는 연구가 가장 진전된 분야로서, 여기에서 밝힌 것은 극히 일부에 지나지 않는다. 우선 〈40〉古島敏雄,『近世日本農業の構造』(新版, 東京大學出版會, 1957) 및 〈41〉同,『近世日本農業の展開』(同, 1963)가 있다. 그리고 〈42〉T・C・スミス(스미스),『近代日本の農村的起源』(大塚久雄 監譯, 岩波書店, 1970)은 일본인의 연구문헌을 넓게 섭렵했을 뿐만 아니라 독자적인 시점에서 고찰하고자 했기 때문에 공부를 시작하는 연구자들에게는 적당할 것이다. 각각의 시각은 다르지만 〈43〉中村吉治 編,『村落構造の史的分析』(日本評論社, 1956)은 동북東北의 한 농촌을, 〈44〉安澤秀一,『近世村落形成の基礎構造』(吉川弘文館, 1972)는 관동지방 다마多摩 구릉지대의 농촌을 소재로 한 전문적인 연구서다. 관서지방을 다룬 것으로는 〈45〉今井林太郎・八木哲治,『近世封建社會の農村構造』(有斐閣, 1955), 〈46〉山崎陸三,『地主制成立期の農業構造』(靑木書店, 1961), 〈47〉新保博,『封建的小農民の分解過程』(新生社, 1967), 〈48〉竹安繁治,『近世畿內農業の構造』(御茶の水書房, 1969) 등이 있다.

이 같은 지방과 지역 연구의 성행은 전후 연구의 커다란 특징이다. 그리고 〈49〉野村兼太郎,『村明細帳の研究』(有斐閣, 1949)는 사료집이기는 하지만, 해설을 통해서 도쿠가와德川 농촌에 대한 밑그림을 얻을 수 있다.

상품의 유통과 상업에 대해서도 저작은 상당히 많다. 우선은 〈50〉中井信彥,『幕藩社會と商品流通』(塙書房, 1961)을 지적할 수 있다. 상인과 상업에 관한 宮本又次의 저작도 훌륭하다. 여기에서는 〈51〉『株仲間の研究』(新版, 有斐閣, 1958), 〈52〉『日本近世問屋制の研究』(新版, 刀江書院, 1971)를 들 수 있겠다. 지역사 연구로서는 〈53〉渡辺信夫,『幕藩制確立期の商品流通』(柏書房, 1966)이 동북지방을 다루고 있고, 〈54〉伊藤好一,『江戸地廻り経済の展開』(柏書房, 1966)는 관동지방을 다루고 있다. 개별商家 경영에 대해서는 〈55〉北島正元 編,『江戸商業と伊勢店』(吉川弘文館, 1962), 〈56〉江頭恒治,『近江商人中井家の研究』(雄山閣, 1965)가 대표적이다.

도시에 관해서는, 지방사로서 저술된 것을 별도로 한다면 연구는 그다지 많지 않은데, 〈57〉野村兼太郎,『江戸』(至文堂, 1958)가 저자의 마지막 저작으로 평이한 문장으로 쓰여 있다. 그 외에 〈58〉中部よし子,『近世都市の成立と構造』(新生社, 1967), 〈59〉宮本又次 編,『大阪の研究』(清文堂出版, 1967~1970)는 방대한 업적이다.

위의 연구서적 이외에도 각각의 분야에서 최근의 대표적인 저작을 들자면, 〈60〉作道洋太郎,『近世封建社會の貨幣金融構造』(塙書房, 1971), 〈61〉兒玉幸多,『近世宿驛制度の研究』(吉川弘文館, 1957), 〈62〉古葉田淳,『日本鉱山史の研究』(岩波書店, 1968), 〈63〉中井信彦,『轉換期幕藩制の研究』(塙書房, 1971), 〈64〉安岡重明,『日本封建經濟政策史論』(有斐閣, 1959) 등이 각 저자의 대표작이거나 학계에 파문을 일으킨 저작이다.

인구에 대해서는 〈65〉速水融,『近世農村の歷史人口學的研究』(東洋経済新報社, 1973)가 새로운 방법을 도입한 일 지역의 인구사 연구다.

유신과 메이지 초기에 대한 연구도 많다. 상세한 소개는 다음 기회로 미루기로 하고, 〈66〉山口和雄, 『明治前期経済の分析』(東京大學出版會, 1956), 〈67〉丹羽邦男,『明治維新の土地変革』(御茶の水書房, 1962), 〈68〉古島敏雄 編,『産業史Ⅲ』(山川出版社, 1966), 〈69〉中村哲,『明治維新の基礎構造』(未來社, 1968), 〈70〉安岡重明,『財閥形成史の研究』(ミネルヴァ書房, 1970)

등이 있다.

이 밖에도 외국인에 의한 일본연구로는 앞서 소개했던 스미스의 저작 외에도 다음의 연구를 주목할 수 있다. 〈71〉 E・H・ノーマン(노만),『日本における近代國家の成立』(大窪愿二 譯, 岩波書店, 1953), 〈72〉 W・W・ロックウッド(로쿠웃) 編,『日本の経済發展』(中山伊知郎 監譯, 東洋経済新報社, 1958), 〈73〉 I・トイバー(토이바),『日本の人口』(人口問題調査會 譯, 每日新聞社, 1964), 〈74〉 J・ヒルシュマイア(힐슈마이어),『日本における企業者精神の生成』(土屋喬雄・由井常彦 譯, 東洋経済新報社, 1965), 〈75〉 ロックウッド 編,『日本経済近代化の百年』(大來佐武郎 監譯, 日本経済新聞社, 1966), 〈76〉 R・N・ベラー(벨라),『日本近代化と宗教倫理』(堀一郎・池田昭 譯, 未來社, 1966), 〈77〉 J・ナカムラ(나카무라),『日本の経済發展と農業』(宮本又郎 監譯, 東洋経済新報社, 1968), 〈78〉 S・ハンレー(한레), K・ヤマムラ(야마무라),『前工業化期日本の経済と人口』(速水融・穐本洋哉 譯, ミネルヴァ書房, 1982)이다.

그리고 경제사에서의 새로운 시도로는, 수량적 방법을 에도 시대에 적용한 〈79〉 新保博・速水融・西川俊作, 『數量経済史入門』(日本評論社, 1975), 〈80〉 梅村又次 他 編,『日本経済の發展－近世から近代へ』(日本経済新聞社, 1976)가 출판되었다. 수량적 방법을 포함해 새로운 방법과 문제를 추구한 〈81〉 社會経済史學會 編,『新しい江戸時代史像を求めて－その社會経済史的接近』(東洋経済新報社, 1977)은 최근의 연구동향을 보여준다. 〈82〉 速水融 編,『歴史のなかの江戸時代』(東洋経済新報社, 1977)는 좌담회 형식을 빌려 위와 같은 취지의 내용을 평이하게 설명한 입문서로서, 독자는 많은 자극을 받을 수 있을 것이다.

새로운 연구방법과 시각의 도입으로 일본의 '근세'상은 크게 변했고, 그만큼 문헌도 많아서 소개를 하자면 끝이 없다.

우선 이 책의 첫머리에서 언급했던『日本経濟史』(전8권, 岩波書店, 1988부터)의 제1권(速水融・宮本又郎 編)과 제2권(新保博・齋藤修 編)은 근세를 대상으로 하는 논집이다. 기본적으로는 모든 저자들이 근세일본을 착취와 빈곤으로 가득한 시대로부터 해방되어, 오히려 '근대'로의 의도되지 않은 준비기라고 보고 있다. 이는 구저舊著의 참고문헌 끝부분에서 언급했던 4권의 저서・편저를 계승한 것이다. 오해의 소지가 많기 때문에 군이 지적하자면, 필자 자신도 포함되어 있는 이 '새로운 경제사新しい経濟史' 연구의 방법은 미국의 'new economic history' 또는 'econometric history'와는 크게 다르다. 미국의 경우, 신고전파 경제학의 방법을 골격으로 하는 경제사로서, 오히려 경제학의 한 분야라고 할 수 있다. 일본의 경우는 통계와 수량사료數量史料를 신중하게 취급하지만, 신고전파 경제학이라기보다는 계량경제학을 기본으로 하고 있다. 전자가 수학적・연역적이라면, 후자는 통계학적・귀납적이다. 이 점을 충분히 고려하여 비판을 하거나 이해하지 않으면 혼란을 낳을 뿐이다.

수량을 직접 취급하는 것은 인구와 물가다. 速水融,『近世濃尾地方の人口・経濟・社會』(創文社, 1992)는 신슈信州 슈와諏訪 지방을 취급했던 앞서의 저서에 이어 노비濃尾 지방과 미노美濃 평탄부 농촌을 대상으로 한 역사인구학의 학술서다. 同,『江戸農民の暮らしと人生』(麗澤大學出版會, 2002)은 그에 대한 평이한 해설서라고 할 수 있다. 같은 저자에 의한『歷史人口學の世界』(岩波書店, 1997) 및『歷史人口學で見た日本』(文春新書, 2001)은 일반인 대상의 역사인구학 개설서다. 또 내용은 근세 일본으로 한정되어 있지는 않지만, 速水融 編,『近代移行期の人口と歷史』및『近代移行期の家族と歷史』(모두 ミネルヴァ書房, 2002)에는 근세 일본의 인구와 가족을 다룬 논문을 다수 포함한 공동연구의 성과다. 다만, 전원이 공통된 시점을 갖는 것은 아니다. 나아가 速水融・鬼頭宏・友部謙一,『歷史人口學のフロンティア』(東洋経濟新報社, 2001)는 현재 일본에서 활약하는 역사인구학 연구자가 최첨단의 문제설정과 연구방법을 구사한 기념비적인 저작이다.

이 밖에도 成松佐惠子, 『近世東北農村の人びと』(ミネルヴァ書房, 1985) 및 『江戸時代の東北農村』(同文館, 1992)은 오슈奧州 니혼마쓰二本松 번령藩領에 남아 있는 양질의 인구사료人別改帳를 이용한 아사카 군安積郡 시모모리야 촌下守屋村과 아다치 군安達郡 니이다 촌仁井田村의 가족과 인구사다. 木下太志, 『近代化以前の日本の人口と家族』(ミネルヴァ書房, 2002)도 오슈 지방 한 농촌의 인구사료를 기본으로 역사인구학적 분석을 시도하였다. 이처럼 오우奧羽 지방에 대해서는 꽤 많은 연구사례가 축적되어 있다.

도시에 대해서는 齋藤修, 『江戸と大阪 近代日本の都市起源』(NTT出版, 2002)이 단순히 근세 일본의 틀을 넘어서 국제비교로까지 시점을 넓히고 있다.

20년 이전에 필자 혼자서 고군분투했던 근세 일본의 인구 연구가 이처럼 성황을 이루게 될 줄은 꿈에도 생각지 못했다. 이상의 저작들 외에도 논문과 미간행 학위논문도 있어서 정말 격세지감을 느낀다. 다만, 인구 자체의 연구는 발달했지만, 경제사와의 관련성에 관해서는 아직도 많은 연구과제가 남아 있다.

물가연구는 新保博 교수의 주도로 이루어지고 있다. 우선, 『近世の物価と経済發展』(東洋経済新報社, 1978)은 물가를 미가와 수공업생산물 가격으로 나누어 상대물가라는 개념을 이용하여 이른바 매크로적인 근세 경제발전의 저류를 발견하고 있다. 이어서 岩橋勝, 『近世日本物価史の研究』(大原新生社, 1981)는 미가를 중심으로 구체적인 전국 각지의 물가변동을 추적한 역작이다. 출판사 관계로 현재 입수가 매우 어려운 것이 안타까울 따름이다. 山崎隆三, 『近世物価史研究』(塙書房, 1983)는 농업생산의 동향을 반영한 관점에 서 있다. 위 3권의 저작은 각양각색이지만, 1970년대 중반~1980년대 중반이 낳은 근세물가사의 3부작이라고 할 수 있다.

당연하지만, 물가 연구는 유통이나 시장 연구와 밀접한 관련을 갖고 있다. 宮本又郎, 『近世日本の市場経済』(有斐閣, 1988)는 오사카大坂 미곡시장을 분석 대상으로 하면서도, 물가와 유통도 균형있게 포함한 역작으로서, 오사카 시장이 다른 지역으로부터 일체 영향을 받지 않고, 독자적으로 정교한 장치로 서 기능했는가의 여부를 논하고 있다. 植村正治, 『近世農村における市場経済 の展開』(同文館, 1987)는 물가·임금·지대·이자율의 다변량 해석을 통해서 근세농촌에 어디까지 시장원리가 침투했는지를 분석한 예리한 수량경제사다.

이 같은 시장과 유통사의 발전과 평행하여, 근세 지방산업의 발전에 대해서 도 몇 가지 업적이 간행되었다. 그 가운데 대표적인 업적을 하나 들자면, 天野雅敏, 『阿波藍経済史研究』(吉川弘文館, 1986)가 있다. 도쿠시마 번德島藩의 정책仕法과 쪽藍 상인이었던 미키 가三木家의 경영분석 등을 주요 내용으로 하고 있지만, 1970년대부터 90년대 초반에 이르는 근세 물가, 유통, 시장사의 일각을 차지하고 있다.

상업거래 가운데 하나가 외국무역이다. 에도 시대의 외국무역이라면, 많은 사람들은 나가사키長崎의 네덜란드 무역을 연상할 것이다. 물론, 네덜란드 무역은 외국무역의 중요한 부분이었지만, 그 외에도 무시할 수 없는 무역이 있었다. 하나는 에도 시대 직전부터 이른바 '쇄국'령 발포에 이르기까지 행해진 포르투갈과 스페인 무역이다. 이에 대해서는 포교·외교와 함께 이베 리아 양국과의 관계를 오랫동안 연구해 온 高瀬弘一郎, 『キリシタン時代の貿易 と外交』(八木書店, 2002)가 서구의 문헌사료를 구사하여 무역과 이토왓푸糸割 符에 관해 독자적인 견해를 밝히고 있다. 또 다른 무역은 쓰시마對馬를 통한 대조선 무역으로서 田代和生, 『近世日朝通交貿易史の研究』(創文社, 1981)는 17세기 후반元禄期 이전, 대량의 은이 조선으로 수출되어 중국으로 전해졌고, 그 대가로 생사·견직물이 수입되었다는 점, 그리고 이들 무역에 의한 은 유출이 막부의 통화정책에도 영향을 미쳤음을 실증하고 있다.

210

그리고 새로운 경향으로서 경제학적 경제사 혹은 의식적으로 경제학적 수법을 이용한 경제사도 출현하였다. 西川俊作,『江戸時代のポリティカル・エコノミー』(日本評論社, 1979), 同,『日本経済の成長史』(東洋経済新報社, 1968)는 시대를 '근세'로 한정하지 않고, 경제발전론의 입장에서 에도 시대를 설명하고 있다. 그 가운데서도 막부 말기의 조슈 번長州藩의 번령에 대한 경제조사인 『보초 풍토주진안防長風土注進案』의 경제학적 분석은 경제사와 경제학의 거리를 크게 좁힌 것으로 평가된다.

마지막으로 이 또한 새로운 접근방법으로서 근세 고고학의 적용이 있다. 鈴木公雄,『出土錢貨の研究』(東京大學出版會, 1999)는 출토된 전錢 (주로 간에이 통보寬永通宝)의 세리에이션(출토량을 시간축 상으로 나타내는 방법)에 의해서 주조 이후의 전錢의 보급 상황을 밝혀냈다. 이 연구에 의해서, 지금까지 단순하게 간에이 통보의 주전에 의해 일본 전체의 전화錢貨가 간에이 통보로 되었다고 생각하였으나 결코 그렇지 않았다는 사실이 밝혀졌다.

이처럼 경제사 연구는 인접 영역과의 교류를 넓혀 감으로써 이해의 폭과 깊이를 더할 수 있는 것이다.

회고해 보면, 1976년 사회경제사학회 대회에서의 공통논제 '새로운 에도 시대사상을 찾아서新しい江戸時代史像を求めて'를 하나의 전환점으로, 일본의 근세 경제사 연구에 혁신이 일어나, 그 때까지의 생산·생산력 중심의 사고방식으로부터 수요·시장 중심의 경제사가 중요한 존재로 부상하였다. 이는 전전부터 전쟁 직후에 걸친 만성적인 재화 부족시대에 생산 혹은 공급에 역점을 두었던 사고방식이, 어느 정도 재화가 충족됨에 따라 분배, 유통, 시장이라는 수요에 역점을 두게 된 사회적 상황과 맞아떨어진다. 물론, 학문 특히 역사를 대상으로 하는 학문에 그러한 시대적 배경이 너무나 강하게 투영되는 것은 바람직하지는 않다. 그러나, 경제사 연구가 구저 간행 이후 약 30년 동안 다채로워져, '~사학' '~이즘'이라는 그랜드 시오리(grand theory)는 자취를

감추었다. 그 결과, 학습은 더욱 어려워졌다고도 할 수 있다. 고도성장으로부터 '잃어버린 90년대', 그리고 앞이 보이지 않는 디플레이션과 '헤이세이 불황平成不況' 하에서 혹은 그 후에 어떤 경제사 연구가 출현할지 자못 불안과 즐거운 기대가 교차된다.

II. 경제사회의 성립과 그 특질

에도시대 사회경제사의 새로운 시점

서 론

에도 시대는 한 마디로, 경제사회가 형성되고 확립되는 시대였다. 여기에서 경제사회란 그 안에서 사람들이 경제행동을 취하는 사회며, 경제적 가치가 다른 것으로부터 분리·독립해서 여러 경제법칙이 상호작동하기 시작하는 사회를 가리킨다.[1]

경제행동이란 단순한 생산과 소비 혹은 유통에서의 인간행동이 아니라 최소비용으로 최대 효과를 획득하고자 하는 성향을 의식적이든 또는 무의식적이든 내재하고 있는 행동이다. 예를 들면, 동일한 물품을 구입할 때, 사람들이 지불해야 하는 대가의 높고 낮음을 문제 삼지 않는다면 이는 경제행동이라고 할 수 없다. 물품의 판매자와 구매자가 수요·공급 관계를 통해 거래를 하고, 가격이 결정되고, 그 가격에 대응해서 생산량이 결정되는 구조, 간단히 말하자면 가격기구(price mechanism)의 존재야말로 경제사회의 핵심이다.

그리고 종종 인간은 다원적 가치관을 지닌 존재라고 한다. 그 안에서 경제적 가치관이란, 문자 그대로 최소비용으로 최대 효과를 획득하려는 행위에 가치를 인정하는 것이다. 하지만, 그러한 경제적 가치관 이외의 가치관이 반드시 경제적 가치관과 부합하는 것은 아니다. 예를 들어, 중세 유럽에서 기독교에 귀의한 귀족들의 기부寄進라는 행위나 허영을 위한 사치 또는 낭비는 경제적 가치관으로는 설명할 수 없는 행동들이다.

---

1) 경제사회는 별도의 관용어로 '시장경제가 발달한 사회'라고 표현해도 좋을 것이다. 힉스는 그의 저서 『経済史の理論』(日本経済新聞社, 1970)에서 '관습경제' 또는 '지령경제指令経済' 후에 '시장의 발흥'을 위치시켜 경제사를 구분하였는데, 기본적인 사고방식에서는 필자와 일치한다.

경제법칙이 하나의 사회 틀 속에서 작동을 시작하기 위해서는 이러한 의미에서, 그 사회 내부에 경제사회의 성격이 충실화되고, 일반 사람들에게까지도 경제적 가치관이 침투하여 경제적 행동이 일상화되고 있는 상태가 필요하다. 만약, 그렇지 않은 상태, 예를 들어 동일한 상품이 어떤 가격에라도 팔린다든지, 사람들이 어떤 수준의 임금에라도 고용되는 상태라면, 극단적으로 말해, 경제법칙은 스스로의 작동력을 발휘하지 못하고, 단지 다른 것에 대한 부수적인 존재에 지나지 않게 된다.

역사의 장기적인 과정을 뒤돌아보면, 이러한 경제사회의 성립은 결코 인류의 탄생과 더불어 생겨난 오래된 것이 아니고, 비교적 새로운 시대의 산물이었다. 그리고 그 성립에는 지역과 민족에 의해 시간적인 차이가 있음을 확실하게 알 수 있다. 중요한 것은 경제사회 성립의 지표는 사회를 구성하는 일부 계층, 특히 상층에 속하는 사람들의 행동이 아니라, 더 넓은 범위에서 일반 서민의 행동이 경제적인지의 여부가 필요조건이라는 점이다. 때문에 예를 들어 고대사회에서 상업행위가 아무리 발달했다고 하더라도, 그 혜택을 받는 것은 사회 엘리트층으로 한정되고, 일반 서민과는 관련이 없는 경우에는 경제사회의 성립이라고 볼 수 없다.

경제사 연구에서는 이러한 경제사회가 특정 상황에서 언제 어떻게 성립했는지를 해명하는 일이 가장 중요한 문제라고 생각한다. 왜냐하면, 경제사회의 성립 시기와 내용은 그 국가 혹은 사회 나름대로의 공업화 형태와 특징을 결정하기 때문이다. 공업화라고 하는 현대세계에서 보편적으로 관찰되는－적어도 어느 나라든지 목표로 삼고 있는－현상은, 반드시 경제사회가 충분히 성숙된 후에 성립하는 것은 아닐지라도, 경제사회의 경험이 충분한 경우와 그렇지 않은 경우 선택할 수 있는 방법이 다르다는 점은 누구든 알 수 있다. 더욱이, 공업화 이전의 경제사회 경험은 사람들이 이미 경제행동을 경험하고 있음을 의미한다. 그런 경우, 그 나라의 공업화는 시장경쟁의 연장으로서, 다시 말해 가격기구를 바탕으로 사람들의 이윤동기를 추구할 수 있는 방법을 취할 수 있게 된다. 이 방법은 통상 자본주의 경제라고 불리는 것으로서, 공업화라는 생산과정의 일대 변혁, 즉 외부 에너지를 도입하여 규모의 경제를 살리면서, 생산 확대를 수행하는 과정을 자본주의 경제를 통해 행할 수가 있다는 것이다.

이에 비해 아직 경제사회의 성립이 보이지 않거나, 성립되었다 하더라도 미숙한 사회에서 공업화를 수행하려 할 경우 자본주의 경제를 적어도 단시일 내에 채용하기는 어렵다. 우선, 자본주의 경제의 전제가 되는 조건을 준비하거나, 그렇지 않으면 다른 방법으로 공업화를 수행해야 한다. 하지만, 현대의 국제정세 하에서, 어떤 나라가 자본주의 경제의 성립조건이 갖추어지기를 여유롭게 기다린다는 것은 비현실적이다. 조건이 갖추어져 있지 않은 모든 나라들이 비자본주의적인 방법으로 공업화를 수행하는 것이 현실이다. 중앙계획경제 혹은 그 하나의 형태로서의 사회주의 경제는 미처 조건을 갖추지 못한 사회에서 공업화를 꾀하는 하나의 방법이다.

이처럼 경제사회의 성립 여부는 각 나라들의 공업화 방식의 역사적인 결정요인으로 작용하고 있다고 해도 좋을 것이다. 하지만, 문제는 그것만이 아니다. 동일하게 경제사회의 경험이라고 하더라도, 그 내용은 천차만별이다. 그 다양함은 또한 공업화—이 경우에는 자본주의 방식—의 다양함으로 연결된다.

예를 들어, 모든 경제사가들이 인정하는 것은, 최초의 공업화는 영국에서 시작되었으며, 그 공업화는 정치력을 갖추지 못한 민간인들에 의해 시작되었고, 그 영향은 나라 전체로 파급되었다는 사실이다. 18세기 영국에는 당시 모범으로 삼을 만한 선진공업국이 없었고 따라서 스스로 산업혁명을 개척해야 했다. 이 경우 놓쳐서는 안 될 문제는, 영국의 공업화가 인간생활의 여러 국면 가운데 소비재 부문에서 시작되었다는 점이다. 우선, 공업화에 앞서 농업혁명이 있었고, 농업의 생산성 향상이 선행하였다. 18세기 내에 영국은 소맥수출국으로 바뀐 것이다. 공업화란 농업혁명에서의 기술변화를 공업 측면에 확대 적용한 결과라 할 수 있다. 여기에서 우리는 농업혁명과 산업혁명 사이에 존재하는 연속성을 발견할 수 있다. 때문에 영국의 산업혁명은 식량에 이어 의료衣料 부문 즉, 방적과 직포 두 부문에서 상호보완적으로 시작되었고, 필요가 필요를 낳아 광산업, 운송, 기계공업, 제철업으로 파급되어 나갔다. 간단히 말하면 소비재로서의 식료, 의료에서부터 자본재로 전개되어 나간 것이다. 물론, 농업혁명의 또 다른 전제로서 인구혁명과 수출입을 위한, 특히 영국경제의 발전구도에 편입된 식민지 보유라는 조건이 있기는 해도, 어찌되었건 영국의 공업화는 일국에서 특정한 경제사회가 전개된 귀결인 셈이다.[2]

다른 나라의 공업화에서는 동일한 자본주의 경제를 취했다 하더라도,

---

2) 영국 산업혁명에 대한 평가와 관련해서는 오래 전부터 낙관설과 비관설이 있어 왔고 이는 생활수준 논쟁 등과 연결되어 왔는데, 여기에서는 필리스 딘(『イギリス産業革命分析』, 社會思想社, 1973)과 피터 마사이어스(『最初の工業國家』, 日本評論社, 1972)에 따랐다.

그 사정은 달라진다. 18세기 후반 공업화를 먼저 이룩한 영국이라는 강력한 경쟁상대를 의식하지 않을 수 없다. 그 때문에 공업화를 민간에 맡겨두고, 방관할 수만은 없었다. 따라서 많든 적든 정부의 개입이 필요했고, 어떤 경우에는 의식적인 보호육성정책이, 또 어떤 경우에는 정치적 통일부터 시작하지 않으면 안 되었다. 그리고 선진국 산업과의 경쟁에 견딜 수 있게 되기까지 일정 기간 동안 개입은 계속되지만, 그 시점을 지나면 시장경쟁에 발전의 동기를 옮기는 과정을 거치고 있다.

이렇게 보면, 같은 경제사회를 경험했다 하더라도, 어떤 경우에는 공업화가 그 연장선상에 오는 성격을 갖고, 또 어떤 경우에는 반드시 그런 것도 아니어서 공업화를 자본주의 경제적 방법으로 수행하기 위해서라도 정치력에 의존할 수밖에 없는—게다가 거기에는 정도 차이가 있다—상황을 상정해 볼 수 있을 것이다.

일본에서 경제사회의 성립

이상과 같은 기본적 관점에서, 일본의 에도 시대를 바라보는 경우, 종래 간과되었거나 혹은 잘못 이해되어 온 몇 가지 문제를 발견할 수 있다. 에도 시대의 사회경제사에 관한 기존의 연구문헌을 통독한 후 가장 먼저 받은 느낌은 이것이다. 어느 논자는 에도 시대의 상업활동의 융성을 지적하면서 에도 시대가 얼마나 경제적으로 발전한 시대였는지를 말한다. 반면, 다른 한편에서는 막번체제 하에서의 서민생활의 빈곤과 그것을 가져온 영주의 착취 그리고 화폐경제 자체가 가져온 빈부격차의 확대를 지적한다. 그리고 서구, 특히 영국과 비교해서 일본의 후진성을 기생지주제, 산업자본의 미발달, 강력한 막번권력 등의 단어로 설명한다. 이러한 서로 모순되어 보이는 두 가지 견해를 접하게 되면 과연 에도 시대는 어떻게 평가해야 할지 혼란에 빠지게 된다.

필자는 이러한 두 가지 견해를 지금 여기에서 정리할 생각은 없지만, 결국 이 두 가지 견해는 모두 에도 시대 경제사회의 성립을 말해주는 것으로서, 만약 그것이 없었다면, 발생하지 않았을 현상을 나타내고 있다는 점을 우선 지적해 두고자 한다.

필자는 이미 1970년 사회경제사학회 학술대회의 공통 논제 '사회경제사에서의 16∼17세기'에서 보고를 통해 일본경제사에서 이른바 '중세'에서 '근세'로의 전환이 경제사회의 성립을 의미한다고 지적한 바 있다.3) 물론, '중세' 또는 '근세'라는 시대구분이 경제사로서 적당한지의 여부 그 자체에 대해서도 상당한 문제가 숨어 있다고 생각한다. 하지만, 역사연구자와 인접한 전문분야 연구자들이 지적하고 있는 것처럼, 16∼17세기를 경계로 하여 일본사회는 중대한 역사적 전환을 맞이하였다. 그 전환을 가능케 한 힘轉換力의 가장 중요한 요소가 경제사회의 성립이었다.

그 논거는 상당히 많이 제시할 수 있다. 우선, 인구의 대부분을 차지하고 있던 농민이 경제행동을 취하게 되었다는 점이다. 즉, 농민의 생산동기에 판매, 이윤획득이라는 요소가 들어감으로써 연공과 자급이라는 전통적인 동기가 아직 남아 있기는 해도 농민은 생산의 효율을 추구하려는 행동을

---

3) 速水融의「日本経済史における中世から近世への轉換」(『社會経濟史學』37-1, 1971)과 『日本における経濟社會の展開』(慶應通信, 1973)는 이 논문을 기초로 해서 경제사회의 형성 과정과 에도 시대의 경제구조에 대한 사견을 정리한 것이다.

취하게 된다. 이른바 '소농자립小農自立'도 이러한 농민 행동의 결과지, 영주의 소농자립정책이나 검지의 결과는 아니다. 에도 시대 전반기에 전통적인 나고名子・히칸被官에 의한 경영은 매우 심한 벽지를 제외하고는 거의 소멸되고 만다.

그리고 에도 시대 이전에는 보이지 않았던 전국적인 상품유통망의 형성도 강력한 증거 가운데 하나다. 예를 들어, 보소房總 지방의 어촌에서 잡힌 정어리鰯가 호시카干鰯가 되고, 관서지방의 면작 농민이 그 호시카를 이용하는 등, 에도 시대 이전에는 전혀 상상도 할 수 없었던 일이 일어난다. 원래 호시카를 비료로 사용하는 것 자체가 효율적인 농업생산을 위한 필요 수단이며, 호시카가 상업적으로 원거리 생산지에서 유통경로를 따라 운송, 이용되었다는 사실은 놀랄 만한 일이다.

이렇게 움직였던 것은 단지 물자만이 아니었다. 사람도 이동했다. 이는 참근교대參勤交代라는 정치적인 틀에 포함된 이동을 말하는 것이 아니라, 그 틀을 벗어난 경제적 동기에 의한 이동이다(오락적 성격의 여행까지 포함시켜도 좋을 것이다). 예를 들어, 필자가 계속해 온 노비濃尾 지방의 역사인구학적 연구에 따르면, 한 마을에서 태어나 11세까지 자란 남녀의 60%가 한 번은 다른 마을로 이동하고, 그 약 3분의 2는 거의 도시생활을 경험하였다.[4] 또한, 그 절반은 도시에 정착하거나 도시에서 사망했다. 연구의 대상지역이 주변에 도시가 많은 지역이라는 점을 고려한다 하더라

---

4) 速水融・內田宜子,「近世農民の行動追跡調査」,『硏究紀要』(德川林政史硏究所, 1971). 이 논문은 梅村又次・新保博・西川俊作・速水融 編,『數量經濟史論集 (1) 日本經濟の發展－近世から近代へ』(日本經濟新聞社, 1976)에 정정 재록되었다.

도, 이렇게 높은 이동률은 이동에 대한 제도적인 제한이 적어도 중앙일본에서는 거의 없었음을 보여준다. 그들에게 '세키쇼關所'(검문소 | 역주)란 과연 어떤 의미를 갖는 것이었을까.

물자나 사람과 함께 화폐도 역시 전국을 돌며 사회의 전 계층으로 보급되었다. 게다가, 이는 현금만이 아니라 신용제도를 통해 고도화되고 양적으로도 막대한 액수에 달했다. 에도 시대의 화폐는 그 자체가 하나의 연구과제지만, 아무튼 에도 시대에 살았던 사람들은 더 이상 화폐와 무관할 수가 없었다.

경제와 인접한 관련 분야의 변화도 뚜렷하다. 이러한 변화에 대해서 상세하게 논할 필요는 없겠지만, 일단 관계가 있는 국면에 한정시켜 본다면, 정보전달 조직과 교육, 특히 서민교육의 보급과 발전에는 좀더 유의할 필요가 있다. 예를 들어, 정부의 보증이 없는 상태에서 행해진 무수한 서신왕래는 어떻게 해석해야 할까. 우선, 식자識字 능력의 보급이 근대적 교육제도가 확립되어 있지 않은 상황에서 상당히 진척되었다는 사실 자체가 놀랄 만하다. 그 밖에도 물가에 관한 정보전달의 속도는 당시로서는 최고 수준이었고, 서민을 대상으로 한 출판물과 대중오락의 발달 등 그 예를 다 들 수 없을 정도다.

한 마디로 말해, 이 같은 문화의 대중화 현상은 역시 어느 정도 여유(여력)를 갖게 된 결과로서, 사람들의 생활이 겨우 생존을 벗어나는 수준이라면 생각할 수도 없는 일이다.

이처럼 경제사회의 성립은 무엇보다도 여유(여력)의 형성에서 현저한 증거를 찾을 수 있는데, 또 하나의 특징으로서 특히 경제사가가 주목해야 할 점은 경제학이나 경제사상의 성립이다. 경제사회가 형성되고, 경제법칙이 직접 눈에 보이지 않는 형태라 해도 일단 작동을 하기 시작하면, 이를 해명하기 위해 누군가 지적 탐구심을 집중 발휘한다 해도 전혀 이상할 것이 없다. 이런 이유로 경제학은 독립된 학문이 되고 에도 시대에는 경제적 사실을 해명하려는 일군의 무리가 등장하게 된다. 흥미로운 점은 거의 때를 같이하여 서유럽에서도 경제학이 탄생했다는 사실이다.

에도 시대의 사회경제적 특질

이처럼 경제사회가 진행되었으면서도, 서양사회에서 발생한 공업화라는 큰 변혁이 일본에서는 내부적으로 발생하지 않았던 이유는 과연 무엇일까. 이를 단순히 시간적으로 뒤떨어진 것이라고 이해해도 될까. 그 해답을 찾는 것은 그렇게 용이한 작업이 아니다. 다만, 여기에서 지적해 두고 싶은 것은 경제사회화의 진행이, 동시에 공업화의 개시를 의미하는 것은 아니라는 점이다. 필자가 주장하는 것은 자본주의라는 과정을 통한 공업화에서 경제사회의 경험은 필요조건이지 충분조건은 아니라는 사실이다. 공업화는 비자본주의적 방법이라는 과정을 택할 수도 있기 때문에 경제사회화의 진전을 바로 공업화와 결부시키는 일은 오히려 피해야 한다. 그러한 점에서 에도 시대의 상업이나 금융의 발전을 단순히 공업화의 원인으로 단정짓는 연구시각은 매우 성급한 결론이 될 것이다.

여기에서 이 문제에 대한 필자의 시점을 지적해 두고 싶다. 에도 시대 경제사회화의 진전은 분명 자본주의 경제에 의한 공업화를 비교적 용이하게 하는 조건으로는 작용했지만, 공업화를 촉발시킨 기동력으로 작용했는지는 의문이다. 오히려 작용하지 않았다고 보아야 할지도 모른다. 공업화를 외부로부터의 에너지의 도입과, 노동절약 및 자본집약적인 기술체계의 공업분야에의 적용이라고 정의한다면, 이러한 변화를 초래하는 전제조건은 국내적으로는 전前공업화 사회의 주요 산업, 즉 농업기술의 발전 방향에서 찾아야 한다.

　일본의 경우, 에도 시대의 경제사회화는 확실히 농민에게 경제적 인센티브를 제공하고 생산목적에 판매라는 요인을 추가시킴으로써 생산량을 증대시켰다. 실제로, 에도 시대의 농업 총생산량은 아마 몇 배나 증가하였을 것이다. 이에 필적할 만한 증대는 에도 시대 이전에는 존재하지 않았다고 보아도 될 것이다. 하지만, 이 생산량의 증대가 무엇에 의한 것인지 염두에 둘 필요가 있다. 우선은 경지면적의 확대를 들 수 있는데, 에도 시대에는 경지면적이 거의 두 배로 확대되었다. 메이지 초기에는 홋카이도 北海道를 제외하면, 대체로 현재와 비슷한 규모의 경지가 이미 개간되어 있었다. 즉, 에도 시대에 일본의 가경지는 대부분 경지화되었던 것이다. 그리고 중요한 것은 생산량의 증대가 이 경지면적의 확대를 훨씬 상회했다는 사실이다. 에도 시대 초기, 검지를 통해 얻을 수 있는 수전의 반反당 총 수확은 약 1석石이었는데, 막부 말기가 되면 1.8석으로 약 두 배 가까이 증대하였다. 그러나 실제로 이모작·간작間作의 보급 등이 여기에 더해지기 때문에, 반反당 총 생산량은 분명 두 배 이상 되었을 것이다.

　이러한 토지이용도의 효율화는 농민에게 토지의 비옥도를 유지하기 위한 부담을 안겨주었다. 이는 통상 토지개량, 비료의 대량투입, 심경, 품종개량 등에 의해 유지되었다. 에도 시대 농업기술의 발전은 거의 전부가 이러한 토지생산력을 증대시키기 위한 것이었다. 그리고 일본에서는 극히 최근까지 농업기술의 발전이란 반당 수확량, 즉 한정된 경지면적에서 얼마나 많은 수확을 할 수 있는가에 달려 있었다. 거기에는 노동을 얼마만큼 투입할 것인가, 즉, 노동의 단위당 생산량은 문제가 되지 않았다. 아마도 에도 시대에는 노동생산성은 전혀 의식조차 되지 않았을 것이다.

필자는 이미 노비濃尾 평야 및 그 주변 지대에서 에도 시대 농업생산의 변화를 고찰하였는데, 이 때 눈에 띈 흥미로운 사실은 17세기 말부터 19세기 초 사이에 인구가 증대한 것과는 반대로 가축수는 현저히 줄어들었다는 점이다. 이러한 사실은 한두 촌락만이 아니라 1000여 개에 달하는 촌락에서 관찰되었다. 더구나, 평탄부일수록 그 감소가 뚜렷하였다. 그 사이 농업생산량이 감소했다고는 생각하기 힘들기 때문에, 한 단위의 생산을 실현하는 데 요구되는 가축 에너지의 투입량이 감소했다는 계산이 나온다. 만약, 생산량이 인구변동에 따라 변화하고, 존재하는 가축이 모두 농업생산에 투입되었다고 한다면, 생산량 한 단위당 투입된 가축 에너지는, 가축 대 인구비율의 차이만큼 변화한 셈이다. 이 감소치는 실제로 약 4분의 1에 달하였다. 즉, 투입가축의 에너지는 4분의 1이 되었던 것이다.[5]

농업생산에서 가축이 갖는 의미는 새삼 반복해서 설명할 필요가 없을 것이다. 토지면적당 생산량이 증대하던 시기에 이처럼 가축사용량이 감소

---

5) 速水融, 「濃尾地方人口史研究序論」, 『研究紀要』(德川林政史研究所, 1969) 및 「近世濃尾農村における生産構造の変化－土地・人口・牛馬の量的觀察を通じて」, 『社會経済史學』36-1(1970), 주 4)의 논문과 함께 速水融, 『近世濃尾地方の人口・経済・社會』(倉文社, 1992)에 수정 수록되었다.

했다는 것은 바로 가축을 다른 무엇인가로 대체했다는 말이 된다. 여기에서 축력을 대체한 그 무엇은 바로 인력이었다. 인력 이외의 에너지가 이 시기에 따로 도입되었다는 흔적이 전혀 없기 때문이다. 쟁기에서 괭이로 또는 가래鋤로 경운용구가 전환된 것은, 기존의 가축에너지가 수행한 작업을 인력이 대신하게 되었음을 말한다. 농업에서의 고되고 장시간에 걸친 노동력의 투입이야말로 에도 시대 농업의 특징이다. 이러한 사실이 의미하는 바를 살펴보도록 하자. 과연, 농민은 종래보다 다량의 노동을 강요당했던 것일까.

우선, 첫 번째로 비교해야 할 것은 에도 시대 이전의 농업에서 보이는 노동력의 형태다. 통상 이는 신분적 예속성이 강한 후다이게닌譜代下人 또는 장기봉공인이었다고 한다. 그들의 노동 내용에 대해서는 충분히 알려져 있지 않지만, 생활 수준에 대해서는 쉽게 상상할 수 있다. 아마도 겨우 끼니를 잇는 수준이었을 것이다. 에도 시대 초기 사료를 통해 살펴볼 수 있는 그들의 모습은 대부분 가족을 이루지 못한 채 평생 독신으로 살아가는 존재였다.[6] 그러나 에도 시대가 되면 이러한 예속노동력은 점차 소멸하고, 부부가족을 단위로 하는 경영이 일반화되어, 노동력은 가족노동력으로 변화한다. 즉 신분적 예속성이 이미 소멸되었던 것이다. 바야흐로 농민가족은 하나의 경영주체로서 행동할 수 있는 존재가 되었다. 물론, 그렇다고 해서 농민들이 근대적인 자유를 유지하고 있었다는 것은 아니다. '소농자립'은 결코 그러한 내용의 것이 아니라 연공부담과 가족제

---

6) 예를 들어, 1622년 『小倉藩人畜改帳』에 의하면, 분고 국豊後國 하야미 군速見郡(76 개 촌)의 게닌 여성(16~50세)의 배우자율은 8.7%에 지나지 않는다. 速水融, 『日本経済史への視角』(東洋経済新報社, 1968), 92쪽.

도라는 정치적·사회적 기구를 벗어나서는 존재할 수 없다. 그리고 농민들이 경제주체로서 행동하게 되면 당연히 그에 따른 위험부담도 있기 마련이다. 이러한 제반 사정을 고려할 때, 결코 '자립'은 장밋빛이 아니었지만, 그 생활은 에도 시대 이전과는 획을 그을 수 있을 만큼 뚜렷한 차이가 있었다. 그렇다면, 에도 시대 농민에게 부과된 장시간의 고된 노동은 '자립'의 대가라고 할 수 있지 않을까.

둘째, 이러한 고된 노동이 농민에게는 단순한 고역이 아니었다는 점이다. 기회만 있다면, 고생한 만큼 재산이나 적어도 생활수준의 향상을 기대할 수 있었다. 필자의 추정으로는 에도 시대에 걸쳐 농민의 평균수명은 5~10년 정도 늘어났는데, 특히 여성의 수명이 뚜렷하게 늘어났다.[7] 이는 주로 유아사망률의 감소에 따른 결과인데, 의학과 공중위생의 발달이라는 근대적 요인으로는 설명될 수 없으며, 아마 의식주 등의 생활환경 개선이 크게 작용했을 것이다. 이 분야의 관찰을 사회경제사 연구와 어떻게 연결지을 것인지는 앞으로의 중요한 과제인데, 여하튼 점진적이기는 하지만 생활수준의 향상을 기대할 수 있게 된 상황에서 농민들의 노동은 단순한 고역이 아니었을 것이다.

그리고 에도 시대에 이러한 장시간의 고된 노동에는 '근로勤勞'라는 개념으로 도덕적인 의미가 부여되었다. 자주 지적되는 일본인의 근면성은 이미 에도 시대부터 일본을 방문한 외국인의 눈에도 투영되었는데, 이 시대 농민층 내에 형성된 하나의 행동형태는 아니었을까 한다.

---

7) 速水融, 『近世農村の歷史人口學的研究－信州諏訪地方の宗門改帳分析』(東洋経濟新報社, 1973), 200~205쪽.

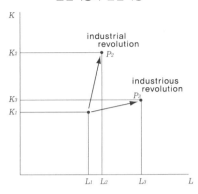

근면혁명과 산업혁명

여기에서 필자는 다소 대담한 시도일지 모르겠지만, 서구, 특히 최초로 산업혁명을 경험한 영국과 비교하여, 일본형이라고 이름 붙일 수 있는 전공업화 사회의 경제발전의 성격을 설명하는 도식을 제시해 보고자 한다(<그림 근면혁명과 산업혁명>).

다음 그림은 생산요소인 K(자본)와 L(노동), 그리고 생산량을 P로 한다. 그 위에 $P_1 \rightarrow P_2$ 및 $P_1 \rightarrow P_3$라는 두 개의 생산량 증대 방향이 있다. P_1의 경우, 생산량을 실현하기 위해 자본 K_1, 노동 L_1을 필요로 한다. 지금 이 상태에서 경제활동이 활발해지고 생산량이 증대할 경우 P점은 바깥쪽으로 이동한다. 이 때 $P_1 \rightarrow P_2$와 같이 생산요소 K의 증대 쪽이, L의 증대보다도 큰 방향, 또는 $P_1 \rightarrow P_3$와 같이 정반대 방향이 있을 수 있다. $P_1 \rightarrow P_2$ 방향은 자본집약·노동절약형 기술변화를 수반하고, $P_1 \rightarrow P_3$는 자본절약·노동집약형 변화를 수반한다. 영국의 산업혁명은 $P_1 \rightarrow P_2$로의 연장선상에 위치하는 기술변화라고 할 수 있을 것이다. 당연히 노동생산성은 상승하고 생산요소 가운데 자본이 차지하는 비중이 보다 커진다.

이에 대해서 $P_1 \rightarrow P_3$의 변화는 보다 많은 생산량을 실현하기 위해, 자본의 증가분보다 노동의 증가분이 크다는 사실을 의미하기 때문에, 실제로에도 시대의 일본에서 일어났던 변화라고 할 수 있다. 다른 한편, 변화의

228

연장선상에서 산업혁명(industrial revolution)을 전망한다면, 이러한 변화는 근면혁명(industrious revolution)이라고 부를 수 있는 성격을 띠고 있다.

여기서 문제는 동일한 경제적 발전이 왜 한편에서는 $P_1 \rightarrow P_2$의 방향을 취하고, 다른 한편에서는 $P_1 \rightarrow P_3$ 방향을 취하게 되는가. 물론, 17~18세기에는 이것이 당사자의 의지와 정책에 따라 결정될 사항은 아니었다. 아마도 주어진 토지인구의 비율 혹은 중심이 되는 생산의 형태 등이 복합된 결과 나온 선택이었을 것이다.

또한, 그림에서 제시된 변화를 구체적인 숫자로 표시할 수 있는가의 문제도 남아 있다. 여기에서 제시된 그림은 각각 변위變位의 상대위치를 나타낸 것으로서, K와 L 등을 구체적인 수치로 취급한 것은 아니다. 특히, 근대 이전 사회에서 집계치로서 K와 L은 아마도 측정 불가능할 것이다. 하지만, 개별사례라고 할 경우 그 가능성이 없는 것은 아니다. 그러나 여기에서는 앞으로의 사회경제사 연구의 하나의 과제로서 이러한 시각으로부터의 접근을 제시하는 정도로 그치기로 하자.

일본의 경우, 에도 시대의 경제적 발전은 확실히 다양한 여러 경제활동이 활성화되고 화폐경제가 침투하는 등 총체적인 경제사회화의 진행을 보이고 있었다. 그러나 거기에 내포된 생산기술의 발전방향은 공업화와 직결될 만한 성격의 것이 아니었다. 따라서 가끔 공급의 애로(bottleneck) 현상이라고 하는 상태를 일으켰으며 이는 여러 물가의 변동에 영향을 미치기도 하였다. 그리고 중요한 점은 일단 외부로부터 자극을 받아 공업화를 결의했을 때, 그림의 화살표 방향을 정책을 통해 변화시킬 필요가 생겼다는 사실이다. 메이지 이후의 공업화 과정에서 정부의 역할은 무엇보다도 바로 이러한 변화를 강제적으로 창출하는 데 있었다. 그리고 이미 형성된 경제사회의 조건 하에서 '근면혁명'을 경험한 일본이 보유하고 있던 특정 성격의 노동력을 국내에서 이용할 수 있는 거의 유일한 자원으로 삼아, 공업화를 달성했다고 할 수는 없을까. 그러한 점에서 에도 시대의 경제발전과 메이지 이후 공업화와의 단절과 연속이라는 이중적 성격을 발견할 수 있다.

이러한 문제를 해명하기 위해서는 우선 무엇보다도 에도 시대의 경제를 치밀하게 분석하지 않으면 안 된다. 그 후에 상업발전이 차지하는 위치가 자리매김되고, 동시에 앞서 기술한 '후진성'의 진의도 밝혀질 것이다. 이러한 의미에서 이 글은 다소 혼미한 느낌이 있는 이 시대의 사회경제사 연구에 하나의 방향을 제시하려는 것이었다.

오늘날 연구자가 주의해야 할 것은 에도 시대 일본은 실로 사회경제적 변화가 진행되고 있던 시대라는 점이다. 얼핏 아무것도 아닌 것처럼 보일 수 있는 이 사실을 간과할 경우, 정치지배 상으로는 단지 막번체제라는 말로 정리되어 버리기 쉬운 하나의 제도가 확립된 시대라고 이해되기 쉽다. 그리고 내부의 변화는 겨우 그 '단계'로서밖에 파악하지 못하게 된다.

에도 시대는 하나의 국가형성이 진행되던 시대였고, 법과 제도는 완비되어 있는 것처럼 보이지만, 한편으로 사람들의 사회경제적 생활, 경제활동에 관한 규제가 그다지 강하지 않았다고 생각된다. 막부와 번 자체가 '경제'에 대해 얼마나 관심을 갖고 있었는가에 대해서는, 적어도 초기와 중기는 상당히 의문이 있다. 정치지배자가 '경제'를 명확하게 인식하게 된 것은 후기에 이르러서야였고, 그렇게 되었다 해도 막부에 관한 한, 중앙정부로서 유효한 경제정책을 실시할 수 있는 입장도 아니었다. 막부가 제시한 경제에 관한 법령들은 그 효력이 어느 정도였는지 충분히 고려해야 하고, 번 역시 막부와 크게 다르지 않았다.

예를 들어, 막부가 행사할 수 있었던 거의 유일하고 유효했던 경제수단 으로서 주화의 발행을 들 수 있다. 하지만, 겐로쿠元祿(1688~1704)·호에 이宝永(1704~1711) 기의 화폐개주를 보면 알 수 있듯이 직접적인 동기는 막부재정의 궁핍을 타개하는 것이었다. 더구나 이것도 공식회의에서는 다루어지지 않고, 한 사람의 간조부교勘定奉行에 의해 실시되었다. 이어진 쇼토쿠正德(1711~1716)·교호享保(1716~1736) 기의 개주改鑄는 복고적 인 성격을 띤 것으로, 발전하는 경제사회에 필요한 화폐수요의 증대에 역행하는 것이었기 때문에 곧바로 파산하고, 겐분元文(1736~1741) 개주改 鑄라는 에도 시대 화폐제도의 기준점에 이르게 된다. 이처럼 불과 십수년 만에 화폐개주의 방침이 두세 번씩이나 바뀌었다는 사실은 막부가 유일하 게 갖고 있던 경제정책 수단조차 당국자가 충분히 인식하지 못하였다는 증거라고 할 수 있다. 이러한 비싼 대가를 치르고 나서야 겨우 아라이 하쿠세키新井白石와 도쿠가와 요시무네德川吉宗처럼 '국민경제'를 의식하 는 인물이 등장했다는 점에 주의해야 할 것이다.

이상과 같이, 에도 시대의 특징은 한편으로는 정치와 경제의 양극화를 발생시키고 이와 동시에 상호간의 관계가 발생하는 과정이었다고 간단히 정리할 수 있다. 그리고 이러한 사실은 정치와 경제라는 커다란 측면만이 아니라, 에도 시대 사회관계의 여러 면에서도 발견할 수 있다. 지금까지 일체화되어 있었던 것이 겉과 안表裏으로 분리하고, 더욱이 그 두 개가 완전히 독립하지는 않은 채 계속 변화해 가는 상태라고 표현할 수 있을 것이다.

이러한 상황에 처해 있는 사회를 이해하기 위해 무엇보다도 필요한 것은 제도와 법령을 넘어선 곳에 존재한 사람들의 행동양식이다. 자주 지적되는 것이지만, 에도 시대만큼 혼네ホンネ와 다테마에タテマエ가 분리된 시대도 없다고 한다. 다테마에만으로 역사를 조망하는 것은 용이할지 모르지만 사실을 오인할 여지도 그만큼 크다고 할 수 있다.

나아가 에도 시대 연구자에게 문제가 되는 것은 그 시대에 작성된 사료들의 특질이다. 에도 시대에는 각 계층의 사람들이 각각의 필요에 따라 무수한 기록을 남겼다. 전사戰士여야 할 무사는 태평시대를 살면서 본래의 본분을 잃어버리고, 복잡한 기구를 만들어 각각의 기구에서 치밀한 기록을 남겼다. 일반적으로 경제사가가 많이 이용하는 마을 기록과 상인의 경영기록도 그 양이 매우 방대하다. 한 마디로 말하면, 에도 시대는 이전까지의 시대와는 달리 사료의 양이 지나치게 많은 시대다. 매년 출판되는 에도 시대에 대한 개별논문의 양은 막대하여 연구자가 도저히 자료를 전부 살펴볼 시간적 여유가 없을 정도다. 그런데 과연 에도 시대를 진정으로 이해하는 데에 그렇게 뿔뿔이 흩어져 있는 사료들을 계속 관찰하는 것만으로도 충분한 것일까. 필자는 이러한 질문에 아니라고 답할 용기는 없다. 하지만 산처럼 쌓여 있는 사료의 존재를 알고 있는 사람으로서 흩어진 자료들을 계속 개별적으로 관찰하는 방법으로는 에도 시대의 역사상을 완성하기에는 요원하다는 생각이다. 따라서 여기에서는 에도

232

시대를 이해할 수 있는 어떠한 조직적인 방법이 필요하다. 그렇지 않으면 연구자는 사료의 바다에 빠져버리기 쉽다. 예를 들어, 필자의 에도 시대의 역사인구학적 분석에서 사용하는 연년連年의 종문개장宗門改帳과 인별개장人別改帳은 모두 다른 어떤 전근대사회에서도 볼 수 없는 좋은 사료다. 하지만 그 잔존량은 한 지역만으로 한정시켜도 연구자 한 명이 평생을 다 바쳐도 처리할 수 없을 정도로 많다. 물론, 특정 마치町와 촌에서 장기간에 걸쳐 한 해도 빠짐없이 기록된 역사적 사료가 그리 많은 것은 아니며, 또한 그 자료들을 발굴하는 것 자체도 결코 용이하다고 할 수 없지만 말이다.

이상에서 논했던 에도 시대의 특징을 염두에 두면, 에도 시대의 사회경제사를 다룰 수 있는 근본적인 접근법이야말로 우리가 추구해야 할 수단이라고 생각한다. 학문연구의 전문화는 근대사회의 특징이기도 하지만, 특히 에도 시대에 관한 한, 에도 사회 자체가 그러한 분화를 가능케 해주는 구조로 보이기도 한다. 그리고 막대한 사료군의 존재와 수많은 연구자들 때문에 각자 좁은 전문영역으로 갇혀버리는 경우가 많은 것처럼 보인다. 따라서 그러한 전문화를 돌파하고 오히려 각 방면 연구자들 간에 분업과 협력을 전제로 한 프로젝트형 연구가 필요하다고 하겠다.

Ⅲ. 근세일본의 경제발전

일본경제사에서 '근세'의 평가

이 장에서는 일반적인 일본사의 시대구분으로 사용되는 '근세'(오다·도요토미織田豊臣 시대—도쿠가와德川 시대)의 경제발전의 밑그림과 각각의 문제에 관한 연구업적을 정리하고자 한다. 근세라고 하는 시대구분은 주로 정치적인 것이며, 경제적 변화나 경제발전과의 사이에 연관이 있을 수는 있다 해도 꼭 일치한다고는 할 수 없다. 여기에서는 유신정부에 의해 근대화라고 하는 국가적 목표가 의식적으로 정해지기 이전의 경제발전이라는 의미에서 근세라는 용어를 사용하기 때문에, 경제발전에 관해 '근세'와 '근대'의 불연속성을 전제로 사용하는 것은 아니다. 또한, 경제발전이라는 단어의 정의도 반드시 서구적인 공업화 코스와 동질적인 것을 가리키는 것도 아니고, 이론경제학에서의 경제성장 혹은 경제발전을 의미하는 것도 아니다. 만약, 개념을 엄밀히 정의한다면, 근세 일본에서 경제발전이 있었는지의 여부가 커다란 문제일 수 있다. 여기서는 경제활동의 양적 확대 및 그 심화, 사회를 구성하는 각층으로의 침투라는 사실들을 그 내용으로 한다.

일반적으로, 근세 일본경제를 다루는 연구자는 (1) 전근대적 요소에 주목하고 특히 근대화를 가장 빨리 시작한 서구사회와의 비교를 통해 후진성을 주장하거나, (2) 반대로 에도 시대에 발달한 상품화폐경제의 발달을 들어 근대화로 연결되는 준비기간으로서 이를 평가하는 양자택일적인 태도를 취해 왔다. 이하에서는 전자를 비관설, 후자를 낙관설이라고 해두자. 이 두 견해 가운데 어떤 견해를 취할 것인지는 현실의 일본경제의 실태나 연구자의 파악방식과 밀접하게 관련되어 있다. 일본 자본주의

경제가 위기에 처했다고 느꼈을 때에는 단연 비관설이 강하고, 그 발전이 순조롭다고 인정될 때에는 낙관설이 대두한다. 따라서 고도성장기를 경계로 해서 그 이전에는 비관설이 우세했지만, 이후에는 낙관설이 대두한 것은 어찌 보면 당연한 것이었다. 참고로 필자가 1960년에 간행한 『2차 세계대전 이후 일본 사회경제사 연구의 동향』戰後における日本社會経済史研究の動向1)의 초고를 작성했을 당시, 근세일본의 '경제발전'이라는 시점은 거의 없었다. 실제로 그 때까지 발표된 업적은 대부분 비관설 쪽에 선 입장이거나, 단지 개별적인 사상事象을 밝히려는 것들이었다. 따라서 여기에서 말하는 낙관설의 등장은 현실의 일본경제 자체가 성장하였다는 사실에 근거한 부분이 많다고 할 수 있을 것이다. 그리고 경제학에서의 발전론 혹은 성장론의 전개 역시 크게 기여했다고 할 수 있다. 여기에 1971년 이후 QEH(수량경제사) 연구회가 조직되어, 경제사와 경제발전론을 융합시키려는 적극적인 시도가 있었다는 점도 놓쳐서는 안 된다.

그런데 일본 경제사 연구를 특징짓는 성격의 하나로서 마르크스주의 사관에 입각한 견해 또는 경제발전단계설적인 결정론적 사관이 오랫동안 신봉의 대상이었다는 사실도 간과해서는 안 된다. 이러한 입장에 서게 되면 근세일본은 근대 이전의 사회 즉 봉건사회이며, 그러한 의미에서 하나의 단계를 경과한 것이 된다. 그리고 동시에 산업혁명에 의해 확립된 공장제 공업 시대의 전 단계, 즉 공장제 수공업(manufacture) 시대가 된다. 따라서 메이지 유신을 어떻게 평가해야 할 것인가, 부르주아 혁명으로 보아야 할 것인가의 여부, 막말기 공업의 생산형태가 공장제 수공업 단계에

---

1) 문헌 〈4〉 참고.

도달했는가의 여부가 논쟁의 커다란 주제가 되었다.

그러나 이 장에서 말하는 '경제발전'이란 그러한 발전단계설적인 의미의 것이 아니다. 필자는 그러한 입장에서의 근세경제사에 대한 접근도 현실적으로 존재하고 또한 나름대로 역할을 하였다고 생각한다. 하지만, 이 글에서는 그러한 입장과는 다른 관점에서 접근해 보고자 한다. 이하에서 우선, 필자에 의한 근세일본의 경제사적 접근의 밑그림을 그려보고 다음으로 몇 개 분야에 대해 논해 보고자 한다. 또한, 문제와 문헌을 망라해서 다루는 방식은 피하고, 필자가 생각하고 있는 근세일본의 경제사상史像에 대해 논하고자 한다. 이 시대에 내재되어 있는 이중적인 성격에 대해 어떠한 시각으로 접근할 것인지를 명시하는 것은 결정적으로 중요하기 때문이다.

근세일본의 경제와 사회－경제사회의 성립

어떤 국가가 공업화를 진행하는 과정에서, 그것을 시장경제를 토대로 한 기업간 경쟁에 맡길 것인지, 아니면 정부의 계획경제에 의할 것인지에 대한 선택이 있을 수 있다. 일본의 경우, 초기에는 정부 직영의 관영공장 사례에서 엿볼 수 있듯이 공업화의 추진 주체는 정부였지만, 비교적 단기간에 대부분 민간에 불하되어 민간의 기업가가 주체가 되었다. 더구나, 정부와 기업 간의 관계는 종종 구미 자본주의 제국과 비교해서 상당히 밀접하다는 지적을 받아 왔지만, 기본적으로 일본의 공업화는 시장경제를 바탕으로 한 기업간 경쟁을 통해 추진되었기 때문에 자본주의 경제가 선택되었다고 할 수 있다. 이 사실 즉 어떤 나라가 공업화 과정에서 자본주의 경제를 선택할 수 있었다는 사실은 매우 중요한 문제다. 우리들이 선진 자본주의 제국의 공업화에만 주목하는 한, 공업화 과정에서 자본주의 경제는 당연히 경험해야 할 과정으로 받아들이기 쉽다. 그러나 그 밖의 지역을 돌아보면, 공업화에 자본주의를 취할 수 없어 다른 방법으로 공업화를 이룬 예가 얼마나 많은지 놀라게 될 것이다. 후자의 경우, 국제적 상황 하에서 성립한 정권이 불가피하게 사회주의에 의한 공업화를 선택할 수밖에 없었던 경우도 있을 수 있지만, 오히려 역사적으로 볼 때, 자본주의 경제를 공업화의 방법으로서 선택하는 것이 불가능했다는 관점이 필요하다.

그렇다면, 어떤 나라는 자본주의 경제를 공업화의 방법으로 선택하고, 또 어떤 나라는 선택할 수 없었다고 할 경우, 역사적으로 거슬러 올라가 보면 그 차이를 발생시킨 결정적인 요인은 무엇이었을까. 필자는 그 해답을 공업화가 개시되기 직전에, 그 나라가 '경제사회'라고 부를 만한 상태에 있었는지의 여부에서 찾고 싶다. '경제사회'에 대해서는 누누히 설명한 바 있기 때문에2), 여기에서 다시 언급할 필요는 없겠지만, 간단하게 말해 그 나라 사람들이 일반 서민에 이르기까지 경제적으로 행동할 수 있게 된 상태를 가리킨다. 바꾸어 말해 경제적 가치가 다른 가치로부터 독립하여 사람들이 최소 비용으로 최대 효용을 획득하려고 행동하게 된 사회다. 사람들의 행동이 이처럼 경제적인 질서에 따르게 되면, 여러 경제법칙이 성립하고 반대로 경제법칙에 의해 사람들의 행동이 규제를 받게 된다. 물론, 완전한 경제사회란 현실에 존재하지 않는다. 인간은 다원적 가치관

---

2) 문헌 〈7〉 참고.

의 주체이기 때문에 사람들의 사고와 행동이 비경제적 가치—물론 그것이 광의의 의미로 경제활동의 국면이라 하더라도—에 기초한 경우는 현재에도 존재한다. 하물며, 역사를 거슬러 올라가면, 경제적 가치는 예를 들어 종교적 혹은 정치적 가치 등에 종속된 형태로밖에 존재할 수 없었다. 이 점은 경제법칙이 독립하여 작동을 개시하게 된 시기가 비교적 늦었다는 사실에서도 알 수 있다. 그리고 사회과학 가운데서도 단순히 경제적 사실을 기술하는 것이 아니라 경제법칙을 추구하는 경제학이 성립된 것은, 서유럽에서도 16~17세기 중상주의 혹은 18세기의 중농주의, 엄밀하게는 아담 스미스의 '국부론國富論'의 출현을 기다려야 했다. 경제법칙의 존재가 선행하고 그것을 해명하기 위한 경제학이 점차 탄생했다고 할 수 있을 것이다.

이러한 시점에서 일본을 보면, 근세, 특히 에도 시대야말로 경제사회의 성립기였다고 할 수 있다. 에도 시대는 결코 단순하게 빈곤과 착취로 얼룩진 정체된 시대가 아니었다. 오히려 일찍이 유래가 없을 정도로 내부에서 커다란 경제적 변화를 경험하고, 구석구석까지 화폐유통과 상품생산이 보급되고, 나아가 현실의 관찰에 기초한 경제학이 등장한 사회이기도 했다[3]. 물론, 그렇다고 해서 에도 시대가 근대사회였다는 말은 아니다. 오히려 정치제도 상으로 지배신분인 무사층과 피지배신분인 조닌町人·햐쿠쇼百姓 층 사이에 지배에 기초한 공납·과역 원칙이 관철되고 있었기 때문에 근대이전 사회였다는 사실에는 의심의 여지가 없다. 따라서 여러 정치적인 제도들이 여러 분야에서 경제활동과 경제법칙의 자유로운 작동

---

3) 예를 들어, 미우라 바이엔三浦梅園의 경제론을 이러한 입장에서 평가한 것으로 문헌 〈19〉가 있다.

을 방해한 사실을 부정할 수 없다. 기존의 에도 시대 역사상은 경제적 발전을 저해 당한 이러한 국면들을 지나치게 강조해 왔다고 할 수 있다. 이와 더불어, 이른바 '쇄국' 또는 후기에 보이는 전국 인구수의 장기적인 정체라는 명백한 사실까지 겹쳐 비관설이 성립하였다고도 할 수 있다. 그러나 에도 시대는 영주제와 연공제도를 보더라도 과거에 지적되어 온 것처럼, 유럽사의 개념으로 설명될 수 있는 '순수봉건제' 사회는 결코 아니다.

누구라도 인정할 만한 명백한 사실을 들어보도록 하자. 두세 가지 예외를 제외하고는 막부직할지는 물론, 거의 모든 영주의 지배 하에서 병농분리가 실시되고 무사의 조카마치城下町 집주集住가 실현되었다. 더구나 무사층은 석고제에 의해 농촌에서 쌀과 화폐를 연공으로 받았는데, 그 쌀의 일부는 직접 소비했지만 그 나머지와 화폐로 받은 연공은 행정비용에 충당하거나, 생활에 필요한 물품과 서비스를 구입하는 데 사용하고 있다. 이러한 화폐지출을 둘러싸고 다수의 상공업자, 서비스업자가 모여 거주한 곳이 조카마치였다. 즉, 조카마치의 성립은 화폐에 의한 수요를 갖는 일대 소비인구집단이 출현하였음을 의미한다. 이렇게 생각하면, 히데요시로부터 시작되고 에도 막부가 계승한 병농분리정책은, 그 직접적인 목적과는 무관하게 잔잔한 수면에 갑자기 경제적인 소용돌이를 일으키는 결과를 낳았다. 규모의 차이는 있지만 전국에 걸쳐 200개 이상의 조카마치가 건설되었고, 17세기 초두에는 미증유의 경제적 충격이 전국 농촌에 가해진 시기였다고 할 수 있다. 이처럼 근세 일본사회는 경제활동의 극단적인 부진 위에 성립한 서유럽의 봉건사회와는 그 출발점을 완전히 달리하고 있었다.

　각 번에서의 병농분리, 조카마치의 건설이라는 지방적인 변화를 전국 규모로 확대시킨 것은 참근교대제參觀交替制라고 할 수 있다. 모든 다이묘 재정의 약 3분의 1을 소비시킨 참근교대는 에도라는 거대도시와 에도에 상품공급 역할을 담당한 천하의 부엌 오사카를 낳았다. 경제적 소용돌이는 조카마치와 그 주변을 넘어, 조카마치를 통해서든 그렇지 않든 간에 전국시장을 준비시켰고 이에 국민경제의 성립을 전망할 수 있게 해주었다.

　그러나 이러한 병농분리와 조카마치의 건설, 참근교대제는 그 목적이 경제발전에 있었던 것이 아니다. 막부의 입장에서 오히려 참근교대는 다이묘들의 재력을 피폐화시키는 것이 목적이었다고까지 지적되고 있다. 실제로 막부와 번들은 종종 법령을 발포하여 전국적 또는 지방 단위로 발생하는 상품화폐경제의 커다란 소용돌이를 어떻게든 저지해 보려고 했다. 농민에 대한 작부제한령作付制限令과 귀향령人返し令은 농민의 생산 목적을 연공과 자급으로 제한시키기 위한 것이었다. 이러한 영주 측의 다테마에タテマエ가 얼마나 실현되었는지를 문제 삼지 않고, 단지 제도와 법령을 경제 실태의 논증재료로만 삼아서는 안 된다.

　하지만, 한편 병농분리와 참근교대제의 경제적 효과에 대해서는 충분한 연구가 아직 이루어지지 않고 있다. 특히, 수량적인 분석은 자료 면에서도 매우 어려운 수준이다. 여기서 하나의 시도로서 무사층에 의한 공납경제를 양적으로 스케치해 보도록 하자.

　우선, 전국의 미곡 생산량石高을 3000만 석이라고 치자. 이 수치는 18세기 이후의 실제 수량과도 그리 차이 나지 않을 것이다. 그리고 막부와 하타모토旗本 소유의 영지所領를 그 1/4인 750만 석, 다이묘의 소령을 나머지 2250만 석으로 잡자. 이것도 오차는 수퍼센트 내의 수치다. 다음으로 무사층은 농민으로부터 연공을 석고의 50%만 받고, 그 가운데 60%를 쌀, 나머지 40%를 화폐로 수납했다고 하자. 쌀 1석石=금1냥兩이라 한다면, 무사층이 농촌에서 거두어들인 수입은 막부와 하타모토가 금 150만 냥에 미곡 225만 석, 다이묘가 금 450만 냥에 미곡 675만 석이 된다. 농촌 이외로부터의 공납액은 측정하기 어렵지만, 막부는 농촌으로부터 수입의 20%, 다이묘는 10%라고 보고, 이를 전부 화폐로 받았다고 한다면, 화폐수입은 각각 225만 냥, 562만 냥이 된다. 그리고 영주는 미곡 수입의 40%를 직접 소비하고, 나머지는 1석 1냥의 비율로 환금을 했다고 치자. 이 수입은 각각 135만 냥과 405만 냥이라는 계산이 나오기 때문에 영주의 총수입을 화폐로 환산하면 막부 360만 냥, 다이묘 967만 냥이다.

한편, 지출은 완전히 추측의 범위를 넘어설 수 없지만 수입을 전부 지출했다고 치자. 이 경우 막부가 수입의 80%, 다이묘가 30%를 에도에서 지출했다고 하면 막부와 다이묘는 매년 610만 냥의 화폐를 에도에서 지출하고, 에도 이외의 지역에서 716만 냥을 지출했다는 계산이 된다. 지금으로 말하면, 급여를 포함한 정부지출이 이 정도 될 것이다. 이상은 개략적인 계산에 불과하고 빚도 누락되어 있지만, 에도라는 인구 100만에 달하는 대도시를 형성시킨 것은 이런 막대한 '정부지출'이었다. 그리고 나머지 지출도 아마 대부분 조카마치에서 지출되었을 것이기 때문에 교토와 오사카를 비롯하여 인구 10만 정도의 도시 여러 곳에서 수많은 조카마치가 세워지고 유지되었을 것이다. 이상의 추산은 기본적인 석고를 장부상의 수치表高로 잡은 것으로서, 실제 영주의 수입=지출은 더 많았을 가능성이 있다.

에도 시대의 화폐유통량은 금과 은의 경우, 중기에는 합계 2000만~3000만 냥 정도 된다. 이 정도 규모라면, 영주재정이 차지하는 비율이 얼마나 컸는지, 특히 에도에서 영주에 의한 화폐지출의 상대적인 비중이 얼마나 컸는지가 분명해진다. 따라서 강제적으로 형성된 이러한 화폐와 재화의 흐름은 에도 시대의 일본을 경제사회로 변모시키는 데 결정적인 역할을 했다고 할 수 있다.

인구 · 물가 · 임금賃銀

(1) 인구

여기에서는 에도 시대에 대한 수량분석 가운데, 가장 연구가 앞선 인구, 물가, 임금에 대해 검토해 보고자 한다. 앞서 논한 경제적 관점에서 보면, 조카마치의 건설, 참근교대제의 확립은 일본의 경제사회화와 관련하여 이른바 '이니셜 푸시'(initial push)의 역할을 했다. 도시에서 수요의 급격한 창출은 생산물의 공급을 대부분 담당했던 농촌에 분명 커다란 충격을 주었을 것이다. 이 시기에 대한 경제사가의 관심은 토지와 연공제도의 확립 혹은 촌락조직의 정비라고 하는, 잔존자료를 통해 직접 관찰을 할 수 있는 부분들에만 비교적 집중되어 왔다. 수요의 임팩트에 대한 공급 측의 대응이라는 관점은 관찰이 곤란하기도 해서 경제사가의 시야에서는 상당히 동떨어져 있었다. 하지만, 예를 들어 농가 가족형태의 변화라든지, 노동력의 내용 변화, 인구증대라는 국면에서는 17세기 농촌의 커다란 변동을 추적할 수 있다. 에도 시기에는 중세에서 흔히 관찰된 "복합대가족(직계 혈연가족 외에도 많은 방계 가족, 비혈연 예속노동력 포함)이 해체되고 단혼소가족화가 진행되었다"고 지적되어 왔다. 현재의 연구 상황에서는 이러한 변화의 윤곽을 전국적으로 그리기가 쉽지 않지만, 그 변화는 병농분리, 조카마치의 형성이 시작된 17세기 초기부터 시작되었다고 생각되기 때문에, 가족형태의 변화는 앞서 논한 수요 임팩트에 대한 농촌의 대응이었다고 보아야 할 것이다. 노동력의 내용 변화에 대해서는, 직계가족이 주요 노동력을 이루었다는 의미에서 가족농업(family farming)이 성립하고, 보조적으로 이용된 비혈연 가족노동으로서는 종래의 신분적 예속성이 강했던 후다이게닌譜代下人 또는 장기봉공인長年季奉公人 대신 단기봉공인短年季奉公人-대부분 1년 고용, 계절 고용, 일용 등 이동성이 높은 노동력이 높은 비중을 차지하게 되었다.[4] 여기에서도 경제사회에 대한 대응을 볼 수 있다.

인구증대에 대해서는 상대적으로 증거가 가장 풍부하다. 전국인구에 대해서는 근세 초기 인구를 1800만 명으로 파악하는 구설舊說을 따르든 아니면 그 이하로 추정하는 새로운 설을 따르든, 1721년 막부에 의한 최초의 전국 인구조사를 기초로 한 추정인구수 약 3000만 명에 이르는 기간에 상당한 증가가 이루어진 것은 확실하다. 특히, 구설은 계산의 근거가 너무 단순한데다 과대평가되어 있는 것이 확실하기 때문에 17세기의 인구증가는 1세기 동안 적게 잡아도 두 배, 많으면 그 이상이었을

---

4) 이러한 점을 강조하고 있는 것은 T. C. Smith(문헌 〈30〉)다. 또한, 기나이 농촌에 대한 사례로는 문헌 〈11〉이 상세하다.

것이다.5)

개별 사례를 보더라도, 에도 시대에 높은 증가율이 계속되었다는 것을 뒷받침해줄 사례는 무수히 많다. 필자가 진행한 신슈信州 스와諏訪 지방 38개 촌의 종문개장宗門改帳을 이용한 연구에서는, 1671~1700년간 인구증가율이 연평균 1%에 달한다는 사실이 확인되었다.6) 이는 높은 출생률에 의거한 것이기도 하지만, 높은 출생률은 또한 낮은 결혼연령과 높은 유배우자율에 기인한다. 앞서 논한 바와 같이, 가족형태의 변화에 따라 독신으로 생을 마치는 사람의 수가 급격히 감소하고, 상속인 이외의 자식들이 결혼해서 분가하는 가족형태가 일반적인 관습으로 되었을 것이다. 이러한 소가족제도 하에서 분가의 제한이 없다면, 인구가 증대하는 것은 당연하다. 17세기의 농촌은 아직 경지면적이 확대될 여지가 남아 있었고, 토지이용의 고도화도 더해졌다. 또한 도시의 성장이 대량의 농촌인구를 흡수하였기 때문에 인위적으로 인구를 제한할 필요도 없었다. 이러한 복합적인 이유로 인해 높은 증가율이 계속되었던 것이다.

인구증대는 기술적 진보가 늦은 전前공업사회에서는 새로운 수요를 창출하는 최대 요인이 된다. 17세기 일본은, 농촌에는 아직도 자급적 부분이 많이 남아 있기는 했지만 이러한 점으로부터도 전국적으로 수요가 확대된 시대였다.

인구와 마찬가지로 경지면적도 확대되었다. 이전 사회와는 달리, 근세의 영주는 자신의 영지所領에 대해 일원적으로 지배권을 행사할 수 있었다.

---

5) 필자의 추정치는 문헌 〈8〉 42~49쪽 참고.
6) 문헌 〈28〉 참고.

그리고 관동평야와 오사카 평야처럼 영지가 서로 혼재된 지역에서는 상급영주권(막부)에 의해 대규모 치수관개 공사가 실시되어, 대하천 하류 지역의 비옥한 지대는 안정적으로 경작을 할 수 있게 되었다. 또한, 촌과 농가를 단위로 한 소규모 개발도 진행되어, 17세기 동안 경지면적은 전에 볼 수 없는 속도로 확대되었다.7)

그러나 이러한 전반기의 외형적 확대는 바야흐로 한계에 이르게 된다. 경지면적의 확대는 경작 가능한 대부분의 땅을 경지로 만들어 그 속도가 느려졌고, 후반기가 되면 일부 지역에서 이루어진 해안간척 등을 제외하면 점차 쇠퇴하고 만다. 이와 함께 18세기 초부터 장기적으로 계속된 여름기온의 저하는 동북·북관동 지역의 농업생산에 큰 타격을 주었다. 인구 추이만 보더라도 이들 지역에서는 1840년경까지 계속 감소하고 있는데, 농민은 낙태(모친의 태내에 있는 태아를 출산 이전에 유산시키는 것으로, 영어로는 abortion | 역주)나 마비키間引(이미 출산한 아이를 살해하는 것으로, 영어로는 infanticide | 역주) 같은 비상수단으로 가족 수를 인위적으로 줄여서 연명할 수밖에 없는 상황에 직면하게 된다. 에도 시대 후반에 관한 한, 이들 지역의 경제발전은 크게 저지되었던 것이다. 인구 추세에 관해 귀중한 정보를 제공하는 요네자와米澤 번과 아이즈會津 번의 경우, 번 내의 서민 인구가 18세기 초두에 정점에 달했다가 이후 감소하기 시작하여 1750~1780년대에는 크게 감소하고 18세기 말에는 최저점에 달하였다.8)

---

7) 근세의 신전新田 개발에 대해서는 문헌 〈13〉이 풍부한 정보를 제공하고 있다.

8) 요네자와 번米澤藩에 관해서는 문헌 〈35〉 113~118쪽. 아이즈 번會津藩에 관해서는 문헌 〈32〉 208~217쪽 참고.

그러나 18세기에 이러한 위기가 전국을 덮쳤던 것은 아니다. 인구도 서남일본에서는 높다고까지는 할 수 없지만, 전반적으로 상당한 증가세를 유지하여 감소 국면에 있던 동북·북관동 지역과는 대조를 이룬다. 그리고 위의 지역에서는 농가의 부업과 비농업 생산에서 발전이 지속되었다. 막부가 실시한 전국 인구조사에 의하면, 첫 해인 1721년에 북관동의 고즈케上野·시모쓰케下野·히타치常陸의 3개 지방과 미마사카美作를 제외한 산요山陽 6개 지방의 인구는 대략 180만 명으로서 비슷하였다. 그러다가 마지막으로 실시된 1846년 조사에 의하면, 전자는 130만 명, 후자는 230만 명이라는 큰 차이를 보이고 있다. 두 지역의 인구를 합산하면 360만 명으로서 변화가 없는데, 지역별로 본다면 정체라는 표현이 적당하지 않다는 것은 확실하다.9)

이러한 사례는 근세 일본의 경제발전을 고려할 때 주의하지 않으면 안 되는 하나의 시사점을 준다. 한 쪽에서는 발전을 보였지만, 동시에 다른 한 쪽에서는 정체 심지어는 쇠퇴한 지역도 존재했던 것이다. 양자를 합산할 경우 정체라고 볼 수도 있겠지만, 여기에서의 정체는 표면적인 것으로서 우연히 그렇게 된 것이라고도 할 수 있다. 전국적으로 경제가 미성숙한 상황에서는 전국의 인구 추세에서 '정체'를 도출해 낼 수는 없다.

오히려 여기에서 중요한 사실은 일반적으로 경제활동이 가장 활발했던 에도를 중심으로 하는 남관동과 교토·오사카를 둘러싼 기나이畿內에서

---

9) 막부의 개별 인구조사치에 대해서는 문헌 〈27〉 137~139쪽. 그리고 근세 후기 지역별 인구변동에 대해서는 문헌 〈33〉 및 〈5〉 참고.

인구가 거의 일정하게 유지되었다는 점이다. 메이지 초기의 통계를 보더라도, 이 두 지역은 도시인구 비율이 다른 지역에 비해 월등하게 높고 경제활동이 가장 앞서 있었다. 근세 후반에도 사정은 마찬가지였다고 생각되기 때문에, 경제활동의 활발한 정도와 그 지역의 인구증대는 도시인구 비율이 높을 경우엔 반드시 상관관계가 있다고 단정지을 수는 없다. 필자는 여기에서 전근대 사회의 경제발전—특히, 그것이 도시로의 인구집중을 가져오는 형태—과 지역의 인구변화 사이에 네거티브한 의미의 피드백 작용의 존재를 발견하였다.[10] 즉, 도시의 높은 사망률과 낮은 출생률은 도시인구의 재생산 능력을 떨어뜨리기 때문에 도시인구를 유지하기 위해서라도 농촌으로부터의 인구이동은 필요했다. 이러한 사실은—개별적이기는 하지만—도시와 농촌의 역사인구학적 연구가 진전됨에 따라 더욱 분명해지고 있다.[11]

1830년대 후반 일본은 다시금 커다란 인구감소를 경험했다. 원인은 기근 때문이었다고 하지만, 분명 흉작이었다고는 해도 사망의 주 원인은 유행병이었다. 최근 발견된 1840년 전국 인구조사에 의하면,[12] 1834~1840년까지 전국적으로 인구가 감소하였고 특히 도호쿠東北·호쿠리쿠北陸·산인山陰에서의 감소가 현저하였다. 그리고 도시에서의 인구감소가 컸는데, 특히 오사카에서는 2년 동안 11%나 감소했다. 하지만 1780년대天明期의 감소와는 달리 그 감소로부터의 회복도 빨라서, 인구증가는 그대로

---

10) 문헌 〈9〉.

11) 도시에 대한 역사인구학적 분석의 일례로는 문헌 〈26〉이 있다.

12) 문헌 〈14〉, 166~178쪽 수록.

막부 말기부터 메이지기까지 지속되는 경우가 많았다. 특히, 대도시와 조카마치의 인구가 회복되지 못했던 것에 비해, 마을町場과 농촌에서의 회복(증가) 정도는 매우 두드러졌다. 그 같은 사실을 통해 보건대, 종래의 조카마치에서의 소비를 중심으로 하는 형태에서 새롭게 다른 형태로 변화했을 가능성을 엿볼 수 있다.[13)

마지막으로 근세 후기 농촌인구는 상상 이상으로 이동성이 높았다는 사실도 최근 밝혀졌다. 농민 한사람 한사람의 출생으로부터 사망에 이르기까지의 행적을 추적해 보면, 흥미로운 사실을 발견할 수 있다. 예를 들어, 미노美濃 지방의 한 마을에서는 11세가 된 사람 가운데 남자 50%, 여자 60% 정도가 이후에 한 번 정도는 마을 밖으로 나가 고용살이奉公를 한 경험이 있고, 인년人年(human year)을 단위로 할 때, 행선지 중 3분의 2는 도시나 상점가町場였다. 사료 상에는 이러한 이동이 '객지벌이出稼'라고 기록되어 있지만, 그 반수 정도는 객지에서 사망하거나 결혼하거나 이주하고, 십수 년씩 객지벌이를 하였기 때문에 실질적으로는 노동이동이라고 보아도 될 것이다. 이러한 높은 이동률은 곧바로 노동시장의 형성을 의미하는 것은 아니라 하더라도, 역시 이 시기 경제사회화의 지표로서 중요한 의미를 갖는다고 하겠다.[14)

(2) 물가와 임금

에도 시대는 상품이든 노동이든 혹은 자본이든, 그 시장의 형성이 현저

---

13) 이 점에 착안한 연구는 T. M. Smith의 문헌 〈31〉.
14) 문헌 〈6〉 참고.

히 진전된 시기이기도 했다. 이 부분에 대한 최근 연구들은 그러한 시장의 형성이 얼마나 두드러졌는지를 잘 보여준다. 그 중 최첨단은 역시 미곡시장이다. 미곡은 근세를 통틀어 최대의 거래량을 자랑하는 상품이었다. 또한, 시장에 대한 공급원은 영주가 농민으로부터 거둬들인 저장미藏米로서 연공이라는 강제수단을 통해 어떤 의미에서는 안정적으로 공급되었다. 물론, 전국적인 흉작 때는 쌀값이 상당히 급등하기도 하고 화폐적인 요인에 의해 변동이 있기도 했지만 대체로 적정한 범위에서의 변동이었다고 할 수 있다.

쌀값 변동의 장기추세를 몇몇 시점에서 관찰한 연구[15])에 의하면, 그 변동 형태가 전국적인 동조성을 보이고 있으며, 오사카 미곡시장의 거래가격이 전국 쌀값을 주도한 것이 분명하다. 그리고 오사카 미곡시장의 거래는 조아이마이 거래帳合米取引(경매로 가격과 수량을 결정하고, 일정한 계약금으로 매매계약을 하여, 장래의 일정 시기에 인도받는 형태의 차금差金 결제를 목적으로 하는 거래ㅣ역주)라는 표현에 집약적으로 표현되듯이, 고도의 시장거래였고, 가격의 안정 기능을 담당하기도 했다.[16]) 다만, 막부 말기에 이르면 오사카 시장의 우위성이 점점 저하하고, 중앙시장으로서의 기능을 오히려 상실하게 된다. 이를 인구에 대한 설명에서 언급한 조카마치 인구의 쇠퇴와 관련시켜 생각해 보면, 막번제에 의존한 경제활동이 막부 말기에는 부진에 처했음을 의미한다. 이를 대신하여 지방적인 경제활동 – 특히, 서남 일본지역 – 의 성장이 뚜렷해지고, 오사카 시장이 차지했던

---

15) 문헌 〈12〉 참고.

16) 예를 들어, 문헌 〈16〉은 이러한 기능에 착안하고 있다.

지위는 상대적으로 저하하였다는 견해가 성립한다.

여러 물가의 장기추이를 관찰할 수 있는 경우, 상대가격의 변동이라는 중요한 지표를 측정할 수 있다. 오사카 시장의 도매물가 추세를 식량농산물, 공업원료농산물, 식료공산물, 비식료공산물의 네 가지로 구분하고, 각각 상대가격의 변화를 추적해 보면, 다음과 같은 특징을 볼 수 있다. 우선, 18세기에는 "식량농산물 가격/공업원료 농산물 가격이 하락하는 경향을 보이며, 쌀·대두·소맥 등의 식량농산물 가격이 채종菜種·조면繰綿과 같은 공업원료 농산물 가격과 비교해서 상대적으로 낮은 수준에 머무르고 있다. 그 배경에는 공업원료 농산물에 대한 수요의 증대, 즉 가공부문의 성장이 있었고, 공업원료 농산물의 상대가격 상승은 이러한 종류의 농산물생산 확대에 커다란 자극을 준 것으로 보인다."[17] 그리고 19세기에 들어서면, "1820년대부터 막말에 걸친 지속적인 상승기에 비식료 공산물의 상대가격이 상승 경향을 보이는 것은 수요의 가격탄력성을 가지고는 설명이 곤란하다. 19세기 비식료 공산물의 상대가격 상승 추세의 배후에는 이들 상품에 대한 유효수요의 일반적 증대가 있었다고 보아야 할 것이다. 19세기 들어, 인구의 장기적 추세가 상승세로 돌아선 것과 그 시기의 경제발전에 따라 1인당 소득 증대가 있었던 사실이 비식료 공산물에 대한 유효수요의 증가 경향을 초래하였던 것이다."[18]

이처럼 상대가격의 변동은 경제구조 변동의 중요 지표로 이용할 수 있다. 동시에 물가변동, 특히 상승 국면에서 무엇이 선행하고, 무엇이

---

17) 문헌 〈29〉 305~306쪽.
18) 문헌 〈29〉 126쪽.

뒤따랐는가라는 시간차(time lag)에 대한 관찰도 경제구조와 가격구조를 탐색하는 데 중요한 단서가 된다. 예를 들어, 1780년대(덴메이기天明期)의 물가상승은 가장 먼저 쌀과 공업원료 농산물에서 나타나고, 1년 늦게 식량농산물과 비식량공산물, 마지막으로 식료공산물 순서로 물가가 상승 하였다. 덴메이 기근天明飢饉 당시, 쌀값이 가장 먼저 상승하는 것은 당연하 다 치고, 그 다음으로 다른 식량생산물이 상승했을 법하지만, 실제로는 그렇지 않았다. 이는 이 시기 물가상승이 단순히 기근이라는 공급 측의 조건 때문만이 아니라, 각각의 생산물에 대한 유효수요의 변화를 동반한 것이었음을 말해준다.[19]

최근에는 임금貸銀과 이자율, 나아가 화폐시장의 시계열的時系列 관찰을 통해 요소가격에 대한 개별연구도 발표되고 있다.[20] 특히, 물가의 장기계 열系列을 구할 수 있다면, 예컨대 화폐임금을 쌀값 또는 일반 물가지수로 디플레이트(deflate)한 실질임금 계열을 구할 수 있다. 시장의 불완전성을 고려해야 하기 때문에 되도록 가까운 지점에서의 계열이 바람직하지만, 적어도 기나이 지역은 관찰이 가능해졌다. 여기에서 니시셋쓰西攝(효고 현과 오사카 부의 중간지대)의 목공과 농업의 일용직을 예로 들면, 다음과 같은 관찰 결과를 얻을 수 있다. "1730~1770년대 전반의 실질임금의 대폭적인 상승과 임금격차의 급속한 축소, 1770년대 후반~1820년대 초기의 실질임금 상승률과 임금격차 축소율의 현격한 둔화,[21]" 그리고

---

19) 문헌 〈29〉 126~127쪽.

20) 임금에 대해서는 문헌 〈25〉를 시작으로 〈35〉, 〈22〉, 〈24〉가 있다. 이자율 에 대해서는 문헌 〈29〉의 제4장 및 문헌 〈23〉 참고.

21) 문헌 〈29〉 159~160쪽.

1820년대 이후의 물가상승기 때의 실질임금의 하락이다.

경제정책 · 경제모델

근세 일본이 막번제라는 정치형태를 취하고 막부가 번에 대해 상위 영주권을 장악하고 있었다 하더라도, 실제로는 각 번의 내부 사정에 대해서는 번의 자치를 인정하고 있었다. 따라서 경제적인 측면에서 전국적인 시장이 성립하고, 국민경제의 형성이 사실상 진행되었지만, 전국 경제를 대상으로 하는 유효한 정책을 실행하는 것은 막부라고 해도 상당히 어려웠다. 그리고 현실적으로는 경제사회화가 진행되고 있었지만 다테마에タテマェ 상으로는 유교적 이념에 묶여 경제발전을 촉진하는 정책을 일관되게 추진할 수도 없었다. 이른바 막부정치 상의 3대 개혁－교호享保(1716～1745), 간세이寬政(1787～1793), 덴포天保(1841～1843)－은 모두 확대되는 경제활동에 위기의식을 느낀 보수층이 취한 축소균형정책이라는 성격이 강하다. 그러한 가운데 다누마田沼 시대의 확대정책은 특이한 것이었지만 이 역시 일관된 확대정책은 아니었다. 하물며 전국 각 번이 막부와 보조를 맞추어, 긴축정책과 확대정책을 취할 수 있는 사회는 아니었다. 쇼군 요시무네吉宗에 의해 긴축적인 교호 개혁이 진행되는 와중에도 도쿠가와 가의 고산케御三家[에도 막부의 성립과 함께 도쿠가와 이에야스가 쇼군이 되었지만, 쇼군 가를 계승할 수 없을 경우에 대비해서 자신의 자식들 가운데 3명을 도쿠가와 가의 양자로 들일 수 있는 다이묘로 지정하고, '고산케'를 설치하였다. 즉 미토水戶, 나고야名古屋(오와리尾張), 와카야마 和歌山(기이紀伊)다. 실제로 미토와 와카야마로부터 쇼군 가의 양자가 배출

되었다 | 역주]의 하나였던 오와리 번尾張藩의 번주 요시하루吉春는 일종의 확대정책을 폈다. 막부가 독점적으로 행사할 수 있었던 경제적 권한은 일반적으로 외국무역과 화폐주조였는데, 이 두 가지 역시 완전하지는 못했다. 외국무역과 관련해서는 분명 나가사키에서의 대 네덜란드 무역과 대 중국상인과의 무역에 대해 독점적인 관리권한을 행사할 수 있었지만, 쓰시마 번對馬藩의 대 조선 무역과 사쓰마 번薩摩藩의 대 류큐琉球 무역에 대해서는 내용조차 파악하지 못했다. 화폐도 당시의 정식 화폐라고 할 수 있는 금·은화의 주조는 막부가 관할하였지만, 번찰藩札의 경우 18세기 중반(교호 기享保期) 이후가 되면, 사실상 발행자인 번의 신고만으로도 발행이 가능해졌기 때문에 통화유통량을 완전히 통제할 수 있었던 것은 아니었다.

다만, 막부와 번들의 경제정책 가운데 특정 산업과 특정 상품에 대한 생산 보호육성정책이 출현하게 된 것은 주목할 만하다. 이들 중 대부분은, 예를 들어 번전매제藩轉賣制라는 레텔이 붙여져, 서민층의 상품생산을 저해했다는 부정적인 평가를 받는 경우가 많다. 분명 그러한 성격도 무시하기 힘들지만, 본래 경제활동을 부정해 온 근세 영주층이 경제활동 분야로 진출할 수밖에 없었다는 점, 그리고 자금의 대부를 주요 목적으로 하는 국산회소國産會所의 설립 등을 장기적인 관점에서 본다면, 정부에 의한 일종의 식산흥업정책殖産興業政策이라고 할 수 있다. 때문에 메이지기와의 연속성을 발견하기가 그리 어려운 것은 아니다. 다만, 이러한 막부와 번의 정책은 대부분 결과적으로 실패로 돌아갔다. 보다 중요한 사실은 이러한 정책의 출현으로 대두하게 된 경제관료군의 존재일 것이다. 이들은

256

물론 자신이 속한 번이나, 경우에 따라서는 막부의 재정난 타개를 당면의 목표로 삼았는데, 그 경험이 막번제 해체 후 메이지 정부의 정책으로 계승된 것은 아닐까.[22]

한편, 근세 일본의 경제는 만약 국민경제의 성립을 전제로 할 수 있다면 모델화도 할 수 있지 않을까 하는 욕심이 생긴다. 최근, 이러한 모델화에 도전하는 두 개의 업적이 발표되었다.[23] 다만, 근세의 전국적 수량자료로서 생산량에 대한 자료가 전혀 없기 때문에 국민계정과 같은 체계를 갖춘 모델은 생각이야 할 수 있겠지만 검증이 불가능하기 때문에 역시 영원한 가설로 남을 수밖에 없다. 따라서 모델 작성의 "작업은 본래 정밀한 계량분석에 의거하든가, 그러한 작업이 데이터 상 불가능하다면 하나하나의 사실을 치밀하게 맞추어 가야[24]" 하지만 현실적으로는 불가능하다. 그래서 우선, 농업의 생산함수를 설정하고, 이를 동학식動學式으로 변환시켜 인구, 자본, 경지면적 등의 투입계열이 어떻게 변화하는지를 관찰한다. 그리고 이러한 생산요소들 간의 비율변화 속에서 생산량과 기술변화의 관계들을 파악하는 방식을 취해야 한다. 그 '실험' 결과를 통해, 이 장에서 제시한 근세 경제발전의 코스를 거의 모두 확인할 수 있다.

그러나 근세일본의 경제발전에 대한 전국적 모델을 작성한다는 것에

22) 이러한 문제에 대해서는 니시카와 슌사쿠西川俊作에 의한 일련의 업적이 주목할 만하다. 문헌 〈21〉.

23) 하나는 K·야마무라에 의한 것으로 문헌 〈3〉 의 제3장이 있고, 이는 니시카와 슌사쿠에 의해 소개되었다. 문헌 〈21〉 1978년 3월호. 다른 하나는 미야모토 마타오宮本又郎에 의한다. 문헌 〈15〉.

24) 문헌 〈15〉 19쪽.

대해서는 상당한 의문이 남는다. 앞서 이야기한 바와 같이, 18세기 이후 동북지방처럼 경제가 쇠퇴한 예도 있기 때문이다. 그래서 생산량 증대가 인구증대를 크게 웃도는 지역(기나이가 대표적이다)과 그 반대 지역(동북지역)으로 나누어 두 가지 모델을 작성해 보려는 시도도 이루어지고 있다.[25]

결국, 이러한 모델은 생산량 혹은 소득통계가 결여될 경우, 시론 혹은 가설로 그치고 만다. 물론, 이러한 시도에도 나름대로 의미가 있고, 특히 개별적으로 관찰되는 사실—각 생산요소, 특히 인구, 물가변동—을 결합시켜 설명할 수 있다는 의미에서 앞으로 중요하게 다루어져야 할 것이다.

한편, 이러한 방법은 고찰의 범위를 데이터 입수가 가능한 지역으로 한정할 경우 충분히 그 위력을 발휘한다. 번 규모의 경제·사회 조사에서 최상의 자료로 여겨지는 『보초 풍토주진안防長風土注進案』은 1840년경 조슈번長州藩의 촌들의 각 생산요소와 소득(비농업소득 포함)에 대한 통계적 정보를 포함하고 있다. 따라서 생산 및 소비함수의 분석, 나아가 단순화시킨 형태기는 하지만 투입산출의 분석이 가능하다. 그에 관한 최근의 연구성과는 막부 말기 이 지방에서의 생산요소들의 조합방식을 비롯하여, 농민의 소득구조에 이르기까지 수많은 새로운 발견들을 제시하고 있다.[26] 예를 들어, 이 지역의 비농업소득이 선행 연구에서도 밝혀져 있지만, 얼마나 높았는지 나타나 있고, 이를 통해 반대로 총소득에 대한 연공부담률이

---

25) 앞서 야마무라의 모델 참고. 문헌 〈3〉.

26) 西川俊作·石部祥子·穐本洋哉에 의한 일련의 성과가 있다. 문헌 〈1〉, 〈17〉, 〈18〉, 〈2〉, 〈20〉.

낮았음을 확인할 수 있다. 그렇다면, 여기에서는 '여력의 형성→자본형성 →기술진보→1인당 생산량 증가→다시 여력의 형성'이라는 형태로 근대 경제 성장에서 바람직한 상관관계가 이미 준비되었을 가능성을 시사한다 고 할 수 있지 않을까.

이상의 여러 성과 외에도 근세일본의 경제발전을 다룬 문헌은 적지않다. 하지만, 전체를 통틀어 알 수 있는 사실은 생산 그 자체에 관한 위와 같은 시각에 입각한 업적이 의외로 적다는 사실이다. 근세 일본에서 농업과 수공업 생산성이 어떻게 얼마나 증대했는가라는 기본적인 문제가 아직 해결되지 않고 있다. 최초에 지적했듯이 생산통계가 부족하여 연구업적은 생산의 조직과 제도에 집중되어 있고, 경제발전의 가장 중심이 되는 생산성 에 대해서는 간접적인 언급 정도로 그치고 있다. 생산성 증대에 대한 구체적인 검증 없이, 경제발전을 주지의 사실처럼 논한다는 것은 어떤 의미에서는 큰 위험이 따르는 작업이다. 만약, 전국 또는 지역적 규모의 연구가 불가능하다면, 개별사례의 집적을 통해서라도 이러한 문제에 대한 해답을 준비하는 것이 급선무라 할 것이다.27)

---

27) 예를 들어, 필자는 근세의 농업발전이 생산요소 가운데 오로지 노동의 증대에 의해서만 실현되었고 자본은 오히려 감소한 것이 아닐까라는 견해를 제시하였다 (문헌 〈10〉). 만약, 그렇다면, 통상 단위노동시간당 생산량은 오히려 감소하였 을 가능성도 배제할 수 없다.

문 헌

〈1〉 穐本洋哉・西川俊作,「一九世紀中葉防長兩國の農業生産關數」,『経済研究』제26권 제4호, 1975.

〈2〉 穐本洋哉,「一九世紀中葉周防大島宰判の消費關數」, 梅村又次 他 編,『數量経済史論集1日本経済の發展－近世から近代へ』,　　日本経済新聞社, 1976.

〈3〉 Hanley, Susan B. and Yamamura, Kozo, *Economic and Demographic Change in Preindustrial Japan, 1600-1868*, Princeton, 1977.

〈4〉 速水融,「戰後における日本社會経済史研究の動向」, 増田四郎 他 編,『社會経済史体系 X』, 弘文堂, 1960, 137～162쪽.

〈5〉 速水融,「德川後期人口変動の地域的特性」,『三田學會雜誌』제64권 제8호, 1971.

〈6〉 速水融・内田宣子,「近世農民の行動追跡調査」,『研究紀要』, 德川林政史研究所, 1971・1972.

〈7〉 速水融,『日本における経済社會の展開』, 慶応通信, 1973.

〈8〉 速水融,『近世農村の歴史人口學的研究』, 東洋経済新報社, 1973.

〈9〉 速水融,「近世後期地域別人口変動と都市人口比率の關連」,『研究紀要』, 德川林政史研究所, 1975.

〈10〉 速水融,「近世日本の経済發展とindustrious revolution仮說」, 新保博・安場保吉 編,『數量経済史論集 II 近代移行期の日本経済』, 日本経済新聞社, 1979.

〈11〉 今井林太郎・八木哲治,『封建社會の農村構造』, 有斐閣, 1955.

〈12〉 岩橋勝,「德川期米価の地域間格差と市場形成」, 社會経済史學會 編,『新しい江戸時代史像を求めて』, 東洋経済新報社, 1977.

〈13〉 菊地利夫,『新田開發(上・下)』, 古今書院, 1958.

〈14〉南和男, 『幕末江戸社會の研究』, 吉川弘文館, 1978.

〈15〉宮本又郎, 「一人当り農業産出高と生産諸要素比率－徳川時代の経済發展に關する一つの覺書」, 梅村又次 他 編, 『數量経済史論集1 日本経済の發展－近世から近代へ』, 日本経済新聞社, 1976.

〈16〉宮本又郎, 「米価変動と米穀市場, 社會経済史學會 編, 『新しい江戸時代史像を求めて』, 東洋経済新報社, 1977.

〈17〉西川俊作, 「生産・消費と所得稼得」, 新保博・速水融・西川俊作, 『數量経済史入門』, 日本評論社, 1975, 119～167쪽.

〈18〉西川俊作・石部祥子, 「1840年代三田尻宰判の経済計算」, 『三田學會雜誌』 第68권 第90호, 1975.

〈19〉西川俊作, 「『國富論』前後の江戸時代を推論する－日本のアダム・スミス－三浦梅園」, 『エコノミスト』 1975년 11월 11일호.

〈20〉西川俊作, 「1840年代防長兩國における三品の産出高と投入係數」, 『三田商學研究』 第19권 第1호, 1976.

〈21〉西川俊作, 「日本型経済政策の源流」, 『経済セミナー』 (1)～(5), 1977년 1월호～1978년 7월호.

〈22〉齋藤修, 「農業賃銀の趨勢－徳川中期から大正前期にかけて」, 『社會経済史學』 第39권 第2호, 1973.

〈23〉齋藤修, 「徳川後期における利子率と貨幣供給」, 梅村又次 他 編, 『數量経済史論集1 日本経済の發展－近世から近代へ』, 日本経済新聞社, 1976.

〈24〉齋藤修, 「徳川中期の實質賃銀と格差」, 『社會経済史學』 第41권 第5호, 1976.

〈25〉佐野陽子, 「建築勞働者の實質賃銀：1830～1894」, 『三田學會雜誌』 第55권 第1호, 1961.

〈26〉佐々木陽一郎, 「江戸時代都市人口維持能力について」, 社會経済史學

會 編,『新しい江戸時代史像を求めて』, 東洋経済新報社, 1977.

〈27〉關山直太郎,『近世日本人口の構造』, 吉川弘文館, 1958.

〈28〉新保博・速水融・西川俊作,『數量経済史入門』, 日本評論社, 1975.

〈29〉新保博,『近世の物価と経済發展』, 東洋経済新報社, 1978.

〈30〉Smith, Thomas C., *The Agrarian Origins of Modern Japan*, Stanford, 1959(大塚久雄 監譯,『近代日本の農村的起源』, 岩波書店, 1970).

〈31〉Smith, Thomas C., "Pre-Modern Economic Growth: Japan and the West," P*ast & Present* No. 60, 1973(社會経済史學會 編,『新しい江戸時代史像を求めて』, 東洋経済新報社, 1977, 153～192쪽「全近代経済成長－日本と西歐」).

〈32〉高橋梵仙,『日本人口史之研究』, 三友社, 1966.

〈33〉梅村又次,「德川時代の人口の趨勢とその規制要因」,『経済研究』제16권 제2호, 1965.

〈34〉梅村又次,「建築勞働者の實質賃銀: 1726-1958」,『経済研究』제12권 제2호, 1967.

〈35〉吉田義信,『置賜民衆生活史』, 國書刊行會, 1973.

Ⅳ. 역사인구학을 통해 본 에도 시대

들어가며

지금까지 여러 기회를 통해 발표해 왔던 바와 같이, 에도 시대에 대한
역사인구학적 관찰을 통해 몇 가지를 새롭게 발견할 수 있었다.[1] 이
장은 먼저 그러한 발견을 정리하고, 관찰 결과를 짚어보는 데서부터 시작하
고자 한다. 그리고 정리된 사실을 종래 많은 사람들이 생각해 온 에도
시대사론과 비교하여 어떤 차이점이 있는지 밝힐 것이다. 동시에 그러한
차이가 왜 발생했는지를 생각해 본 후, 필자 나름대로 에도 시대의 역사상
을 새롭게 제시해 보겠다.[2]

다만, 그렇다고는 해도 현재 필자의 능력으로 직접 1차 사료를 이용할
수 있는 것은 일부 지역의 인구사료로 제한되어 있고, 그 자료가 에도
시대의 전체상을 묘사할 수 있다고는 생각지 않는다. 말하자면 일부분에
지나지 않는 것이다. 그러나 부분이라고는 해도, 전체로서의 에도 시대사
안에 위치지울 수는 있을 것이다. 그렇지 않다면, 역사연구는 섬세한
세공(miniature)에 지나지 않게 되고, 전체적인 구도를 그려내는 작업
같은 것은 애초부터 불가능하게 될 것이다. 그렇게 되면 역사연구는 그저
단순한 오락거리로 전락해 버리고 말 것이다. 역사연구에는 치밀한 실증
연구 과정이 필요하고 동시에 그와 관련시켜 가면서 전체적인 윤곽을

---

1) 신슈信州 스와諏訪 지방 연구에 대해서는 速水, 『近世農村の歷史人口學的研究』(東
洋経済新報社, 1973), 노비濃尾 지방에 대해서는 速水, 『近世濃尾地方の人口·
経済·社會』(創文社, 1993)와 『江戸農民の暮らしと人生』(麗澤大學出版會,
2003) 참고.

2) 한편, 필자의 에도 시대 경제사상史像에 대해서는 速水融,「日本経済史における中
世から近世への轉換」(『社會経済史學』39-특집호, 37-1, 1971)과 본서 Ⅰ의 제
2·3장에서 그 원형을 제시하고 있다.

잡아나가는 작업이 항상 필요하다. 그리고 이러한 작업은 계속 수정해 가지 않으면 안 된다고 확신하고 있다.

주요 관찰결과(1) – 종문개장宗門改帳에 의한 소인구

역사인구학은 historical demography의 번역어인데, demography라는 단어를 인구학이나 인구통계라는 단어로 해석할 경우 상당히 오해의 소지가 있다. 메이지 초기에는 statistics를 정표政表, demography를 민세학 民勢學으로 번역하였는데, 이 같은 표현이 오히려 단어의 의미를 정확하게 나타낸 것으로 보인다. 특히, historical demography는 발상지인 프랑스와 영국에서는 단순한 역사적 인구통계를 의미하는 것이 아니다. 근대적 국세조사國勢調査(census)가 성립하기(서유럽에서는 약 19세기 초) 이전 사회에 대해, 특히 일반 서민의 생활과 행동을 수량사료를 이용하여 통계 처리를 행함으로써 밝히는 연구분야라고 정의할 수 있다.[3]

때문에 historical demography는 역사민세학이라고 번역해야 한다는 오사카 대학 명예교수 마루야마 히로시丸山博의 견해[4]에 찬성이다. 물론 일본에는 인구학이라는 단어가 이미 정착되어 있기 때문에 어쩔 수 없이 역사인구학이라고 부르고는 있지만, 내용은 앞에서 설명한 바에 따라 이해해 주었으면 한다.

이 논문이 수록된 대학 정기 간행물[紀要]의 몇몇 다른 논문에서도 인용한 바와 같이, 에도 시대의 주요 역사인구학 사료는 종문개장宗門改帳이다.

---

3) 서유럽에서의 역사인구학 성립에 대해서는 新保博·速水融·西川俊作, 『數量経済史入門』(日本評論社, 1975), 제2장 참고.
4) 1970년도 제22회 일본인구학회대회函館大學에서의 같은 교수의 발표.

특히, 이 사료를 일정 지점에서 장기간에 걸쳐 이용할 수 있다면 그 사료적 가치는 매우 높아질 것이다. 실제로 근대 이전 사회에 살았던 서민의 생활에 대해 이 정도로 풍부하고 신뢰성 있는 정보를 제공해주는 사료는 세계 어디에서도 찾아보기 어려울 정도다.5) 종문개장의 사료로서의 성격과 역사인구학 연구와 관련된 이용법에 대한 상세한 설명은 다른 기회로 미루기로 하고,6) 여기서는 필자에 의해 개발된 개인 추적법을 적용하여 얻을 수 있었던 에도 시대 미노 지방의 한 농촌 출신 두 남녀의 생애에 대해 기술해 보도록 하자.

(A) 1818년文政 원년, 이 마을村의 쇼야庄屋 곤자에몬權左衛門의 집안에 한 남자아이가 태어났다. 이름을 야시로弥四郎라고 지었다. 당시 아버지는

---

5) 앞서 서유럽에서 역사인구학이 성립된 것은 대개 16~17세기에 시작된 교구부책 敎區簿冊(parish register)을 이용한 가족복원법(family reconstitution)이 적용되면서였다. 그 사료는 교구민의 세례와 매장 기록을 출생과 사망 기록으로 간주하고, 여기에 다시 결혼을 추가하여 세 개의 파라미터로 가족(부부)의 인구학적 행동을 복원하는 대단한 작업이었다. 이 연구는 사회경제사에 지대한 공헌을 하였지만, 이동에 대한 정보를 직접 얻을 수 없다든지, 그 교구의 정태인구통계―총인구수, 연령별 구성, 세대규모별 구성 등―을 알 수 없다는 한계를 안고 있다. 이러한 것들을 밝히기 위해서는 호적부형 또는 센서스형 사료가 있어야 한다. 교구부책에 대해서는 小松芳喬,「イギリス人口史資料としての教區記錄簿」(社會經濟史學會 編,『經濟史における人口―社會經濟史學會第37會大會報告』, 慶応通信, 1969)를, 그리고 가족복원에 대해서는 잉글랜드 요크서의 교구부책을 사용한 연구로서 安元稔의 일련의 업적과 그 가운데서도「産業革命期におけるリーズの都市化と人口」(『社會經濟史學』 39-6, 第42回大會特集号, 1974) 참고.

6) 速水融,「宗門改帳―歷史人口學研究資料としての性格と整理法」(日本古文書學會第8回大會, 1975, 奈良市 大和文華館에서 발표)에서는 이 자료를 사용한 정리방법을 설명했다.

46세, 어머니는 30세였다. 아버지는 재혼으로서 사망한 전처와의 사이에 1남1녀의 자식을 두고 있었고, 야시로 어머니와의 사이에도 이미 누나 둘, 형 한 명을 두고 있었기 때문에 야시로는 아버지 입장에서 보면 여섯 번째 아이였다. 곤자에몬 집안은 대대로 이 마을의 쇼야庄屋(마을의 공무를 담당하는 촌장으로 무사계급은 아니다. 쇼야의 선출방식은 다양했는데, 지명, 선출 교대交代 등이었다 I 역주)를 맡아 왔고 동시에 이 마을 제일의 지주이기도 했다. 1818년 당시 촌내에서 약 10헥타르의 전답을 소유하고 있어, 마을에서 제2인자와의 차이도 상당했다. 집에는 항시 3~4명의 하인과 하녀下男·下女를 두고, 촌내에서는 얼마 안 되는 말도 몇 마리 키우고 있었다. 야시로는 18세까지 부모와 함께 살았는데, 그동안 집안에서 이렇다 할 큰 변화는 없었다. 누나 한 명이 21세에 시집을 가고 할머니가 82세까지 천수를 누리다 사망한 정도다. 1835년天保6 야시로는 동쪽으로 약 6km 떨어진 나카지마 군中島郡 스가 촌須賀村에 살고 있는 곤도 리안近藤里庵이라는 의사 집안에 제자로 들어가 의학을 공부하기 시작한다. 그리고 1839년天保10에는 교토로 옮겨가 고야마 게이스케小山敬助 밑에서 의사 수업을 받는다. 1841년天保12 24세의 나이로 고향으로 돌아왔는데 이 때 이미 아버지는 사망하고 큰형이 그 뒤를 이었고, 차남은 다른 집으로 양자로 가고 또 다른 누나도 다른 마을로 시집을 간 상태였다. 야시로는 호안甫安으로 이름을 바꾸고 의사로 활동하기 시작한다. 1845년弘化2 28세의 나이에 북쪽으로 약 12km 떨어진 오노 군大野郡 미카이치 촌三日市村 출신의 여성과 결혼하고 동시에 분가하여 독립한다. 당시 부인은 17세였고, 분가 당시 약 1.5헥타르의 경지를 분배받는다.

268

여기까지 호안의 인생은 순조로웠지만, 이후의 경위는 꼭 그렇지만은 않았다. 1849년嘉永2 아직 자식을 얻기 전에 아내가 21세를 일기로 사망한다. 호안은 1851년 34세의 나이에 21세가 되는 전처의 동생과 재혼한다. 1853년嘉永6, 1855년安政2, 1858년安政5에 각각 여아를 얻고, 1863년文久3까지 가업도 번성하여 소유한 전답은 약 3헥타르까지 늘어났지만, 같은 해 46세의 나이로 병사하고 만다.

호안이 사망한 후 1868년慶応4 장녀에게 양자를 들여 다시 한 번 의업을 잇는다.

(B) 1772년安永1 땅을 소유하지 못한無高 야지로弥次郎 부부 사이에서 태어난 스미すみ에게는 언니 둘과 오빠 한 명이 있었고 모두 성인이 되었다. 남동생 한 명은 요절했지만, 다른 남동생과 여동생은 성인이 되었다. 스미는 14세에 우선 나고야초名古屋町에서 봉공을 하고, 1790년寬政2 19세 때 1년 정도 귀향하였다가 다시 오가키大垣의 무가 집안으로 봉공을 나간다. 1795년寬政7 오가키데초大垣出町의 다지마야田島屋라는 상인의 집안으로 시집가서, 나카센도中山道의 후와 군不破郡 다루이야도垂井宿로 이사해서 살았다. 그러나 남편이 병사하자 1808년文化5 37세에 여섯 살 난 아들을 데리고 고향으로 돌아왔다. 잠시, 부모와 동거한 후 1815년文化12 44세의 나이에 북쪽으로 약 6km 떨어진 니시유이 촌西結村으로 농업 봉공을 나가서 1837년天保8 66세로 사망하기까지 그 곳에서 일했다. 아들은 오가키초로 봉공을 나갔다.

이상은 안파치 군安八郡 니시조 촌西條村에 완벽하게 남아 있는 100년간에 걸친 종문개장[7]에 개인추적법을 적용하여 얻은 개인의 생애기록의 두 사례다. 이 마을村은 매우 자세한 내용의 종문개장을 매년 작성하고 있던 오가키 번大垣藩이 담당한 직할지天領에 속해 있었다. 더구나 작성자—아마도 쇼야庄屋였을 것이다—의 메모로서, 종문개장이 작성된 특정 기간인 1년 사이에 발생한 촌민들의 변동이 상세하게 기록되어 있다. 따라서 전국 어디에서도 이렇게 서민생활의 모습을 구체적으로 담고 있는 것은 없을 것이다. 오히려 이 경우는 매우 운 좋은 사례 중 하나일 것이다. 아무튼 이처럼 서민생활의 구체적인 모습을 사료를 통해 분명히 볼 수 있는 사례가 어디에 또 있을까. 모두가 이처럼 완전하지는 않아도, 니시조 촌의 종문개장에 1년이라도 등장하는 남녀는 총 1886명이고, 이들의 생애를 우리는 많든 적든 추적해볼 수 있다. 필자가 현재 진행하고 있는 미노, 오와리 지방 종문개장에 대한 분석 가운데 개인추적조사법을 적용할 수 있는 곳은 10개 촌이 채 안 된다. 하지만, 아마도 만 명 이상의 서민생활을 엿보기에는 충분할 것이다.

그리고 같은 연구그룹 일원인 사사키 요이치로佐々木陽一郎는 도시의 종문개장으로서는 가장 양질의 내용이 담긴 히다다카야마飛驒高山의 사료에 개인추적조사법을 적용하여 약 4만 명에 달하는 종문개장 등록자의 생애기록과 현재 씨름하고 있는 중이다. 그 성과가 근시일 내에 발표되겠지만, 대상이 4만 명을 넘어서면 이미 수작업의 처리 범위를 넘어선다. 이는 컴퓨터가 처리해야 할 범위라고 할 수 있다.8)

---

7) 릿쿄 대학立教大學 소장. 이 사료의 열람과 인용에 관해서는 같은 대학 하야시 히데오林英夫 교수의 호의를 잊을 수 없다.
8) 1976년도에 개최된 社會經濟史學會大會共通論題 '江戸時代社會經濟史への新しい接近'에 발표.

이러한 개인추적조사법의 관찰 결과는 『근세 미노, 오와리 지방의 인구·경제·사회近世濃尾地方の人口·經濟·社會』(創文社, 1992)에 실려 있기 때문에 중복은 피하고자 한다. 하지만 굳이 한 가지만 이야기하자면, 이 관찰결과는 농민에 대한 법적 규제가 어떠했던 간에 에도 시대에 살았던 농민의 구체적인 모습이라는 것이다. 예를 들어, 얼마나 많은 농민(적어도 그 마을 출신자)이 도시 생활에 대해 알고 있었는지 등이다. 실제로 남자는 11세까지 생존했던 자 가운데 약 40%, 여성은 약 50%가 도시생활을 경험하였다. 게다가 이 수치는 1년 이상의 장기체류에 대한 수치로서, 대개 10년 이상 도시생활을 경험하고 있다. 단기계절적 체류나 여행에 의한 도시체류라면, 이 비율은 더욱 높아져서 대략 60~70%에 이르지 않을까 싶다. 즉, 과반수의 농민이 도시생활을 경험했다는 이야기가 된다. 이러한 사실이 주는 의미는 매우 크다고 할 수 있다. 당시, 그리고 현재에도 말할 수 있는 사실은 도시생활과 농촌생활은 인간의 생활 형태에 분명히 차이가 있고, 그 차이는 농촌에서 자급자족 부분이 많았던 에도 시대 쪽이 훨씬 더 컸을 것이다.

최근, 밝혀지고 있는 에도 시대 대도시 주민들의 생활패턴은 원리적으로 말해 상상 이상으로 현재에 가깝다. 다만, 협의의 인구학적 지표에 따르면, 현재와는 달리, 도시의 사망률이 출생률을 상회(농촌은 반대로 출생률이 높다)한다. 이는 인구의 유지를 도시 내부에서만으로는 할 수 없었음을 의미하는 것으로, 현재와의 중요한 차이다. 이는 동시에 에도 시대에 농촌→도시의 방향으로 대량의 인구이동을 발생시키는 원인이 되었다고 할 수 있다. 이 문제에 대해서는 이미 검증한 바 있다.9)

아무튼 이러한 종문개장을 이용한 연구를 통해 중요한 개별 인구지표가 밝혀졌다. 그리고 종문개장은 마을町과 촌을 단위로 해서 작성되었고, 개별 지점에 대한 분석을 집계해서 한 지역을 연구하는 것은 시간을 들이면 가능하다는 것이 판명되었다. 하지만, 필자가 수행하고 있는 미노와 오와리 지방의 연구에서도 해결해야 할 몇 가지 어려운 문제가 있다. 예를 들어, 종문개장에는 앞서 기술한 오가키 번大恒藩이 맡았던 직할지처럼 매우 정밀한 기록을 남긴 곳도 있지만, 그다지 상세하지 않은 경우도 있다. 미노 지방처럼 영지관계가 복잡한 이른바 비영국지역非領國地域에서는 기재 기준을 달리하는 자료들을 가지고 통일된 통계자료를 작성하는 과정에서 수많은 문제가 발생할 수 있음을 쉽게 알 수 있다.

그리고 가령 그러한 문제가 해결된다 하더라도, 현존하는 이용 가능한 사료의 잔존 상황으로 보건대 취급이 가능한 인구는 작은 인구집단이 될 수밖에 없다.[10] 결과적으로 작은 인구집단에서 관찰되는 사실이 그 지역을 대표할 수 있을지의 여부, 그리고 통계처리 상의 문제가 없다고 할 수 있을지의 여부 등 논의의 여지는 많다. 결국, '전혀 없는 것보다는

---

9) 앞의 「近世後期地域別人口変動と都市人口比率の關連」 참고.

10) 현 시점에서 수집할 수 있는 마치町와 무라村의 종문개장宗門改帳은 세이노西濃 지방을 중심으로 한 것으로서 마치와 무라의 수는 약 50개 정도 된다. 이들 지역은 모두 30년도분 이상의 사료를 갖고 있다. 이 같은 사료를 수집하는 과정에서 도움을 아끼지 않은 기후현 자료관 준비실장岐阜縣資料館準備室長 후나토 마사이치船戸政一의 호의에 대해서는 감사를 이루 말로 다하기 어렵다. 그리고 같은 사료준비실 소속의 여러분과 기후 현사岐阜縣史 편찬에 참여해 주신 여러분들의 후의가 없었다면, 5년 동안 대략 50개나 되는 곳의 대량의 사료를 수집하기란 현실적으로 불가능했을 것이다. 그런데 이 50이라는 숫자도 세이노西濃 지방의 5%도 되지 않는 숫자다.

나은' 상태 정도일지 모르겠다. 하지만, 이러한 문제도 역시 역사연구에는 통상 있을 수 있는 일이기도 하다.

주요 관찰결과(2) - 전국 규모의 차원에서

종문개장은 분명 우리에게 정밀한 정보를 제공하지만, 사료의 잔존 상황으로 미루어 마을町과 촌을 단위로 하는 비교적 소규모 인구집단만을 취급한다는 것을 의미한다. 그럼 보다 대규모의 인구집단 즉, 번이나 전국을 단위로 하는 인구는 취급할 수 없을까. 이러한 작업 또한 에도 시대의 일본에서는 가능하다. 이하에서는 그 가운데 전국 규모의 인구를 살펴보고자 한다.

막부는 1721년享保6 이후, 1726년부터는 6년 간격으로 1회, 자오년子午年에 각 대관代官, 각 영주에게 명하여 지배 하에 있는 서민의 인구수를 보고하게 하고, 이에 기초하여 지방별·성별로 전국 인구를 조사하였다. 물론, 이 조사에는 무사들이 빠져 있었고 각 번은 각자의 조사방법을 이용했기 때문에 그 기준이 각양각색이었다. 또한, 현존하는 최종 연차인 1846년弘化 3까지 모두 22회에 걸쳐 조사가 이루어졌지만, 상세한 지방별 수치를 얻을 수 있는 조사자료는 단 12회분에 불과하다. 이 같은 이유 때문에 자료는 귀중하지만 이용되지 못했거나, 이용되더라도 대부분 인구 정체의 증거자료로만 이용되는 데 그쳤다.[11] 그러나 여하튼 한 지방의

---

11) 이러한 의미에서 그 자료를 적극적으로 다룬 세키야마 나오타로關山直太郞 교수의 『近世日本の人口構造』(吉川弘文館, 1958/1969)는 높이 평가되어야 한다. 그리고 근대 경제발전이라는 측면에서 접근을 시도한 우메무라 마타지梅村又次 교수의 「德川時代の人口趨勢とその規制要因」(『経済研究』16-2, 1965)은 일본인구사

인구를 조사하고, 지방별 또는 몇 개 지방을 합한 지역별 데이터를 종합적으로 이용할 수 있는 사례로서, 자료 연대가 오래되었다는 점에서는 세계적으로도 희귀한 자료라고 할 수 있다. 조사를 시작한 것은 쇼군 요시무네將軍吉宗인데, 18세기 초반(덴포 기享保期)은 막부가 분명하게 국민국가를 인식하고 무역과 화폐 등의 측면에서 경제정책의 이름에 걸맞는 여러 정책을 실행하기 시작한 시기다. 따라서 그 시기가 전국 인구조사를 개시한 시점과 일치한다는 점 등의 사정을 고려하면, 중요한 의미를 지닌다고 하겠다.

  막부에 의한 전국 인구조사는 대부분 각 번과 각 대관의 의무였던 종문개宗門改의 합계수치로 보이지만 그 수치에는 결함이 많아서 인구의 절대수로 보기에는 무리가 있다. 통계로 처리하기에는 신뢰성이 너무 낮다. 하지만, 이것을 각 지역에서 인구 변동지수로 간주할 수는 있을 것이다. 물론 몇 가지 유보조건을 붙여야 하지만, 상대치라면 사용에는 별 문제가 없다. 번國 혹은 일정 지역의 인구 총수를 알 수 있다면, 그보다 좋은 것이 없겠지만, 알 수 없다고 해서 역사인구학이 성립할 수 없는 것은 아니다. 이는 역사인구학이 근대 이전, 일정 지역의 인구를 알 수 있는 자료가 없거나 있더라도 매우 드물었던 서유럽에서 발생한 사실을 보더라도 알 수 있다.[12)]

  이렇게 생각하면, 조사는 두 가지 의미에서 중요하다고 할 수 있다.

연구에 새로운 국면을 연 획기적인 업적이라 할 수 있다.

12) 예를 들어, 잉글랜드에서 정부에 의해 이루어진 전국인구조사자료를 얻을 수 있는 경우는 역시 19세기의 센서스 조사부터다. 그 이전에는 그레고리 킹이나 그 밖에 누구든 '추계推計'에 지나지 않는다. 때문에 18세기 산업혁명기의 인구증대에 대해서는 현재 경제사가들 사이에서도 논쟁이 계속되고 있다. 예를 들어 琴野孝, 「イギリス産業革命と人口史研究」(『經濟史における人口』) 참고.

하나는 조사를 했다는 사실 그 자체고, 두 번째는 조사 결과에 대해서다. 전자는 세키야마 나오타로關山直太郎 교수에 의해 지적되었고, 이는 그의 저서『근세일본의 인구구조』에서 핵심을 이루었다. 하지만, 후자에 대해서는 아직까지 개척의 여지가 남아 있다. 그 개척을 시도한 것이 필자의 「도쿠가와 후기 인구변동의 지역적 특성 德川後期人口変動の地域的特性」이다. 이 논문에서 지적한 것은 에도 시대 후반 인구변동의 지역적 차이가 현저하다는 점이다. 대체로 동북·관동 지역에서는 감소, 중앙에서는 정체, 서일본에서는 증가 추세가 관찰된다. 그리고 대체로 태평양 측보다는 동해 측에서 증가하고 있다. 예를 들어, 같은 오우奧羽 지방이라도 무쓰陸奧는 현저히 감소한 반면, 데와 국出羽國에서는 오히려 약간 증가하였다. 호쿠리쿠北陸 지방은 가장 높은 증가율을 보인 지역 중 하나고, 산인山陰의 몇몇 지역에서도 증가율은 상당히 높았다.13)

가장 큰 감소를 보인 곳은 북관동의 3개 국上野·下野·常陸이며, 1721년 享保6부터 1846년弘化3에 이르는 125년 동안 184만 명에서 133만 명으로 27.7% 감소하였다. 1721년享保6에는 거의 같은 규모의 인구를 가진 산요山陽 6개 국(미마사카美作 제외)에서 나타난 24% 증가와 비교하면 좋은 대조를 이룬다. 일반적으로 '관동 농촌의 황폐'라고 불리는 현상이다.

---

13) 각 지방별로 1721~1846년 동안 전 기간에 걸친 변화, 평상년의 변화, 재해년의 변화 등 세 부분으로 표시해 두었다(速水融,「德川後期人口変動の地域的特 性」). 한편, 여기에서의 재해년의 변화라는 것은 에도 시대 후기, 인구변동에 커다란 영향을 끼쳤다고 여겨지는 3대 재해─교호享保의 황해蝗害에 의한 흉작, 덴메이天明 냉해에 의한 연속된 흉작, 덴포天保 유행병─를 포함하는 연대간 변화의 합계를 말한다. 평상년의 변화란 전기간의 변화로부터 재해년의 변화를 제외한 나머지 연도의 변화 합계를 가리킨다.

여기에서 지적해 두고 싶은 것은, 지금의 북관동 지방과 산요가 좋은 예인데, 인구에서 전국의 합계치는 이 기간 동안 거의 변하지 않았다는 사실이다. 즉, '정체'하였던 것이다. 하지만, 이는 어디까지나 전국의 합계치를 말할 때의 이야기고, 지역간 변동의 차이는 의외로 컸다. 필자는 오히려 전국 인구가 언뜻 '정체'한 것으로 보이는 것은 우연일 뿐이고, 어떤 적극적인 이유가 작용한 결과 '정체'된 것은 아니라고 생각한다. '정체'의 구체적인 이유를 찾을 필요는 없을 것이다. 왜냐하면 당시 인구가 현재와는 달리 '이동의 자유'가 없는 성질을 띠고 있었기 때문이다. 다만, 이 경우에도 '이동의 자유'가 없었다고 해서 법제적으로 토지에 속박당한 중세유럽의 농노와 같았다는 뜻은 결코 아니다. 이는 에도 시대의 공공여객운송─특히 육상교통─의 결여 혹은 불완전성에 기초한 이동의 제약 때문이었다. 규슈九州의 농민이 에도로 객지벌이를 나가거나, 동북東北의 농민이 교토와 오사카에서 일한다는 것은 생각할 수 없다. 즉, 일정한 규모의 이동권이 존재하였던 것이다. 때문에 인구변동은 이 시기에는 지역적으로 일정한 영역 내에서 완결되었다고 볼 수 있다. 물론, 이는 대략적인 관찰이며, 이러한 영역의 한계지대 간의 상호이동과 영역을 넘어선 이동이 전혀 없었다는 것을 의미하지는 않는다.

앞서 미노美濃의 니시조 촌西條村 사례에서도 이동이 대부분 동쪽으로는 오와리의 지타 반도知多半島(아이치愛知 현 남서부, 이세 만伊勢灣 쪽으로 돌출한 반도), 서쪽으로는 오사카·사카이堺, 북쪽으로는 노비 평야濃尾平野의 북단부, 남으로는 이세伊勢의 쓰津까지로 그 범위가 한정되었고, 그 이외의 이동은 인년人年으로 계산하여 총 이동률의 1%가 에도로 봉공을 나갔을 뿐이다.[14] 물론, 겨우 한 촌의 사례를 가지고 전국으로 확대해석하는 것은 위험하지만, 이들 마을의 객지벌이가 어떤 특별한 이유로 인해서 다른 마을과 달랐다고는 현 단계에서 생각하기 힘들다.

이렇게 보면, 막부의 전국인구 조사결과를 이용할 때에는 전국 집계치를 이용하는 것은 거의 의미가 없으며, 따라서 하나하나 영역별로 검토해 보아야 한다. 하지만, 그 영역을 어떻게 정할지는 아직 확정적이지 않다. 앞의 논문에서는 전국을 일단 14개 지역으로 구분하였지만, 이것이 과연 인구의 이동권이라는 영역을 고려할 경우의 단위로서 적당한지는 역시 의문의 여지가 없지 않다. 하지만, 우선 현 단계에서는 별다른 방법이 없으므로 이를 기초로 하여 12개 영역으로 구분했을 경우,[15] 에도 시대 후반 각각의 영역에 따른 인구변동과 도시인구 비율[16] 사이에는 유의미한 역상관 관계가 관찰된다. 즉, 도시인구 비율이 높은 지역일수록 인구증가율이 낮다는 것이다.

인구변동, 특히 그 증가가 경제발전 혹은 적어도 경제활동의 확대에

---

14) 인년(man-year)을 단위로 하여 계산할 경우, 니시조 촌에서 태어난 사람의 총 이동량은 1773년安永 2부터 1871년明治 4의 약 99년간에 걸쳐 6419인년이지만, 그 가운데 에도로의 이동량은 64인년이다. 또한, 『西條村庄屋日記』를 사용한 成松佐惠子의 『庄屋日記に見る江戸の世相と暮らし』(ミネルヴァ書房, 2000)는 이 마을 사람들의 삶의 모습을 생생하게 그리고 있다.

15) 『數量経済史入門』에서는 12개 지역을 다루고 있다(같은 책, 57쪽 그림 2 참조).

16) 에도 시대의 도시인구비율은 개별적으로는 여하튼 전국적으로는 구할 수 없다. 따라서 1875년의 수치로 생각되는 제1회 『共武政表』에 의해 인구 1만 명 이상의 행정단위에 거주하는 인구가 각각의 지역 인구에서 차지하는 비율을 취하였다. 에도 시대와 1875년明治 8 사이에는 막말유신의 동란기가 있었고, 도쿄 인구의 경우는 그 사이 오히려 감소하였다고 생각되지만, 일단 대략적인 수치로는 사용할 수 있었다.

수반된다는 상식적인 견지에서 본다면, 에도 시대 후반의 일본에서 관찰되는 이러한 현상은 얼핏 모순처럼 보인다. 이를 어떻게 설명할 것인가가 문제다.

구체적으로는 도시인구 비율이 가장 높은 영역으로 관동지방(에도 중심)과 긴키近畿 지방을 들 수 있다. 두 지역의 메이지 초년도의 수치를 보면 15% 이상이다. 이 수치는 대략 에도 시대 후반의 상태를 나타낸다고 볼 수 있는데, 두 영역 모두 1721년天保6에서 1846년弘化3 사이의 인구변화는 마이너스였다. 이는 다른 한 지역을 제외한 나머지 9개 지역에서 플러스를 보인 예와는 좋은 대조를 이룬다. 그리고 산인山陰 · 산요山陽 · 시코쿠四國 · 남 규슈南九州와 같이, 이 기간의 인구증가율이 연평균 20%를 웃도는 지역은 예외 없이 도시인구 비율이 6~7%로 낮다. 물론, 도시인구 비율을 그대로 그 지역 경제활동의 지표로 삼기 위해서는 몇 가지 전제조건이 필요하다. 일단 이른바 막번체제적인—여기에서는 병농 및 농 · 비농의 거주지 분리, 조카마치의 건설, 석고제의 실시와 연공미, 화폐의 통일 그리고 에도와 오사카라는 두 거대도시를 새롭게 탄생시킨 참근교대제 등 일련의 시스템을 가리킨다—경제활동 즉, 3도(에도 · 교토 · 오사카), 막부직할 도시, 조카마치, 번의 통제 하에 있는 도시들을 중심으로 경제활동이 집중하는 형태가 갖추어져야 한다. 만약 그렇지 않은 경제활동 형태일 경우 도시인구의 비율과 경제활동의 함수관계는 결코 성립될 수 없다.[17]

---

17) 토마스 C. 스미스는 이 점을 놓치지 않았다. 후반 백년 간의 38개 조카마치 인구가 대부분의 지역에서 정체 내지 감소하고 있고, 긴키近畿에서 세토나이카이瀬戸内海 연안이라고 하는, 상식적으로 '선진지대'라 할 수 있는 지대에서 가장 현저한 예를 들어, 유럽의 근대화가 도시를 중심으로 발달한 것에 대해, 일본에서

이상의 사실을 염두에 두고, 에도 시대 후기의 인구변화와 (막번제적인) 경제활동 사이에 존재하는 역상관 관계의 의미를 생각해 보지 않으면 안 된다.

한편, 인구변동에는 장기적인 변동과 단기적인 변동이 있다. 후자는 유행병, 돌발적인 흉작, 천재에 의해 인구가 크게 감소하는 경우다.[18] 이러한 단기적 변화는 경제활동과는 독립해서 발생하기 때문에, 에도 시대 후반의 인구변동에서 제외시켜야 양자의 관계를 정확히 측정할 수 있다. 그러나 단기적인 변동이 각 지역별로 어느 정도 일어났는지를 측정하기란 불가능에 가깝다. 앞서 예로 들었던 필자의 논문에서는 막부의 전국 인구조사를 평상년과 재해년으로 나누어 표와 지도로 표시해 두었지

는 도시가 아닌 농촌을 중심으로 발전했을 가능성을 제시하였다. Thomas C. Smith. "Pre-Modern Economic Growth : Japan and the West," *Past & Presen,* No. 60, 1973.

18) 필자도 출석한 1975년 10월 국제역사인구학대회의(캐나다 몬트리올)에서도 메인 주제로 이러한 단기적인 인구감소(mortality crisis) 문제가 다루어졌다. 헝가리의 마다이 교수는 1860~1900년간 유럽 12개 국의 사망률을 검토하고, 이를 정량적으로 4개 등급으로 나누어 정의하였다. 즉 가벼운 위기(평상년의 사망률을 1~4% 웃도는 경우), 상당한 위기(5~9%를 웃도는 경우), 중대한 위기(10~19%를 웃도는 경우), 매우 중대한 위기(20% 이상일 경우)다. J. N. Biraben, "Crises of Mortality : Demographic Consequences" (A Discussion Paper for the International Colloquium on Historical Demography, Oct. 1975, Montreal). 전前공업화 사회, 특히 천연두가 만연하던 시대에 이 수치를 적용하기에는 문제가 있고, 평상년의 사망률 수준을 판정하는 것 역시 실제로는 곤란하다. 그 회의에서도 11년의 이동평균을 취하면 된다느니 혹은 사망률이 이상하게 높았던 해를 제외하면 된다느니 하는 논의가 분분했지만, 필자는 에도 시대에는 사망률이 이상하게 높았던 시대 직후에는 거꾸로 사망률이 일정하게 낮아진다는 경험적 법칙에 기초하여 평상년의 사망률 수준의 결정, 특히 전공업화 사회에서의 사망률은 더욱 정밀한 측정이 요구된다고 주장했다.

만, 이는 어디까지나 근사치 수준에 그치는 것으로서 많은 문제를 내포하고 있다. 또한, 단기적 인구변동은 대부분 유행병처럼 도시에서 맹위를 떨치고 다수의 사망자를 낳기도 한다. 이는 종종 설명을 했고 실례를 들었던 바와 같다.

따라서 재해년의 인구감소는, 특히 유행병에 관한 한 도시인구 비율이 높은 지역일수록 두드러지게 나타날 것이다. 이 점을 고려하면, 인구변화와 경제발전의 관계를 볼 때, 에도 시대 후반의 일본은 평상년·재해년으로 나누지 말고, 전 기간을 통틀어 인구의 변화율과 구할 수 있는 한 에도 시대에 가장 가까운 시기의 도시인구 비율과의 상관관계를 보면 좋을지도 모른다.[19] 그리고 관찰 결과는 한 지역을 제외할 경우, 양자 사이에는 유의할 만한 역상관 관계(상관계수, 마이너스 0.775)를 발견할 수 있었다.

따라서 이 사실은 이 시기 각 지역의 인구변동을 설명할 경우, 지역의 막번제적인 경제활동을 인구를 정체시키는 요인(네거티브적인 피드백작용)[20]으로 생각해 볼 수 있게 해준다. 물론, 높은 상관계수가 바로 인과관계를 의미하는 것은 아니다. 양자를 움직이는 공통의 제3의 변수가 그 요인으로 작용했을지도 모르기 때문이다.

그러나 앞 절에서 제시한 바와 같이, 개별 사례기는 하지만, 지역 내의 인구이동은 농촌→도시라는 방향으로 진행되었다. 그리고 분명 도시와 농촌의 인구지표를 보면 도시의 출생률이 농촌의 출생률보다 낮고, 도시의

---

19) 『數量経済史入門』, 57쪽.
20) 이 피드백의 작용에 대해서는 E·A 리グリィ, 『人口と歴史』(速水融 譯, 筑波書房, 1982), 123~125쪽 참고.

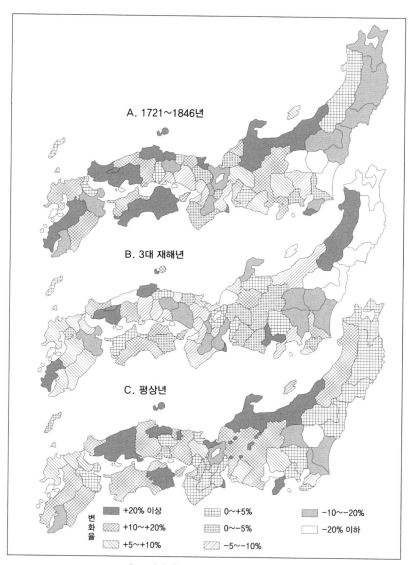

A. 1721~1846년

B. 3대 재해년

C. 평상년

변화율		
■ +20% 이상	⊞ 0~+5%	▨ -10~-20%
▨ +10~+20%	▦ 0~-5%	□ -20% 이하
▧ +5~+10%	▨ -5~-10%	

에도 시대 후기 지방國별 인구의 변화

사망률은 농촌의 사망률보다도 높아서, 도시인구의 순재생산율은 1보다 작았다. 그러므로 지역인구의 변동요인으로서 도시인구 비율을 활용하는 것은 적어도 부분적으로는 가능하다. 앞의 논고에서는 이러한 사실을 전제로 해서 지역별 인구변동과 도시인구 비율의 역상관 관계가 갖는 의미에 대해 논했다.

문제는 이 역상관 관계가 한 지역을 제외하고 관찰된다는 점이다. 예외 지역은 동북東北지역의 태평양 연안, 즉 무쓰陸奥다(그리고 북관동도 같은 형태를 보이는데, 남관동을 포함해서 이를 한 지역으로 본다면 이는 예외가 아니게 된다). 즉, 무쓰와 북관동에서는 도시인구 비율이 낮음에도 불구하고 인구는 증가하지 않았다. 따라서 이들 지역에 대해서는 어떤 식으로든 설명이 필요하다.

필자는 이에 대해 17세기 말부터 시작된 동북지역의 기온저하, 특히 여름철의 기온저하와 관련시켜 검토하고자 한다. 현재의 기상사 연구단계 에서는 아직 확정적인 이야기를 할 수 없지만, 17세기 이후 하절기에 한랭화가 있었다는 사실은, 단기적인 파동은 있지만, 움직이기 어려운 사실로서 인정되고 있는 분위기다.[21] 당시 벼농사의 북방한계선에 위치하

---

21) 예를 들어 "소빙기小氷期라고 하는 기후의 어느 특정 시대를 가리키는 용어는 …… 16세기부터 19세기에 걸친 기간을 칭하는 것으로 한다. …… 이 기간은 일본 역사에서 에도 시대에 해당되는데 이 시대는 …… 한랭현상이 뚜렷하다. …… 이상의 예로 판단하건대, 3대 기근[덴메이天明·덴포天保·게이오메이지慶 応明治)의 흉작을 가리킨다 | 인용자]이 발생한 당시 날씨의 특징은 동계온동冬季暖 冬·소설小雪─하계냉량夏季冷涼·다우多雨였음을 알 수 있다. ……야마모토 다케 오山本武夫의 추정에 따르면, ……극의 한기가 강하고, 편서풍이 강해져 계절풍 순환이 약해졌을 때는 온동暖冬(냉하冷夏 | 인용자)이 예상된다는 것이다"(高橋浩一 郎, 『日本の氣象』, 毎日新聞社, 1975, 22〜28쪽).

였던 이들 지방의 작황은 작은 기상변화에도 큰 영향을 받았고, 따라서 인구변동도 다른 지역과는 다른 양상을 보였을 것이다.

인구의 변화는 당연히 지역의 경제활동에 영향을 준다. 동북·북관동의 인구 감소지역과 서남일본의 인구 증대지역에서의 경제활동 사이에 현저한 차이점이 보인다고 해도 전혀 이상할 것이 없다. 우리는 이런 방식으로 자연환경의 변화를 역사와 결부시킴으로써 '예외'를 설명할 수 있으며, 아마도 이 '예외'는 다른 이유로는 설명할 수 없을 것이다.

동북지방의 신뢰할 수 있는 장기간의 인구변동 계열은 아이즈 번會津藩 및 요네자와 번米澤藩의 두 가지 사례에서 볼 수 있었다.22) 아이즈의 경우,23) 1648년慶安원년부터 1805년文化2에 이르는 계열이다. 그 가운데 초년도인 1648년도를 제외하고, 1669년寬文9을 시점으로 해서 약 140년 동안의 추세를 살펴보면, 당초 14만 2527명이던 인구가 1718년享保3까지 50년 동안 순조로운 증가를 보이며 16만 9217명에 달했다. 그 이후는 감소 추세로 바뀌어, 1787년天明7까지 70년 동안 11만 6421명으로 줄어들었다. 그 후 다시 증대로 돌아서 자료의 가장 최종연차인 1805년文化2에는 12만 2433명이 되었다.

---

22) 이 밖에 현재 이용가능한 자료로서는 모리오카 번盛岡藩, 센다이 번仙台藩, 나카무라 中村(相馬) 번의 것이 있지만, 모리오카 번의 수치는 너무 안정적이어서, 편자인 다카하시 본센高橋梵仙 씨도 지적하고 있듯이 인위적인 것으로밖에 생각되지 않는다. 센다이 번의 것은 후기 120년간을 커버하고 있지만 시리즈로서는 판명연 대가 너무 적고(23년분), 나카무라 번은 두 가지 이유가 겹치고 있어서 취하지 않았다. 상세한 것은 高橋梵仙, 『日本人口史之硏究』 第3(日本學術振興會, 1962) 참고.

23) 高橋梵仙, 『日本人口史之硏究』(三友社, 1931), 208~217쪽의 표에 따름.

다음으로 요네자와 번을 보자.24) 여기에서는 1692년元祿5부터 1867년慶応3에 이르는 175년 동안 매년(1년 제외)의 수치를 얻을 수 있었지만, 마지막 2년간은 번藩 영역에 차이가 있기 때문에 이를 제외한 173년간을 관찰대상으로 삼는다. 초년도에는 13만 3259명이던 인구가 그 후 바로 감소하기 시작하여 1760년宝暦10까지 약 70년 정도 계속 감소하여 9만 9369명이 되었다. 그 후에는 정체 상태였다가 1792년寬政4 9만 9085명의 최저치를 기록한 후 증가세로 돌아서 최종연차에는 12만 8103명까지 회복하였다.

양 지역 모두 대부분의 기간 동안 10만 명을 넘는 중간 규모의 인구였고, 더구나 약 20년의 시간차는 있지만, 거의 동일한 궤적을 그리고 있다는 사실은 주목할 만하다. 즉, 17세기 말~18세기 초반元祿, 享保期부터 인구가 감소하기 시작하여 18세기 말天明, 寬政期에 최저치를 기록하고, 그 후 다시 증가 국면으로 바뀌는 것이다.

이러한 장기적인 인구변동은 앞서 논한 자연조건의 변화와 부합하는 것으로서, 인문적·사회적 이유로 설명하기보다 자연조건에 의해 설명하는 편이 훨씬 더 설득력이 있을 것이다.

이처럼 전국 인구를 생각한다 해도, 지역에 따라서 그 변동의 이유와 내용이 다른 이상, 역시 관찰은 지역별로 하지 않으면 안 된다. 이상의 사실로부터 막부가 조사한 전국인구의 합계치는 그 의미가 작다는 사실을 알 수 있다.

---

24) 吉田義信, 『置賜民衆生活史』(國書刊行會, 1973), 123~128쪽의 표에 따름.

V. 근세일본의 경제발전과
Industrious Revolution

서 론-문제의 소재

전공업화 사회로부터 공업화 사회로의 이행을 논할 경우, 항상 거론되는 것이 무엇을 어느 정도 준비했는가다. 바꾸어 말하면, 한 나라의 공업화에서 초기 조건은 무엇인가라는 문제설정이다. 예를 들어, 러시아를 포함한 유럽 각국의 공업화를 비교·검토하여 최선진국인 영국과의 후진의 정도를 장기적인 자본공급 형태의 차이에서 찾고자 한 거셴크론(Gerschencron)은 영국에서는 상업무역과 근대화된 농업 그리고 공업 내부에서 자본공급원을 찾고, 대륙 국가들에서는 은행(credit mobilier), 그리고 러시아에서는 국가가 자본공급원을 대신한다는 모델을 제시했다.[1] 영국에서는 공업화에 필요한 자본을 오로지 일상의 경제활동 내부로부터 조달했기 때문에 공업화 자체가 점진적이었다. 반면, 후발국가에서는 이미 선진공업국이 존재하였고 캐치업(catch-up)을 위해 영국과 같은 자주적인 공업화가 아닌, 많든 적든 정부 혹은 지도자에 의한 의도적인 공업화가 필연적이었다고 할 수 있다.

필자도 공업화는 그것을 추진하는 주체와 공업화를 가능케 하는 조건의 조합에서 생겨나며, 영국처럼 양자가 동시병행적으로 성립하는 경우, 서유럽 대륙국가처럼 조건은 정비되었으나 주체의 형성은 늦어진 경우, 또 조건이 정비되지 않았음에도 공업화를 결의한 정치지도자에 의해 공업화가 강행되는 경우 등이 있음을 지적했다. 또한 각각의 경우에 공업화의 형태는 주체와 조건의 조합에 의해 적어도 국내적으로는 결정되는 것이 아닌가라고 생각했다.[2]

---

1) Gerschenkron 〈2〉.

이러한 관점에 설 경우, 과연 어느 정도로 공업화의 전제조건이 갖추어져 있는가가 결정적으로 중요해진다. 예를 들어, 영국에서는 16~17세기 이래 고도의 상업화(commercialization)가 진행되었다는 점, 기업적 농업경영의 성립, 금융·신용제도의 정비 등이 오래 전부터 발전되었다는 점을 지적할 수 있다. 그리고 최근에는 인구의 적절한 증가와 사유권제도의 발달을 필요조건에 포함시키는 견해도 제시되었다.[3]

한편, 일본에 대해서는 공업화의 성공을 설명할 때, 그 하나로서 주체측에서의 해명이 이루어져 왔다. 공업화의 성공 이유를 그 추진주체, 즉 유신 이후 정치·산업계의 지도자의 정책에서 찾고자 하는 것은 결과적으로 공업화의 역사에서 비연속적인 면을 강조하는 것이다. 이에 대해 막부 말기의 일본을 자본제 생산발전단계의 도식을 적용하여 공장제수공업(manufacture) 단계로 규정하는 견해도 있다. 이는 에도 시대와 메이지 이후 역사의 연속성을 인정하는 것이지만, 경제적 발전에 세계사적인 보편법칙이 작용하고 있다는 것을 전제로 하기 때문에 그 입장에 서지 않는 한 무조건 수용할 수는 없다. 필자는 본론에서 공업에서 다원적인 전개 코스가 있음을 인정하고, 그 바탕 위에서 도대체 에도 시대의 사회적·경제적 경험 가운데 일본의 공업화의 전제가 되고 또 그것을 특정지은 것은 무엇인가를 다루어보고자 한다.

필자의 관점에 따르면 일본의 공업화에서 일반적인 전제조건은 에도 시대의 경제사회화였다. '경제사회'에 대한 정의는 다시 언급할 필요도

---

2) 速水 〈7〉.
3) North and Thomas 〈12〉.

없겠지만, 이는 시장경제의 침투라는 말로 바꾸어 볼 수 있다. 만약, 일본이 공업화를 결정한 시점에서 시장경제에 대한 경험이 충분하지 않았다면, 공업화를 실현하는 방법은 역사적 사실과는 많이 달라졌을 것이다.

물론, 여기에서 말하는 시장경제란 단순한 거래의 장으로서 시장의 존재를 말하는 것이 아니다. 일종의 '지령경제指令經濟' 하에서 시장이 존재하고, 고정가격으로 물품이 거래된 사례는 폴라니가 지적했듯이,[4] 18세기 서아프리카, 다호메 왕국에서도 볼 수 있다. 문제는 시장의 존재 여부가 아니라, 가격에 의해 수요나 공급이 결정되는 메커니즘이 작용하고 있는가의 여부다.

최근의 물가사 연구성과에 의하면, 상품시장의 형성은 에도 시대에 이미 확립되었고, 특히 미곡시장은 일찍부터 그 사실이 인정되고 있다.[5] 또한, 다른 경제 요소들조차 상품과 유사할 정도로 시장화가 진전되고 있었다는 사실이 분명해지고 있다.[6] 적어도 에도 시대 후반기에는 일반적인 의미에서의 공업화 준비가 상당히 진척되어 있었고, 더구나 그것이 전국적인 규모로 이루어졌다는 사실이 밝혀지고 있다.

필자의 연구분야인 인구의 경우도, 적당히 억제된 출생률과 높은 이동률로 인해 에도 시대의 인구는 결코 다산다사多産多死의 전형적인 원시적 인구형태도 아니었으며, 토지에 속박되어 이동성이 결여된 인구도 아니었다는 사실 등이 속속 밝혀지고 있다.[7] 그리고 자주 지적되듯이, 에도

---

4) Polanyi 〈13〉.
5) 미가의 지역간 격차를 검토하여 전국시장의 성립을 논한 岩橋 〈9〉 참고.
6) 예를 들어 화폐에 대해서는 齋藤 〈14〉 참고.
7) Hanley and Yamamura 〈3〉은 명시적으로 이러한 사실을 주장하고 있다.

시대 서민의 높은 지적수준 역시 공업화의 전제조건으로서 유리하게 작용했을 것이다.

이렇게 보면, 에도 시대는 일본 공업화에서 부정되어야 할 존재가 아니라 충분히 준비가 진행된 시대로서 평가해야 할 것이다. 하지만 과연 그러한 공업화에서 긍정적인 면을 평가하는 것으로 충분하다고 할 수 있을까.

필자는 에도 시대가 분명 외부로부터의 자극이 주어지면 공업화가 시작될 수 있었다는 점에서 준비된 시대라고 할 수 있겠지만, 스스로는 결코 공업화를 개시할 수 없었다고 생각한다. 그뿐 아니라 에도 시대의 농업과 수공업에서 관찰되는 발전 방향은 영국의 산업혁명 전야에 보이는 현상과는 기술적으로 반대 방향이 아니었나 생각된다. 이러한 점을 무시하고 시장경제의 침투와 그 밖의 전제조건의 정비만을 열거할 경우 일본 공업화의 저변에 깔려 있는 중요한 특징을 쉽게 놓쳐버릴 수 있다.

다른 관점에서 보면, 일본은 분명 시장경제를 전제로 하여 공업화를 달성하였다는 의미에서는 서구사회의 공업화와 동일한 코스를 따른 것으로 보인다. 이러한 일본의 경험 그리고 메이지 이후 서구를 모델로 삼아 그것을 캐치업 하기 위해 계속해 온 공업화 노력은 일본과 서구의 공업화에서 유사성을 낳고, 학문적인 분야에서조차 서구의 역사과정으로 일본역사를 설명하려는 결과를 낳았다. 실제로 표면적으로는 서구와 일본 역사에 유사성이 많다는 것이 인정되고 있다. 이른바 봉건사회의 경험, 그리고 철저하지는 못했지만 봉건사회를 부정한 시민혁명의 존재 등에 대한 논의는, 서구역사를 척도로 삼아 일본 역사를 측정할 수 있다는 인식

위에서 성립된 것이다.

그러나 필자는 이 글에서 이러한 일본과 서구의 역사에 존재하는 공통성을 인정하되, 공업화에서는 특히 영국과 비교할 경우 지금까지 간과해온 중요한 차이점이 있다는 사실을 주장하고자 한다. 무엇보다도 이러한 주장은 현 단계에서는 충분한 테스트를 거치지 못한 터라 하나의 가설로 그칠지도 모른다. 하지만, 감히 이러한 시도를 통해 수량경제사가 범하기 쉬운 오류를 피해 보고자 한다.8)

시장경제의 침투와 생산형태의 변화

에도 시대의 농업과 생산과정을 취급해 본 사람은 누구라도 에도 시대의 시장생산이 고도의 노동집약과 자본·토지절약형 기술 위에서 전개되었다는 사실을 알게 된다. 그리고 농민은 최소의 경지면적에서 최대의 수확을 얻기 위해 노동을 대량으로 투입하고, 단위면적당 생산량을 증대시키기 위해 노력한다. '단위면적당 수확량反收'이야말로 농업생산력의 지표고, 극히 최근까지 계속된 농업생산력의 평가기준이기도 했다. 에도 시대 일본의 농업은 세계에서도 매우 높은 토지면적당 생산력을 실현했다고 볼 수 있다. 게다가, 경지는 1년 1작에 그치는 경우가 없었다. 겨울철

---

8) 이 글의 작성에는 宮本의 〈10〉 논문이 중요한 실마리가 되었다. 이 논문에서는 그 열쇠로서 1인당 농업산출량을 사용하였다. 노동생산성의 지표로서 1인당 산출량은 제1차 접근에서 유효한 것임에는 틀림이 없다. 그리고 이 지표의 획득은 곤란하기는 하지만, 그렇다고 불가능하지는 않다. 그러나 필자는 가족노동력이라는 비시장적 수급에 의존하는 경제에서는 한명 한명의 노동력은 균질하지 않기 때문에 노동단위당 산출량이 구해져야 한다고 생각한다. 하지만 그 계측이 불가능에 가깝다는 것도 사실이다.

기온이 지나치게 낮지 않고, 눈이 쌓이지 않는 지방에서는 거의 2모작을 행하고 간작을 했기 때문에 보즈럽(Boserup, E.)의 개념을 빌자면, 토지이용 빈도가 매우 높았다고 할 수 있다.[9]

이처럼 높은 토지이용 빈도는 당연히 지력의 쇠퇴를 가져온다. 하지만 에도 시대를 통해 지력의 쇠퇴는커녕 오히려 수확량이 증가하고 있어 당시 농민이 지력을 유지하기 위해 얼마나 노력했는지를 쉽게 짐작할 수 있다. 이는 구체적으로 심경과 비료의 대량 투입을 통해 알 수 있다. 심경은 종래의 소형·경량 쟁기犁를 대신하여 괭이鍬를 주 경운기구로 사용함으로써 실현할 수 있었고, 비료의 대량 투입은 퇴비(刈敷, 堆肥)가 주종을 이루던 종래의 자급비료에 더하여 구입비료(干鰯, 干鰊, 〆粕, 油粕 등)를 많이 사용한 사실을 통해서도 알 수 있다. 자원의 이러한 이용형태는 일본 특유의 것으로서, 토지 생산력을 높이기 위해 농민이 짜낸 지혜였다. 이렇게 에도 시대에는 보소房總 산 정어리鰯와 홋카이도北海道 산 청어鰊가 비료로서 기나이 농촌에까지 대량으로 이용되어 에도 시대 이전에는 생각조차 못했던 투입=산출관계가 성립하였다. 그 결과, 상품으로서의 비료 유통 네트워크가 확립되고, 농민은 비료상으로부터 비료를 공급받음과 동시에 금융 면에서도 자금조달이 곤란할 경우 가불 등을 통해 결국 상인의 지배 아래 들어가게 된다. 농민의 경영장부를 보아도, 보통 비료대금이 지출의 최대 항목을 차지하고, 비료가격에 대해서는 예민한 반응을 보였다. 18세기 후반~19세기 초기에 1단보反步당 비료대금은 관동지역 농촌의 경우, 금 2분分 전후, 상품작물 재배가 발달한 기나이 농촌에서는

---

9) Boserup 〈1〉.

은 55문匁 정도에 달했다.[10]

이처럼 지력을 유지하기 위해 농민은 심경과 구입비료를 대량 투입하는 방법을 택했지만, 이와 함께 모든 경영이 가족 내부에서 이루어졌다는 사실도 주목해야 한다. 종종 '가족노동력의 완전 연소'와 같은 표현이 사용되듯이 에도 시대의 농업은 전형적인 family farming이었다. 초기에는 아직 존재하고 있던 게닌下人과 후다이譜代 또는 장기봉공인과 같이 주인에 대해 신분적 예속성이 강한 노동력을 이용하는 비교적 규모가 큰 경영은 점차 소멸하고, 18세기 중엽에는 평야지대에 관한 한 오로지 가족노동력에 의존하는 소경영이 일반화되었다. 따라서 앞서 논했던 토지생산력의 증대를 실현한 노동력은 바로 이 가족노동력이었다.

이상의 변화 과정과 관련해서 상당히 넓은 영역에 걸친 흥미로운 관찰 결과 두 가지를 제시할 수 있다. 하나는 신슈 스와 지방에서 보이는 평균 세대규모의 축소·수렴 현상이다.[11] 조카마치를 중심으로 해서 각 촌마다 평균 세대규모는 4.5~4.0인으로 축소되는데, 이는 초기에 상당히 많이 관찰된 동거친족과 게닌이 점차 소멸하고, 평탄부에서는 18세기 중엽, 산간부에서도 19세기에 들어설 즈음에는 거의 모든 세대가 한 쌍의 부부와 그 직계가족으로 구성되는 이른바 부부가족이 형성된 결과다. 이러한 현상은 단순히 세대 규모가 축소되었다기보다는, 초기에는 여러 형태의 가족형태가 병존했다가 점차 부부가족으로 통일되는 중요한 변화를 동반한 것이었다. 5개의 시기별 평균 세대규모, 표준편차, 변동계수(표준편차/

---

10) 速水 〈4〉 130~131쪽.

11) 速水 〈11〉 제3장.

표 1. 신슈信州 스와諏訪 지방의 평균 세대규모

연 대	1671~1700	1701~1750	1751~1800	1801~1850	1851~1876
평균세대규모	7.04	6.34	4.90	4.42	4.25
표준편차	1.91	2.48	1.84	0.87	0.41
변동계수	0.27	0.39	0.38	0.20	0.10

평균세대규모)는 <표 1>과 같다. 한편, 각 시기의 모집단母集團의 수(세대 수)는 2천 내지 7천이고, 38개 촌에 걸쳐 있음을 덧붙여 둔다. <표 1>에서 농민은 세대규모를 평균 4~5인으로 유지하고, 의식적으로든 무의식적으로든 이를 선호했다고 생각할 수밖에 없다. 그리고 이러한 선호가 조카마치를 중심으로 하는 동심원상으로 확대되었다는 사실은, 시장경제의 침투에 대응하여 세대규모의 축소=소가족 경영의 일반화가 진전되었음을 말해준다.

다른 하나는 이러한 소가족 경영의 일반화와 함께 농민이 이용하는 가축 수가 감소하였다는 사실이다. 이는 오와리 번령尾張藩領의 촌별 조사자료인 『촌촌각서村々覺書』, 『순행기徇行記』의 비교를 통해 알 수 있다.[12] 『촌촌각서』는 1661~1673년간寬文, 『순행기』는 1790~1820년경寬政~文政初年의 조사자료로 알려져 있기 때문에, 120~160년간의 차이를 두고, 두 시기 사이에 호수, 인구, 우마 수가 어떻게 변화했는지 추적해 볼 수 있다. <표 2>는 오와리에서 양 시기 사이의 인구, 호수, 우마 수의 변화를 표시한 것이다.

호수 증가가 가장 크고 인구가 그 뒤를 잇고 있는데, 우마 수는 격감하고 있음을 볼 수 있다. 우마/호수 비율을 보면 『촌촌각서』 시대에는 0.271이었

12) 速水 〈5〉 및 〈6〉.

표 2 오와리 국尾張國의 호수·인구·우마수 변화*

	『촌촌각서』	『순행기』	증감률(%)
호 수	47,822	79,254	+65.7
인 구	265,522	331,678	+24.9
우마수	12,986	4,200	−67.7

* 비교가능한 촌에 대해 각각의 변화를 표시하였기 때문에 촌의 수는 같지 않지만
  약 700개 촌에 대한 집계다.

던 것이 『순행기』 시대에는 0.053으로 1/5 이하까지 감소하였다. 동시에
평균 세대규모도 5.55명에서 4.19명으로 약 3/4으로 감소했기 때문에
이들 수치는 소가족화의 진행과 함께 가축 수의 감소라고 하는 매우
흥미진진한 역사적 사실을 보여주고 있다.

이상과 같이, 농민생활에 시장경제가 침투하고, 소경영이 일반적으로
성립되어 감과 동시에 이용하는 가축 수가 감소한다는 언뜻 모순되어
보이는 이러한 상황은 과연 어떻게 설명할 수 있을까.

자본인가 노동인가

산업혁명 직전 잉글랜드의 상황을 떠올려 보자. 잉글랜드에서는 시장경
제의 침투로 발생한 농업경영의 변화는 경영면적을 확대하고, 대량의
가축, 대형 농기구를 도입하여 노동생산성과 토지생산력을 동시에 끌어올
리는 방향을 취했다. 그러한 방향으로의 변화는 이미 중세 말기부터 나타나
고 있었지만, 이 변화의 종착점은 18세기 농업혁명이었다. 잉글랜드에서의
이 같은 변화는 농업인구 비율의 감소와 농업경영의 기업화를 가져왔다.
전자는 농업에서 이탈한 대량 인구의 존재를 가져오고 엘리자베스 왕조는
다른 유럽국가에서는 찾아볼 수 없는 빈민구제법救貧法을 실행하기에 이른

다. 그리고 후자는 영리추구의 결과, 인클로저(영주, 지주 등이 목양업과 집약농업을 경영하기 위해 공동방목장 등에 울타리를 쳐서 토지에 대한 공동권을 배제하고, 사유지임을 표시한 것)를 포함한 여러 농업제도와 기술개혁을 낳았다. 여기에서 보이는 기술발전의 방향은 생산요소 가운데 자본을 절대적으로나 상대적으로나 증가시키고, 반대로 노동이 차지하는 비율은 저하시키는 것이었다. 물론 제3의 요소로서 토지도 집약적으로 이용되어, 종래의 휴한지 제도를 대신해서 윤작제도가 도입되었다. 그러나 이는 동시에 보다 많은 수의 가축을 이용함으로써 처음으로 가능해졌다는 점을 잊어서는 안 된다.13) 이처럼 보다 대량의 자본을 투입하여 노동생산성을 향상시키고, 생산 잉여를 발생시켜 자본축적을 가능케 하는 패턴은 근대적 경제발전의 시작을 의미한다. 이른바 산업혁명은 공업 면에서 이러한 변화가 연속해서 일어나는 현상이다. 따라서 잉글랜드에서는 농업혁명과 산업혁명이 연속적으로 발생했고, 둘 다 1생산단위당 투입되는 자본/노동비율을 높이는 성격을 띠었다.

유럽의 대륙 국가들은 잉글랜드에서처럼 농업에서 노동생산성의 향상이 그렇게 현저하지 않았다. 프랑스와 서부독일은 소농경영이 우세하였으며 동쪽에서는 신분적으로 예속된 농노를 주요 노동력으로 삼는 경영이 계속되었다. 잉글랜드에서는 산업혁명이 농업혁명과 연속하여 발생하였고, 더구나 이것이 자생적이었던 것임에 비해 대륙 제국의 경우에는 시간상의 차이는 있지만 산업혁명의 시동을 정책적으로 전개해야 했다.

일본의 사정은 잉글랜드보다 유럽 대륙국가들에 훨씬 더 가깝다. 에도

---

13) Slicher van Bath 〈15〉.

시대 농업기술의 발전 방향은 노동생산성의 향상을 가져오는 자본 증대를 통해서가 아니라 오히려 역으로 가축이라는 자본의 비율을 감소시키고 인간노동에 의존하는 형태였다. 물론, 그 사이에 노동을 되도록 절감시키면서 수확량을 높이려는 시도가 전혀 없었던 것은 아니다. 예를 들어, 널리 행해진 종자 선별은 커다란 개량이었다. 그러나 전체적으로 볼 때, 경운은 가축의 힘을 이용하는 쟁기犁를 버리고, 인간의 근력을 이용하는 괭이鍬나 가래鋤로 바뀌었고, 비료 사용의 증가는 제초작업을 증가시키고, 구입자금을 마련하기 위해 농한기에 부업을 해야 했다. 토지이용 빈도의 향상은 농민이 자신과 가족 노동력의 투입량을 증가시킴으로써 획득할 수 있었던 것이다. 아마도 계측은 불가능하겠지만, 중세 농민과 비교하여에도 시대의 농민은 보다 오랜 시간 고된 노동을 해야 했을 것이다.

잉글랜드의 경우에는 산업혁명에 도달했지만, 일본은 산업혁명이 아니라 근면혁명(industrious revolution)으로 부를 수 있는 변화를 경험한 셈이다. 물론, 근면혁명에는 어느 정도 한계가 있기는 했지만, 에도 시대의 농업발전은 인력(man-power)이 축력(horse-power)을 대체하는 것으로서 일반적인 경제발전론과는 정반대되는 성격을 갖는 변화였다. 이를 '발전'이라 부를 수 있을지의 문제도 남아 있지만, 노동의 내용을 묻지 않는다면, 확실히 1인당 생산량이 증대했기 때문에 일본형 '발전'이라고 할 수 있을 것이다.

왜 일본에서는 이러한 반근대적이라고도 할 수 있는 변화가 발생한 것일까. 근대 서구의 역사를 기준으로 하는 이상, 이러한 변화는 비근대적일 수밖에 없다. 하지만, 현재의 공업화를 달성한 사회에 살고 있는 우리의 관점에서 벗어나서 바라본다면, 에도 시대 일본의 변화는 그 나름대로 합리적이었다고 생각된다. 공업화 이전 사회에서 농업생산량의 증대를 자본의 증대를 통해 실현하려면 결국 가축의 대량사용은 필연적이다. 이 경우 가축의 대량사용이 이익을 낳을 수 있을 정도로 일정한 크기의 경영규모와 가축을 기르기 위한 공간(방목지와 사료를 재배하기 위한 토지)이 요구된다. 영국 또는 서구 국가들의 경우에는, 발전이 개시된 시점에서 가축을 유효하게 이용할 수 있는 경작면적이 이미 존재하였고 그것을 더욱 증대시킬 수 있는 토지가 있었다. 즉, 그 시점에서의 가경지에 대한 인구 비율은 일본과 비교하여 훨씬 높았다.

이에 대해 일본에서는 시장경제가 침투하기 시작한 시점에서, 이미 가경지의 상당 부분이 경지화되어 있었고, 새로운 가축과 방목, 사료생산에 충당할 만한 토지에 대한 요구는 인구증대에 따른 경지면적의 확대요구와 충돌을 빚게 된다. 가경지 면적은 에도 시대를 통해 증대하고, 막부 말기에는 가경지의 대부분이 경지화되어 인간이 소비하는 식량과 공업원료의 생산을 충당하는 데 쓰이게 되었다. 가축을 기르는 것은 비싼 지출을 의미하고, 오히려 한계생산력의 증대가 가축이 아닌 인력에 의존하게 된다는 사실은 니시카와西川와 아키모토穐本의 『보초 풍토주진안防長風土注進案』의 분석을 통해서도 밝혀졌다.[14] 따라서 잉글랜드형 발전인가 일본형 발전인가의 선택은 발전의 개시 시점에서 가경지에 대한 인구 비율의 고저라는 문제를 중심으로 해서 생각할 필요가 있는 것이 아닐까.

물론, 기존에 언급되어 왔듯이 관개농경, 특히 수전도작水田稻作 중심의

---

14) 西川・穐本〈11〉.

농업이 갖는 토지절약적 성격을 무시할 수는 없다. 하지만, 만약 경지의 증대와 방목지의 증대가 충분히 가능한 경우에는 토지이용 빈도의 증대와 투자 자본량의 증대를 동시에 실현시키는 농업발전도 있을 수 있다. 에도 시대 농업기술의 변화 방향이 토지이용 빈도의 증대와 투입노동력 증대의 조합이었다는 점은 확실하다. 이러한 사실을 설명하기 위해서는 역시 가경지에 대한 인구 비율이 중요한 열쇠가 될 것이다.

'industrious revolution'의 의의

만약, 일본이 에도 시대에 위와 같은 의미에서의 industrious revolution을 경험했다고 한다면, 그 역사적 의의로는 다음과 같은 사항을 들 수 있을 것이다. 우선, 근면혁명을 통해 농민은 장시간의 고된 노동을 강요당했지만, 이는 중세의 농업노동력이 주로 신분적 예속을 동반하는 성격이 강했음을 고려한다면, 예속으로부터의 해방에 대한 대가의 의미를 갖는다. 에도 시대에 가족경영의 일반화는 가족을 단위로 해서 경영의 의사결정이 이루어졌음을 의미한다. 물론, 농번기에는 공동노동과 수리·임야의 공동이용이 남아 있지만, 경운으로부터 수확에 이르는 농작업의 기본 과정에서는 농민이 자신의 판단에 따라 행동할 수 있었다. 반대로 말하면, 보통 소농자립이라고 불리는 현상은 단순히 예속신분으로부터의 해방이 아니라, 농업경영에 대해 스스로 책임을 지는 시스템이 형성된 것을 의미한다. 그리고 그 농업경영은 오로지 근로에 의해서 유지되고 발전하였다.

둘째, 이러한 장시간에 걸친 고된 노동을 통해 에도 시대의 농민은 근로의 의미를 알게 된 것은 아닐까라는 점이다. 에도 시대 이전에는 이러한 서민의 일상 생활에서 노동에 대한 의미부여는 없었을 것으로 생각된다. 적어도 문헌을 통해 확인해 볼 때 그러한 국민성(ethos)의 존재는 증명할 수 없다. 물론 문자를 이해할 수 있는 범위가 상류계급으로 한정되어 있기는 하지만, 문헌에서는 일상 노동으로부터 벗어나거나 극단적으로는 세상을 등지는 생활을 지향하는 모습조차 보인다. 하지만, 에도 시대에 들어서면, 문학작품에서도 근로를 하나의 미덕으로 여기고 후반기에는 확실하게 서민층에까지 노동은 미덕이고 태만은 악덕이라는 사고방식이 침투하게 되었다. 에도 시대 후반에 많이 출판된 농서 등을 통해서도 이러한 주장을 읽어낼 수 있다.

셋째, 이러한 국민성은 서유럽의 프로테스탄티즘처럼 종교적 성격을 띠지 않았다. 그리고 전달 경로로서 교회와 같은 기관이 없었기 때문에 세속적인 관계, 특히 가족을 중심으로 전승되었다고 생각된다. 때문에 에도 시대의 일본인에게 영향을 주었다고 생각되는 종교의 교리 가운데 프로테스탄티즘과 동일한 역할을 찾을 수는 없다. 근로적 성향이 반드시 종교를 매개로 할 필요는 없는 것이다.

넷째, 에도 시대 농민의 고된 노동은 결코 대가가 없는 성격의 것이 아니었다. 오히려 농민은 고된 노동에 의해 조금이나마 생활수준의 향상을 기대할 수 있음을 경험했다. 오늘날 충분한 연구성과가 나온 것은 아니지만, 의식주 모든 면에서 농민의 생활은 개선되고, 지식수준과 오락적인 측면에서도 상당한 진보가 있었다는 사실이 일반적으로 받아들여지고 있다. 이른바 대중문화가 형성되었다고까지 말할 수 있다. 문제는 이러한 생활상의 개선이 오로지 근로에 의해 얻을 수 있었다는 데 있다. 이는 농민의 생활수준의 향상 욕구를 강고히 하는 것이었다.

다섯째, 에도 시대의 이러한 경험은 일본의 공업화에 하나의 커다란 이점으로 작용한 것은 아닐까 하는 점이다. 공업화를 본격적으로 시작한 시점에서 일본에는 석탄을 제외하면 이용할 수 있는 천연자원이 거의 없었다. 정부와 지도자들은 농민의 근로적인 성격을 보존하면서 이를 전국적인 스케일로 이용함으로서 취약한 공업화의 초기단계를 어떻게든 극복해 갈 수 있었던 것은 아닐까.15) 그렇다면, 공업화의 전제조건의 하나로서 이러한 근로적인 국민의 존재를 추가해야 할 것이다.

마지막으로 한 국가의 국민이 근로적인지 아닌지의 문제는 초역사적인 '국민성'으로 설명 가능한 것이 아니다. 역시 이것은 역사의 소산이다. 일본에 대해서 설명한다면, 17세기 이후 현재에 이르기까지 겨우 수백 년간의 특징이다. 앞으로도 일본인이 계속 근로적일 것이라고 확신할 수는 없다. 그러나 서구제국과 비교하여 자주 지적되는 일본인의 '일중독'은 틀림없는 사실이며, 이는 과거 industrious revolution을 경험했던 나라가 그것을 아직 상실하지 않는 가운데 industrial revolution을 추진한 결과다.

---

15) 메이지 헌법 국가체제에서 근로가 니노미야 긴지로二宮金次郎에 의해 심볼화되어, 많은 소학교, 특히 농촌의 소학교에 그의 동상이 세워졌다. 이는 정부가 근로를 얼마나 보전하고자 했는지를 보여주는 좋은 실례라 할 수 있다.

_보 충

이 장에서 제시한 가설에 대해서는 1976년 사회경제사학회대회 공통논제社會経済史學會大會共通論題에서 행한 보고 및 같은 해 QEH 연구 심포지엄에서 그 윤곽을 제시했다. 사회경제사학회 편 『새로운 에도 시대상을 찾아서新しい江戸時代史像を求めて』(1977)에 수록된 필자의 논문 「서론－경제사회의 성립과 그 특질序論－経済社會の成立とその特質」을 참고할 것.

_문 헌

〈1〉 Boserup, E., *The Conditions of Agricultural Growth*, George Allen & Unwin, 1965(安澤秀一・みね 譯, 『農業成長の諸條件』, ミネルヴァ書房, 1975)

〈2〉 Gerschenkron, A., *Economic Backwardness in Historical Perspective*, Harvard University Press, 1962.

〈3〉 Hanley, S. B. and Yamamura, K., *Economic and Demographic Change in Preindustrial Japan, 1600~1868*, Princeton University Press, 1977.

〈4〉 速水融, 『日本経済史への視角』, 東洋経済新報社, 1968.

〈5〉 速水融, 「濃尾地方人口史研究序論」, 『研究紀要』, 德川林政史研究所, 1969, 1970.

〈6〉 速水融, 「近世濃尾農村における生産構造の変化」, 『社會経済史學』 제39권 제1호, 1970.

〈7〉 速水融, 『日本における経済社會の展開』, 慶応通信, 1971.

〈8〉 速水融, 『近世農村の歴史人口學的研究』, 東洋経済新報社, 1971.

〈9〉 岩橋勝, 「德川期米価の地域間格差と市場形成」, 社會経済史學會 編, 『新しい江戸時代史像を求めて』, 東洋経済新報社, 1977.

〈10〉 宮本又郎, 「一人當り農業産出高と生産諸要素比率－德川時代の経済發展に關する一つの覺書」, 梅村又次 他 編, 『日本経済の發展』(數量経済史論集 1), 日本経済新聞社, 1976.

〈11〉 西川俊作・穐本洋哉, 「一九世紀中葉防長南國の農業生産關數」, 『経済研究』 제26권 제4호, 1975.

〈12〉 North, D. C. and Thomas, R. P., *The Rise of the Western World*, Cambridge University Press, 1973(速水融・穐本洋哉 譯, 『西歐世界の勃興－新しい経済史の試み』, ミネルヴァ書房, 1980)

〈13〉 Polanyi, Karl, *Dahomey and the Slave Trade,* University of Washington Press, 1966(栗本愼一郎 他 譯, 『経済と文明』, サイマル出版會, 1975).

〈14〉 齋藤修, 「德川後期における利子率と貨幣供給」, 梅村又次 他 編, 『日本経済の發展』(數量経済史論集1), 日本経済新聞社, 1976.

〈15〉 Slicher van Bath, B. H., *The Agrarian History of Western Europe, 500～1850* (tr. bu. Oridish from Dutch edition) Edward Arnold, 1963(速水融 譯, 『西ヨーロッパ農業發達史』, 日本評論社, 1969).

VI. 산업혁명 vs 근면혁명

들어가며

근래 들어 조금 바뀌었지만, 종종 일본인은 근면하다는 평가를 받는다. 그 중에는 이를 일본인의 '국민성'이라고까지 말하는 사람들도 있다. 이에 대한 필자의 생각은 어떠한 경우라도 '국민성'이라는 개념을 사용해서는 안 된다는 것이다. 불어의 'mentalité'는 장기간에 걸쳐 지속되는 사회집단의 기초적인 정신상태를 가리킨다. 영어의 'mentality'와는 다른 개념으로서, 일본어로 번역하기는 쉽지 않지만, 분명한 것은 '국민성'은 아니라는 점이다. 굳이 번역하자면 '심성' 정도에 해당하겠다.

일본인의 근면도 이 'mentalité'에 가깝다. 결국, 장기간 지속되지만 민족 고유의 것은 아니다. 이 점을 우선 분명히 해 두지 않으면, 일본인의 근면론은 때에 따라서는 민족우수설이라고 하는 위험스럽기 짝이 없는 생각에 빠지게 된다. 그러나 일본인이 최근 수백 년 동안 근면했다는 점만은 부정할 수 없다. 그동안 일본을 방문한 외국인은 이구동성으로 일본인의 근면성에 대해 지적하였다. 현재도 피고용자 1인당 연간 근로시간은 선진공업국 가운데서 가장 많은 1800시간을 넘어서고 있고, 잔업시간까지 합친다면 근로시간은 아마 더욱 길어질 것이다. 물론, 근로시간이 길다고 해서 그것이 바로 근면을 의미하는 것은 아니다. 근로시간 내의 노동에 대한 집중도도 고려해야 하고, 효율(생산성)을 무시해서도 안 된다. 하지만, 일본의 경우 강제적으로 장시간 근로를 하고 있는 것이 아니라는 것도 사실이다.

필자가 말하고자 하는 바는 일본인이 어떠한 이유로 인해 언제부터인가 근면해졌으며, 언젠가는 근면하지 않게 되리라는 점이다. 아마도 현재 일본인은 대략 400여 년 정도 지속해온 근면시대의 종말을 맞이하고 있다고 생각한다. 장래 문제는 차치하더라도 한 사람의 역사학도로서 필자는 우선 언제 어떠한 이유로 인해 일본인이 근면해지게 되었는가를 검토해 보고자 한다.

근면혁명(industrious revolution)

최근, 구미 학계에서도 역사학의 개념으로 'industrious revolution'(근면혁명)이라는 용어가 널리 사용되고 있다. 예를 들면, 미국의 경제사가 장 드 브리스(Jan de Vries) 교수는 미국의 경제사학회(The Economic History Association) 회장 취임 강연에서 "The Industrial Revolution and the Industrious Revolution"(산업혁명과 근면혁명)이라는 제목으로 발표를 하였고, 이후 이것이 같은 학회의 기관지 *The Journal of Economic History*에 게재되었다.[1] 또한, 영국의 Windfall Films 사가 영국의 Channel Four Television을 위해 제작한 텔레비전 프로그램 "The Day the World Took Off"는 2000년 5월부터 7월에 걸쳐 방영되어 큰 호평을 받았다. 이것은 영국 산업혁명의 뿌리를 역사를 거슬러 올라가며 탐구한 프로그램이다. 이 프로그램에서 캠브리지 대학의 저명한 문화인류학자 알란 맥퍼랜 교수는 아시아 농촌의 수전도작水田稻作에 많은 수의 인력이 투입되는 장면을 두고 이는 industrious revolution의 성격을 시사한다고 논평하였다.[2]

---

1) Jan de Vries, "The industrial Revolution and the industrious Revolution," *The jounrnal of Economic History* vol. 54, no. 2, 1994, 249~270쪽.

2) 부제는 "The Roots of the industrial Revolution"이고, 2000년 5월 28일(일)

하지만 industrious revolution이란 용어는 실은 필자가 새롭게 만든 단어다.[3] 그 후에 친구인 드 브리스나 맥플랜과 대화를 나누다가 필자의 생각을 전했는데, 그들이 이 용어를 사용했다는 사실은 용어로서 이 단어가 틀리지 않다고 판단했기 때문일 것이다. 하지만, 그들이 industrious revolution이라고 말했을 때, 그것은 필자의 생각과 전부 일치하는 것은 아니었다. 곧잘 생기는 용어의 자기발전 과정이다.

우선 드 브리스의 경우, 논문 제목이 "The Industrial Revolution and the Industrious Revolution"으로 되어 있는 것처럼, 양자를 대립개념으로 파악하고 있지 않다. 우선 상업화(시장경제화라는 용어로 바꿀 수 있을 것이다)가 진행된 사회에서, 공업에 기계와 증기력이 도입되어 산업혁명이 성립되었다고 보는 것이다. 즉, industrious revolution과 industrial revolution(산업혁명)을 연속적인 것으로 파악한 것인데, 필자의 오리지널한 발상과는 상당히 거리가 있다고 할 수 있다.

맥플랜은 프로그램 도중에 한 발언이었지만, 아시아 농촌(그 장면으로 판단해 보건대, 아마도 그가 연구를 계속하고 있는 네팔의 농촌으로 생각된다)에서 수전도작에 다수의 농민이 종사하고 있는 상황에 대해 이 단어를 사용하고 있다. 물론, 그는 이어서 벼는 소맥과 비교해 수확량 대 파종량의

오후 8시부터 8회에 걸쳐 격주로 방영된 상당히 우수한 50분짜리 방송이었다. 한편, 방송대본은 Sally and David Dugan, The Day the World Took Off. Macmillan, 2000.

3) 速水融, 「序論 経済社會の成立とその特質－江戸時代社會経済史への視点」, 『新しい江戸時代史像を求めて－その社會経済史的接近』(東洋経済新聞社, 1977), 3~18쪽 ; 同, 「近世日本の経済發展とindustrious Revolution」, 『數量経済史論集2 近代移行期の日本経済』(新保博 他 編, 日本経済新聞社, 1979), 3~14쪽.

비율이 높고, 동일 면적에서 보다 많은 인구를 부양할 수 있다는 중요한 발언을 하고 있다.

일본 국내에서는 이 개념이 가와카쓰 헤이타川勝平太를 통해 우메사오 다다오梅棹忠夫에게 전해져 공감을 불러일으켰다. 여기에서는 industrious revolution의 개념이 정당하게 이해되어 우메사오와 가와카쓰의 세계사상 世界史像에 반영되었다.4)

필자는 이 논문의 제목에서 볼 수 있듯이, 두 개의 혁명은 다른 방향성을 갖는 대립적인 개념이라고 생각하고 있다. 어쨌든 우선 필자의 생각을 밝혀보고자 한다.

축력에서 인력으로 — 도쿠가와 일본의 농업생산시스템의 전환

필자는 에도 시대(1603~1867) 노비濃尾(오와리와 미노) 지방의 인구와 농업을 연구해 왔다. 이 연구에서 발견한 매우 흥미로운 사실 한 가지는 다음과 같은 변화였다. 노비 지방의 최대 영주는 나고야名古屋에 성을 둔 오와리 번尾張藩(지금의 아이치愛知 현 | 역쥐)이었는데, 1670년대와 1820 년대에 영내 각 마을의 인구, 호수, 가축 수에 대한 조사를 실시하였다. 1670년대 조사는 번 자체적으로 행한 것이지만, 1820년대의 조사는 한 가신家臣(신하)에 의한 것으로서 공적인 조사가 아니었다는 점에서 그 성격을 달리한다. 하지만, 인구, 호수, 가축 수라고 하는 통계적 조사에 대해서는 비교가 가능하다. 이 두 가지 조사결과로부터 알 수 있는 촌村은 (1개 군郡의 결과를 알 수 없어서 불완전하지만) 오와리에서는 725개

---

4) 梅棹忠夫 編,『文明の生態史觀はいま』, 中央公論社, 2001.

촌, 미노美濃(지금의 기후岐阜 현 | 역주)는 209개 촌, 합계 934개 촌이었다. 이들 촌의 총인구는 오와리가 26만 6071명, 미노가 7만 7315명이었다. 150년이 지난 후 인구는 각각 33만 2258명과 11만 2298명이 되었다. 오와리 8개 군은, 확실치 않은 1개 군을 제외하면 모두 증가를 보였고, 미노의 18개 군도 모두 증가하였다. 하지만, 촌 레벨에서는 오히려 인구가 감소된 곳도 있었다. 특히 흥미로운 사실은 조카마치 나고야(인구 약 10만 명) 부근에서 인구감소를 보인 촌이 의외로 많다는 점이다. 이는 이른바 도시묘장효과都市墓場効果의 결과라 생각된다.5)

　이처럼 예외는 있지만, 지역 전체로 보면, 전술한 것처럼 오와리에서는 약 25%, 미노에서는 약 45%의 인구증대가 있었다. 150년간이라는 긴 시간을 고려한다면, 이 정도의 인구증가율은 연 2% 내지 3%에 해당하므로 근대적 수준과 비교하면 높다고는 할 수 없다. 하지만, 그 정도 증가라 하더라도 만약 장기간에 걸쳐 지속된 것이라면 꽤 높은 증가율이 되며, 사실 도쿠가와 일본德川日本(에도 시대 | 역주)에서 노비 지방은 인구증가를 보인 지역 가운데 한 곳이었다.

　이상의 관찰을 통해 필자는 industrious revolution(근면혁명)의 개념을 획득할 수 있었는데, 이는 industrial revolution(산업혁명)을 전망한 것도 아니며 또한 단지 일손이 많은 아시아 농업을 가리켜 말한 것도 아니었다.

---

5) 일반적으로 근대 산업기술의 성과가 도시생활에 적용되기 전에는 도시, 특히 인구가 밀집된 대도시에서는 사망률이 출생률보다 높아, 자연인구성장률은 마이너스였다. 도시인구를 유지하고 증가시키기 위해서는 주변 농촌지역으로부터 대량의 인구유입이 필요했고, 이는 결국 도시 주변지역의 인구를 정체시키는 결과를 가져왔다. 유럽사에서는 이것을 '도시묘장효과', 일본에서는 필자에 의해 '도시개미지옥설都市蟻地獄說'이라 명명되었다.

근면혁명은 무엇보다도 생산주체인 농민이 시장경제에 대한 대응으로서, 생산량을 증대시키기 위해 선택한 방법 가운데 하나였다. 이런 동기야말로 근면혁명의 필요조건이자 충분조건이 된다.

또한, 필자는 일손이 많이 가는 도작농업을 가리킨 것도 아니었다. 그것은 생산량(=Y)을 증대시킬 경우, 생산요소 가운데 하나인 자본(가축 =K)의 증대가 아니라 또 다른 생산요소인 노동(=L)의 투하량 증대를 통해 실현된 현상을 가리킨다. 결국 K/L 비율의 저하에도 불구하고, Y가 증대한 경우를 가리킨다. 자본(K) 증대의 연장선상에는 산업혁명이 등장하지만, 투입노동량(L) 증대의 연장선상에서는 생산방법의 발전은 있을 수 있어도, 산업혁명으로 이어지는 것은 아니다(이 책 228쪽 참조). 일본은 에도 시대에 결국 산업혁명을 자력으로 이루지 못하고, 그것을 경험한 구미 여러 나라들과의 접촉을 통해 산업혁명을 수입하였다. 필자의 개념상, 근면혁명에는 이러한 'Y를 증대시키는 것이 계기가 되어'라고 하는 제한이 달려 있다.

가축 수의 변화

오와리 번의 두 번에 걸친 조사에서는 인구와 함께 각 촌의 가축 수도 조사되었다. 전통적인 일본의 농업용 가축은 동일본에서는 말, 중앙에서 서일본까지는 소, 서일본 끝단에서는 주로 말이 사용되었다. 오와리 지방은 말을 사용하는 지방으로서는 동일본 중에서도 가장 서쪽에 위치하며, 산맥을 하나만 넘으면 소를 사용하는 지역(오미 지방近江國으로 지금의 시가滋賀 현 | 역주)으로 바뀐다. 따라서 가축에 대한 조사라고는 해도 기록된

것은 단연 말이 많다. 하지만, 이 시기 이 지방에서 이용된 말이 어떠한 말이었는지는 확실지 않다. 서일본의 서쪽 끝단에 남아 있는 일본 재래종 말은 메이지 이후에 일본으로 유입된 서양종 말과 비교하면 매우 작았고 힘도 1마력에 못 미쳤다. 하지만, 소보다 힘이 세고 더 빨랐으며, 사료도 더 많이 필요로 했다.

한편, 1670년대 조사를 보면 오와리 635개 촌에 1만 2337마리의 소와 말이 있었다. 그러던 것이 1820년에는 약 3분의 1로 감소하여 4197마리로 기록되어 있다. 감소가 가장 뚜렷한 지역은 나고야 주변과 연안 평야지역으로서 약 20%가 감소했다.

한편, 미노에서는 오와리 만큼은 아니지만 그래도 평야지대에서 약 45% 정도 감소하고, 산간지역에서는 가축 수가 78%에 그치고 있다. 이처럼 가축 수의 감소에는 지형에 따른 차이가 보이지만, 인구증가와 종합해서 보면 1인당 가축 수는 어느 지역에서나 격감하고 있음을 알 수 있다.

오와리에서 인구 1000명당 가축 수는 1670년대의 50마리에서 1820년대에 13마리로 감소했다. 결국 거의 1/4로 감소한 것이다. 미노에서도 평야지역에서는 1670년대에 65마리였던 것이, 1820년대에는 그 1/3인 21마리로 감소했다. 인구의 증가에도 불구하고 가축 수가 줄었기 때문에 이 같은 커다란 변동을 보인 것이다. 이와 같은 K/L 비율의 저하는 무엇을 의미하는 것일까? 두말 할 필요도 없이, 종래 가축이 담당했던 작업을 인간이 대체하게 되었음을 의미한다. 즉, 인력을 축력을 대체한 것이다.

이상의 관찰 결과는 물론 노비 지방이라는 한정된 지역에서 보이는 현상이므로 다른 지역의 상황은 알 수 없다. 특히, 주로 소를 이용하는 지역에서는 소의 효용성이 말보다 높았기 때문에 감소하지 않았을 가능성도 있다.6) 하지만, 미노 지방에서 관찰되는 말의 감소가 이 지역에서만 보이는 독특한 현상이라고만은 생각할 수 없기 때문에 적어도 동일본과 서일본의 서쪽 끝에서는 말의 수가 감소했음에 틀림이 없다.

일반적으로 농업에서 '근대적 발전'이라는 것은, 생산에 보다 많은 자본(K)을 투입하여 그 결과, 또 다른 생산요소인 노동(L)이 차지하는 비율은 저하하고 생산자 1인당 생산량(Y/L)은 증가한다. 즉, 노동생산성의 향상을 의미한다. 그렇다면, 도쿠가와 일본에서 보이는 이 같은 현상은 앞서 살펴본 것과는 반대 방향으로의 변화라고 할 수 있다. 이러한 변화에서 노동생산성은 저하하고 농민 1인당 수입은 증대한 것일까? 그렇지 않다면 감소, 즉 빈궁해진 것일까?

이 질문에 답하는 것은 그리 쉽지 않다. 하지만, 적어도 농민의 생활수준은 저하하지 않았으며, 오히려 의식주의 모든 면에서 개선이 엿보인다. 그 단적인 결과는 평균수명의 연장을 통해서도 알 수 있다. 예를 들면, 시나노信濃國 스와諏訪 지방의 평균수명은 17세기 말 25세였던 것이 19세기 초기에 35세로 연장되었다. 근대의학과 공중위생이 도입되기 이전 사회에서 이 정도로 평균수명이 늘어났다는 것은 생활수준의 개선 외에는 다른 이유를 찾을 수 없으며, 궁핍한 상황 하에서는 도저히 일어날 수 없는 일이다.

---

6) 소는 에도 시대에는 식용으로 쓰이지 않았지만 가죽과 뼈는 중요한 수공업 재료였다. 그리고 소를 가축으로 사육하는 중앙일본으로부터 서일본에 걸쳐, 어떤 지역에서는 증가 경향마저 보이고 있다.

여기에서 농업에서의 가축의 효용에 대해 생각해 보자. 특히, 수전도작이 중심인 일본의 경우, 가축이 가장 효력을 발휘하는 것은 봄의 경운耕耘이다. 딱딱해진 토양을 부수어 갈아 뒤엎는다는 것은, 일정한 깊이의 토양을 작물 재배에 이용할 수 있게 해주고 작부면적을 수직방향으로 증가시키는 것을 의미한다. 경운은 깊으면 깊을수록 토지생산성을 높여준다. 에도 시대 초기 이전의 쟁기는 소형이어서 적어도 심경深耕이 불가능하였다. 오히려 인력을 이용한 쟁기와 괭이가 심경을 가능하게 해주었다.

그리고 가축의 배설물과 잡초 등으로 만든 퇴비는 토지의 영양분을 높일 수 있다. 결국, 입체적으로 작물 생육에 이용하는 토양의 양을 증가시키는 것이다. 여기까지는 가축은 경운작업과 비료생산이라는 두 가지 측면에서 높은 효용성을 발휘하였다. 하지만, 이렇게 정리된 경지에 물을 대고, 모내기 과정에서 못자리에 묘를 심고 나면 가축은 필요 없어진다. 물이 들어찬 경지에서의 작업에는 잡초제거, 비료작업追肥 등이 있지만, 이러한 것들은 전부 사람 손으로 행해지며 가축을 이용할 여지는 없다.

가축은 봄의 경운 이후에는 원래 운반용으로 이용되었다. 촌민의 공동소유지와 임야, 벌초지 등에서 비료를 모아 벌초와 배설물을 섞어서 만든 퇴비를 주로 이용하던 시기에는 가축의 효용성이 상당했다. 그리고 수확 후에는 수확물의 운반에도 필요하였다.

하지만 에도 시대가 되면 비료가 콩찌꺼기粕類, 어비魚肥(특히 말린 정어리, 말린 청어)로 바뀐다. 인구 증대로 임야가 개간되고, 그 곳에 인간이 소비하는 식물과 원료가 재배됨에 따라 가축용 사료를 채취할 장소는 점차로 줄어들었다. 자연히 가축용 사료는 비싸질 수밖에 없었고, 그를 대신해서 농민들은 상인들로부터 비료를 구입하게 되었다. 당시에도 비료에 대해서는 녹비(자급비료)와 금비(구입한 비료)라는 표현이 존재하였다. 구입비료에 대한 의존은 사전에 일정한 투자를 필요로 하게 되고, 농민은 시장을 의식한 생산을 하기 시작하였으며 더불어 농업은 가족이 경영하는 하나의 기업이 되었다. 기업이 되면, 최대효용·최소비용의 경제원칙이 작용하게 된다. 효율이 낮고, 사육에 비용이 드는 가축은 쓸모가 없어지게 된다.

노비 지방의 K/L 비율의 변화는 이러한 사실을 강력히 시사하고 있다. 노비 지방에서 가축 수가 가장 적게 감소한 것은 도기陶器를 생산하는 지대라서 원료와 연료의 운송에서 가축의 효용성이 높았기 때문이다. 그리고 가축 사육에 드는 비용이 낮았던 임야가 많은 산간지대에서도 감소의 비율은 낮았다. 그러나 평야지대에서의 가축은 거의 자취를 감추고, 조금 남아 있다 하더라도 농경에는 도저히 이용되었다고 생각하기 어려울 정도로 감소하였다.

농법 및 세대구조의 변화

이처럼 가축 수가 감소하게 됨에 따라 아마도 농민은 보다 긴 시간, 보다 고되게 노동을 하지 않으면 안 되게 되었을 것이다. 농민의 하루 노동시간 혹은 연간 노동일수에 대한 통계는 없다. 또한 가축 수의 감소와 연동하는 형태로 장기간에 걸쳐 기술된 일기나 농업경영에 대한 기록도 발견할 수 없다.

하지만, 지역은 다르지만 농민가족 구성의 커다란 변화를 추적할 수 있는 곳이 있다. 바로 시나노 국 스와 지방의 예인데, 17세기 말에 많았던 합동가족세대가 핵가족이나 직계가족세대로 해체되어 가는 과정을 사료를 통해 확인할 수 있다.[7] 이 합동가족세대에는 다수의 미혼 하인이 거주하고 있었다. 그들은 호주 가족의 아이들 가운데 가계를 계승하지 못한 자, 다른 집으로 양자를 가거나 결혼을 할 수 없었던 자들로서 일생을 그 세대에서 마쳤다. 아마도 그들의 수는 농번기의 노동수요에 맞추어 결정되고, 농한기가 되면 일이 없든가 잡일을 하는 정도의 존재였음에 틀림 없다. 두말 할 필요도 없이, 그들의 생산성은 낮았고, 이 지방 농촌에 시장생산의 요인이 침투하면서 점차로 소멸해 갔다. 또한, 합동가족세대도 부부단위의 가족으로 해체되어 나갔다.

어떻게 이러한 해체가 일어난 것일까. 그것은 노비 지방에서 보이는 가축 수의 감소와 마찬가지로 농가세대가 효율이 높은 경영을 선택한 결과다. 일본과 같이, 도작중심 사회에서는 대규모 경지를 대량의 노동력을 이용하여 경영하기보다는 소규모 경지를 부부가족(conjugal family)이 경영하는 편이 경제적 효율성이 높았다. 농번기에는 농가끼리 노동력을 교환하는 관행이 성립되었다. 농민은 경지의 소유 여부와 무관하게 가족노동력에 의존하는 경영체로 변모해 갔다.

사료에는 없지만 시나노 스와 지방에서는 가족형태의 변화와 함께 인구 1인당 가축 수도 감소했음에 틀림이 없다. 가축의 사육, 비료의 채집과 그 운반은 대가족 안에 포함되어 있는 하인이 담당해야 할 노동이

---

7) Akira Hayami, *The Historical Demography of Premodern Japan*, University of Tokyo Press, 2001, chap. 4, 66~119쪽.

다. 그런데 농법의 변화와 함께 많은 하인을 거느릴 필요가 없어졌다. 농업노동에는, 그 필요와 불필요에 관해 계절성이 강하다. 도작을 보더라도, 봄의 경운, 모내기, 여름의 제초, 가을의 수확기는 농번기지만, 수확 후는 농한기가 된다. 따라서 농번기 수준에 맞추어, 평생 거느리고 살아야 할 전통형의 노동력은, 농한기에는 생산에 기여하지 못하고 거꾸로 그 노동력을 부양해야 하기 때문에 효율성이 낮아진다. 최소비용, 최대효용이라는 시장경제원리가 농촌에 침투하자, 이 같은 전통형 농민세대는 해체되고, 부부단위 가족을 단위로 하는 농민세대가 중심이 되어 갈 수밖에 없었다.

하지만, 이러한 변화는 하루아침에 일어난 것이 아니다. 오히려 장기간에 걸쳐, 현재의 감각으로 보면 서서히 확산되어 나갔다. 시나노 스와 지방의 경우, 각 촌의 평균 세대규모를 지표로 해서 이 과정을 살펴보면 조카마치였던 스와를 중심으로 해서 동심원상으로 확산되고 있음을 알 수 있다. 평균세대의 규모는 구성원이 4~5인 이하로는 떨어지지 않고, 그 수치에 도달하는 시점에서 전통적 농법은 완전히 소멸하고, 부부단위 가족을 중심으로 하는 가족노동력에 의존하는 '근세형' 농법이 확립된다고 할 수 있다. 스와 군의 범위는 반경 약 25km 정도였지만, 군 전체가 평균 세대규모인 4~5인이 되는 데 약 120년이라는 시간이 걸렸다. 변화의 전파 속도는 연간 약 200m였던 셈이다.

이것을 빠르다고 해야 할지 느리다고 해야 할지는 다른 예를 찾아볼 수 없어서 단정할 수 없다. 물론, 근대사회의 정보화가 이루어진 상황에서 보면 이러한 변화는 느린 편이다. 하지만, 근대기술에 의한 정보화의 수단도 없고 법령도 내려지지 않은, 이른바 입을 통해 가족간 혹은 촌락간으로 전파되었다는 점을 고려한다면, 이 같은 속도는 절대 느리다고만은 할 수 없을 것이다.

나아가, 당시를 살았던 농민, 특히 전통적 농업을 통솔하던 자의 입장에서 보면 농법을 근본적으로 바꾸는 데는 주저나 저항이 있었음을 상상하기 어렵지 않다. 조상대대로 이어져온 방계가족이나 종속하인을 이용한 경영을 해체하여 각각의 부부가족에게 경영을 맡기고 소작료를 수취한다고 하는 전환은 그렇게 간단한 일이 아니었다. 아마도 그들은 이 같은 전환에 성공한 주위 사람들의 사례를 보고서야 해체에 관심을 기울였을 것이다. 이 같은 변화는 때에 따라서는 몇 세대가 걸릴 수도 있다.

결 론

일본에서의 industrious revolution(근면혁명)은 그 어떤 종교적 배경도 갖지 않았다. 이러한 점에서 구미의 '프로테스탄티즘 정신'과는 다른 것이다. 구미의 경우, industriousness(근면함)는 교회를 통해 전달되었지만, 일본은 주로 가족 내에서 부모로부터 자식으로, 자식으로부터 손자로 전달되었다. 그리고 메이지 국가는 industriousness를 국시國是로 삼아 각 소학교에 그 상징으로서 니노미야 긴지로二宮金次郎의 동상을 세웠다.

현재, 구미에서는 사회가 탈종교화됨에 따라 industriousness의 전달력이 약해지고 있다. 일본은 패전을 계기로 국가에 의한 교육통제에 대한 비판이 분출하고 또한 가족의 유대가 약해짐에 따라 industriousness를 전달하는 수단이 급속하게 약체화되었다. 전후 고도성장기에, 패전으로 현저하게 저하된 일본의 경제수준을 높이기 위해 맹렬하게 일한 세대는 '일본인=근면'이라는 이미지를 세계에 각인시켰다. 하지만, 목표가 일단 달성되어 장시간 노동에 대한 비판이 고조되고 사회복지국가로의 방향이 보이게 되자, 일본인은 점차로 특별하게 근면하지는 않게 되었다. 바야흐로 일본인의 '근면'은 그동안 400여 년에 걸쳐 지속되어 온 역사적 사명을 마치고 무대 저편으로 사라지려 하고 있다. 이것이 저출산·고령화사회를 맞이하여, 가까운 장래에 인구감소사회로 바뀌었을 때 과연 어떠한 선택을 하게 될지 그 귀추가 크게 주목된다.8)

---

8) 인구를 소득이 가장 높고 따라서 수요도 많은 생산연령인구(15~64세)로 한정할 경우, 1995년의 8726만 명(전체 인구의 69.4%)을 정점으로 해서 감소 국면으로 바뀌고 있다. 필자는 현재 일본사회가 직면하고 있는 실질적인 불황 요인은 그러한 인구구조 상의 특질에 있다고 생각한다. 그러나 현재 이 점을 언급하는 식자나 정치가는 없다.

지은이 | 하야미 아키라 速水融

1929년 도쿄 출생, 게이오慶應義塾 대학경제학부 졸업, 경제학박사, 일본상민常民문화연구소연구원, 게이오 대학교수, 동 대학 경제학부장, 국제일본문화연구센터 교수를 거쳐, 현재 레이타쿠麗澤 대학 명예교수, 2000년 문화공로상 수상, 2001년 일본학사원회원, 전공은 일본경제사, 역사인구학.
주요 저서로 『近世農村の歷史人口學的硏究』(東洋経濟新報社, 1971), 『日本における経濟社會の展開』(慶応通信, 1971), 『近世濃尾地方の人口・経濟・社會』(創文社, 1992), 『歷史人口學の世界』(岩波書店, 1997) 및 『歷史人口學で見た日本』(文春親書, 2001), 『江戸農民の暮らしと人生』(麗澤大學出版會, 2003) 등이 있다.

옮긴이 | 조 성 원 曺晟源

1962년 서울 생, 1984년 연세대학교 경영학과 졸업, 1986년 도쿄東京 대학 대학원 경제학연구과 석사과정 입학, 1993년 동 대학 경제학연구과 수료 및 경제학 박사학위 취득, 1993~1994년 한국 조세연구원 전문연구위원, 1994년 현재 고려대학교 경상대학 경제학과 교수.
주요 논문으로 「근대 일본면업과 식민지 조선」(『연세경제연구』 3-2, 1996), 「일제시대 경제통계 1: 경제성장 추계(생산면)」(『현대사연구』 1-2, 1998), 「동아시아경제와 유교」(『동아시아 문화와 사상』 창간호, 1998), 「1930년대 조선의 면방적자본의 축적조건」(『한일경상논집』 27, 2003), 「일본자본주의 발달사 서설」(『경상논집』 24, 2003) 등 다수가 있고, 주요 저서로 『일본경제론』(공저, 한국방송통신대학출판부, 1999)이 있다.

정 안 기 鄭安基

1964년 전남 영광 출생, 고려대학교 무역학과 졸업, 1998년 교토京都 대학 대학원 경제학연구과 박사과정 수료, 2000년 동 대학 경제학 박사학위 취득, 1996~1997년 일본학술진흥재단(JSPS) 특별연구원(2년), 2002~2006년 한국학술진흥재단(KRF) 선도연구사업 연구책임자, 현재 고려대학교 아세아문제연구소 연구조교수.
주요 논문으로 「戰前戰時鐘紡コンツェルンの硏究」(京都大學大學院 經濟學 박사학위논문, 2000), 「조선방직의 전시경영과 자본축적의 전개」(『경제사학』 32, 2002), 「전시기 조선경제와 종방콘체른」(『경제사학』 35, 2003), 「식민지기 경성방직의 전시경영과 만주투자」(『경제사학』 38, 2005), 「식민지 전시기업론 서설」(『아세아연구』 48-4, 2005) 등 다수가 있고, 주요 저역서로 『근대 동아시아 역사상의 재구성』(혜안, 2005), 『일본 기업시스템의 경제학』(한울아카데미, 2005)이 있다.

근세 일본의 경제발전과 근면혁명
역사인구학으로 본 산업혁명 vs 근면혁명

하야미 아키라 지음 | 조성원·정안기 옮김

초판 1쇄 발행·2006년 11월 7일
발행처·도서출판 혜안
발행인·오일주
등록번호·제22-471호
등록일자·1993년 7월 30일
주소·㉾ 121-836 서울시 마포구 서교동 326-26번지 102호
전화·3141-3711~12 | 팩시밀리 3141-3710
이메일·hyeanpub@hanmail.net

ISBN 89-8494-282-0 93910
값 20,000 원